ALKALICZNY DETOKS

Beata Sokołowska

ALKALICZNY DETOKS

MUZA

Projekt okładki: *Paweł Panczakiewicz/Panczakiewicz Art.Design*
Redaktor prowadzący: *Ewa Orzeszek-Szmytko*
Redaktor techniczny: *Karolina Bendykowska*
Redakcja: *Beata Słama*
Korekta: *Alicja Górska*
Konsultacja medyczna: *dr n. med. Mirosław Mastej*

ISBN 978-83-287-0093-2

MUZA SA
Wydanie I
Warszawa 2017

Kochaj siebie tak, aby dzień za dniem dawać sobie to,
co Ci służy, sprzyja Twojemu szczęściu
i wspiera Twoje zdrowie.

Beata Sokołowska

Książkę tę z ogromną wdzięcznością dedykuję
wszystkim sympatykom alkalicznego stylu życia
i osobom, które sięgnęły po tę pozycję
z nadzieją na zmianę.

Podziękowania

Z całego serca pragnę podziękować Edycie Skorupskiej za opracowanie dużej części przepisów kulinarnych, które stanowią istotną część tej książki. Edyta jest doradcą żywieniowym, specjalistką psychodietetyki, miłośniczką pysznej zdrowej kuchni i autorką bloga www.przyzielonymstole.blogspot.com, do którego odwiedzin gorąco zachęcam wszystkich poszukujących inspiracji kulinarnych i chcących gotować zdrowe potrawy. Wspólnie z Edytą prowadzimy warsztaty „Alkaliczny styl życia przy zielonym stole" organizujemy też wyjazdy, podczas których uczymy prostych metod relaksu, jak przeprowadzać detoks, a także zachęcamy i inspirujemy do zmiany nawyków żywieniowych.

Dziękuję też mojemu przyjacielowi, Mariuszowi Dobrowolskiemu, za długie rozmowy i wymianę doświadczeń na temat detoksu.

Z całego serca dziękuję doktorowi Mirosławowi Mastejowi za ogrom wiedzy, którą mi przekazał, i za to, że polecił mi ciekawą literaturę i wiele artykułów naukowych dotyczących zdrowia. A także za czas, jaki poświęcił na lekturę mojej książki, oraz za krytyczne i konstruktywne uwagi.

Pragnę również podziękować doktor Tatianie Kożusznej i doktorowi Andrzejowi Kożusznemu oraz Reginie Płowieckiej za wzbogacenie mojej wiedzy m.in. na temat oddziaływania roślin i ziół na organizm człowieka, jak również za poświęcony mi czas i podzielenie się doświadczeniem.

Ogromne i nieustanne podziękowania kieruję do sympatyków alkalicznego stylu życia. Bez Was nie byłoby tej książki. Nie byłoby też poprzedniej.

Dziękuję Wam za podzielenie się swoimi doświadczeniami z przeprowadzonych detoksów. Niektóre z Waszych wypowiedzi cytuję w tej książce.

Beata Sokołowska

Spis treści

WPROWADZENIE 13

1. MOJE DOŚWIADCZENIA ZWIĄZANE Z DETOKSEM 17

2. KTO, DLACZEGO, JAK CZĘSTO I JAK DŁUGO POWINIEN PRZEPROWADZAĆ DETOKS 21

Trzy przyczyny złego samopoczucia **21**

Kto może stosować detoks **22**

Detoks przed zajściem w ciążę **23**

Jak często przeprowadzać detoks i jak długo powinien trwać **24**

Jak najlepiej zaplanować detoks w czasie **27**

3. WIĘCEJ O DETOKSIE I JEGO ZNACZENIU 31

Czego możemy się spodziewać – korzyści płynące z detoksu **31**

Dla urody 34

Dla samopoczucia fizycznego i psychicznego oraz codziennego funkcjonowania 35

Dla zdrowia 36

Podsumowanie – detoks odmładza! **37**

Detoks jako doświadczenie duchowe – spójrzmy nań także z tej strony **40**

Dlaczego detoks jest tak ważny, czyli warto zrozumieć swoje ciało **43**

Ciało – oczyszczalnia doskonała 43

Wątroba – najważniejszy filtr krwi 44

Nerki – drugi filtr krwi 48

Układ limfatyczny 49

Czy nie wystarczy, że organizm oczyszcza się sam? 52

Jesteś tym, co przyswajasz **53**

Przekarmieni, lecz niedożywieni 53

Jelita i flora jelitowa (mikrobiom) 55

Znaczenie detoksu dla zachowania równowagi kwasowo-zasadowej 61

Detoks a odchudzanie 63

31 sygnałów świadczących o tym, że nasz organizm potrzebuje detoksu 65

4. OCZYSZCZANIE TO NAJLEPSZY PIERWSZY KROK DO ZMIANY STYLU ŻYCIA 71

Jaki detoks wybrać **75**

Dziesięciodniowa dieta warzywno-owocowa 76

Dieta jaglano-warzywna (detoks w wersji light*, czyli lekkiej, 10 dni)* 78

Głodówka wodna lub sokowa 83

Detoks eliminujący pasożyty 88

Jaki detoks wybrać – podsumowanie 95
Czy i w jaki sposób można łączyć różne rodzaje detoksu 99

5. ETAPY DETOKSU, CZYLI JAK GO PRZEPROWADZIĆ 103
Etap 1 – odpowiednie przygotowanie do detoksu 105
Nawodnienie organizmu 106
  Jaką wodę pić 114
  W jaki sposób pić wodę 124
  Jak dużo wody pić 126
  Skąd wziąć odpowiednią wodę 127
  Jak zacząć pić odpowiednią ilość wody 133
Odżywianie się przed detoksem 136
  Dieta 7–14 dni (lub więcej) przed detoksem 136
  Czas przygotowywania się do detoksu 140
  Codziennie siemię lniane 141
  Trzy posiłki w ciągu dnia 143
  Dwa dni przed detoksem – monodieta oczyszczająca 144
Przygotowanie psychiczne 150
  Podjęcie decyzji i jej znaczenie 150
  Kierujmy myśli we właściwą stronę 151
  Polubmy prostotę 152
  Oczyśćmy przedpole 155
Harmonogram dnia podczas przygotowania do detoksu 157
Etap 2 – oczyszczanie organizmu 158
  Nawadnianie 158
  Ruch 158
  Wysypianie się i wypoczynek 159
  Regularne wypróżnianie 161
  Praktykowanie wdzięczności 163
Odżywianie się podczas detoksu 165
  Ogólne wytyczne dotyczące jedzenia – detoks warzywno-owocowy i detoks jaglano-warzywny 165
  Program detoksu – harmonogram dnia, produkty dozwolone, menu, przepisy kulinarne 166
  Harmonogram dnia, produkty dozwolone i menu 167
    10-dniowa dieta warzywno-owocowa 167
    10-dniowa dieta jaglano-warzywna 171
    Głodówka wodna lub sokowa 175
Przepisy kulinarne 178
  Zupy 178

Dania z warzyw ... 194
Sałatki ... 213
Pasty ... 225
Inne przepisy ... 227
Soki ... 236
Pozostałe przydatne przepisy ... 239
***Etap 3 – prawidłowe zakończenie detoksu* ... 253**
Jak zakończyć detoks i czego nie wolno robić ... 253
Dni odbudowy i prawidłowy powrót do pełnowartościowego odżywiania ... 255

6. WSPOMAGANIE EFEKTÓW DETOKSU ... 259
***Wspomaganie eliminacji toksyn podczas oczyszczania* ... 259**
Zamiana kosmetyków na naturalne środki pielęgnujące ... 259
Masaże ... 261
Oddychanie świeżym powietrzem ... 263
Korzystanie z sauny ... 265
Stosowanie ciepłych okładów na brzuch i wątrobę ... 265

7. CO ZROBIĆ, BY WZMOCNIĆ EFEKTY OCZYSZCZANIA PO KURACJI ... 267
***Detoks i co dalej – eliminacja „głównych sprawców" gromadzenia toksyn* ... 267**
***Dzień odciążający raz w tygodniu* ... 268**

8. JEDZENIE, NAPOJE I NAPARY WSPOMAGAJĄCE ELIMINACJĘ TOKSYN I BUDOWANIE PRZYJAZNEJ FLORY BAKTERYJNEJ JELIT ... 271
Herbatki ziołowe i inne ... 271
Probiotyki w jedzeniu: kiszonki, produkty fermentacji mlekowej ... 277
Zielone warzywa – chlorofil ... 280
Błonnik pokarmowy w żywności ... 281
Zioła i przyprawy ... 283
Soki warzywne i warzywno-owocowe ... 283

***Suplementy wspomagające eliminację toksyn, odbudowę układu pokarmowego i odbudowę organizmu* ... 285**
Suplementy bogate w chlorofil ... 286
Probiotyki ... 286
Enzymy roślinne ... 287
Błonnik ... 288
Inne suplementy ... 289

9. DODATKOWE PORADY I PODSUMOWANIE 291
Jak sobie radzić w trudnych chwilach **293**
Proste sposoby radzenia sobie w chwilach kryzysu 294
Osłabienie organizmu lub mdłości 294
Zaparcia 295
Wzdęcia 296
Intensywny zapachu czosnku 297
Nieprzyjemny smak lub zapach z ust 297
Ból głowy 297
Marznięcie 297

10. DETOKS – POZOSTAŁE PYTANIA I ODPOWIEDZI 299
Czy można przeprowadzić detoks z marszu, bez przygotowania? **299**
Czy można przedłużyć detoks? **300**
Co zrobić, gdy z powodu nieprzewidzianych okoliczności musimy przerwać detoks? **301**
Dlaczego nie osiągam takich efektów jak inni, czy popełniam jakiś błąd? **301**
Co zrobić, by pozbyć się candidy? **303**
Co zrobić, jeśli za bardzo chudnę? **304**
Dlaczego mało chudnę? **305**
Czy po detoksie waga wraca do tej sprzed detoksu? **309**
Czy można przeprowadzić detoks, pracując zawodowo? **310**
Czy są sytuacje, w których szczególnie potrzebujemy detoksu? **311**
Jak słuchać siebie? **312**

11. PRZYDATNE KONTAKTY 315

12. POLECANA LITERATURA 317

WPROWADZENIE

Detoks zmienia życie, a najlepszym potwierdzeniem tych słów jest to, że większość osób, które choć raz solidnie przeprowadziły detoks i przekonały się, jakie przynosi efekty, systematycznie go powtarza. Tak było i ze mną. Dlaczego? Bo korzyści, zarówno te, które widać, jak i te niewidoczne, takie jak poprawa samopoczucia, są tak duże, że nie sposób ich nie docenić. Pozostają w pamięci i kończąc detoks, wiemy, że za jakiś czas zdecydujemy się na następny.

Zachęcam Was, abyście spróbowali przeżyć to doświadczenie. To zaledwie dwa tygodnie, podczas których bardzo wyraźnie odczujecie zmianę, dlatego naprawdę warto podjąć wyzwanie.

Zdarza się, że niektórzy z nas uparcie trzymają się niezdrowych nawyków i lubią powtarzać, że „na coś trzeba umrzeć" (zapewne aby usprawiedliwić się przed samym sobą). Nie chodzi jednak o to, jak zakończymy życie, lecz o jego jakość na co dzień. Czy lepiej budzić się pełnym energii, radości i ciekawości, co przyniesie nadchodzący dzień, czy zmęczonym i w kiepskim humorze? Wszystko zależy od naszych nawyków. Wiele osób nie wierzy, że uwolnienie ciała od toksyn i spożywanie wartościowych, naturalnych produktów i potraw ma znaczenie dla naszego samopoczucia psychicznego. Przekonajcie się o tym sami!

Szukamy rozwiązania problemów z urodą, próbujemy zaradzić dolegliwościom, stosując różnorodne środki – ich reklamy obiecują, że efekty będą niesamowite. Jednak nawet gdy następuje poprawa, po miesiącu czy dwóch problemy wracają. Nic dziwnego, bo działanie takich środków jest albo powierzchowne, albo ukierunkowane jedynie na likwidację objawu (np. bólu czy wyprysków). Tymczasem w organizmie, w którym brakuje równowagi, w którym źle działa układ trawienny, w którym zgromadzonych jest dużo toksyn i kwasów, nadal zachodzą procesy prowadzące do pogłębiania naszych problemów ze zdrowiem, samopoczuciem, urodą czy zbędnymi kilogramami. Ich źródło nie zniknęło, co najczęściej oznacza, że sytuacja się pogarsza.

Z pełną odpowiedzialnością powiem, że to detoks i alkaliczne odżywianie spełniają większość obietnic, o których słyszymy w reklamach kosmetyków, suplementów i środków na różne dolegliwości.

Odczuwasz bóle? Łatwo łapiesz infekcje? Męczą cię różne dolegliwości? Przeprowadź detoks i przestaw się na alkaliczne odżywianie.

Rozdwajają ci się włosy, łamią paznokcie? Pękają wargi? Pojawiają się wypryski lub inne zmiany na skórze? Przeprowadź detoks i przestaw się na alkaliczne odżywianie.

Czujesz zmęczenie? Źle sypiasz? Masz problemy z pamięcią i koncentracją? Przeprowadź detoks i przestaw się na alkaliczne odżywianie.

Czyżby detoks był remedium na wszystkie te problemy i dolegliwości? Tak! A nawet więcej, bo dobre oczyszczenie organizmu przywraca jego zdolności do samouzdrawiania i chroni przed chorobami. Nie twierdzę, że nie należy stosować innych metod wspomagających organizm, uważam jednak, że detoks, podobnie jak odżywianie się z dbałością o równowagę kwasowo-zasadową, powinien leżeć u podstaw wszelkich innych działań służących utrzymaniu naszego organizmu w dobrej formie.

Nawet (a może tym bardziej) osoby chore powinny, w porozumieniu z lekarzem, oczyścić organizm z toksyn i złogów. To na pewno nie zaszkodzi, a może wspomóc proces zdrowienia.

Tabletki zlikwidują objawy, nie poprawią jednak trwale naszego samopoczucia. Jeśli chcemy być zdrowi i dobrze się czuć, nie możemy leczyć tabletkami takich objawów, jak np. wzdęcia, niestrawność, pryszcze i problemy skórne, bóle, bezsenność, apatia, nerwowość, zgaga itp. Musimy przywrócić równowagę w organizmie, „uporządkować" układ pokarmowy, dbając o jego czystość i florę jelitową, zadbać o gruntowne oczyszczenie organizmu z toksyn, a potem dostarczyć mu składniki pokarmowe z nieprzetworzonej żywności. Gdy to zrobimy, nie będą nam potrzebne leki (mam na myśli leki dostępne bez recepty), których reklamy dosłownie nas zalewają.

Przy różnych okazjach powtarzam jak mantrę: przeprowadźcie detoks, bo daje szansę na trwałą zmianę. Przynosi wspaniałe efekty i często jest początkiem zdrowych nawyków. Aby się przekonać, że tak jest, nie wystarczy przeczytać o tym w książkach – doświadczcie korzyści, jakie niesie detoks, przekonajcie się na własnej skórze, że możecie czuć się lepiej. Przeczytajcie więc tę książkę, a potem nie czekajcie – przeprowadźcie detoks.

Mam nadzieję, że po lekturze mojej książki nie będziecie mieli wątpliwości, dlaczego oczyszczanie organizmu jest tak ważne. Dowiecie się z niej, jak je przeprowadzić, jak się do niego przygotować i jak prawidłowo je zakończyć.

Po tym, gdy ukazała się moja pierwsza książka, *Alkaliczny styl życia* (również wydana przez Muzę), otrzymałam mnóstwo e-maili – wiele osób pisało o tym, że podjęło decyzję o przeprowadzeniu kuracji oczyszczającej, zadawało mnóstwo pytań. To dla mnie największa nagroda, ale też doping – dlatego postanowiłam napisać książkę poświęconą oczyszczaniu organizmu, rozwijającą kwestie, o których w pierwszej książce zaledwie wspomniałam.

Wszystko, o czym napisałam w tej książce, osobiście sprawdziłam i przetestowałam. Nie tylko zresztą ja, lecz także mnóstwo osób, które przeprowadziły detoks pod moim okiem.

Wszystkie formy detoksu zaproponowane w tej książce odmieniły moje życie i, mam nadzieję, że odmienią też Wasze. Wybierzcie tę, której w danym momencie najbardziej potrzebujecie, która wydaje Wam się najbardziej możliwa do przeprowadzenia, i PRZEPROWADŹCIE DETOKS!

Aby potwierdzić skuteczność zarówno detoksu, jak i alkalicznego stylu życia, w ramkach zamieściłam cytaty pochodzące z otrzymanych listów, komentarzy, które pojawiły się na moim blogu, fanpage'u oraz na stronach wydarzeń grup na Facebooku prowadzonych przeze mnie lub przez Mariusza Dobrowolskiego.

To był mój pierwszy detoks. Zakodowałam się na niego, bo chciałam sprawdzić, jak to będzie, czy dam radę. Przez pierwsze dni czekałam na „trudne chwile" i złe samopoczucie (tyle się naczytałam), ale się nie doczekałam. W zamian dostałam dużo, niesamowicie dużo energii – co budziło moje zdziwienie i niedowierzanie – zdrowy sen, promienną cerę. W pakiecie była też utrata wagi – 5 kilogramów, i niezwykła wręcz lekkość umysłu – radość z tego, że robię coś dla siebie, a także, że nie wymaga to wcale tak wielu wyrzeczeń! Teraz wiem, że było warto i że kolejny detoks na jesieni będzie jak dobry nawyk. Raz w tygodniu będzie dzień owocowo-warzywny dla całej rodziny. Bardzo się cieszę, że znalazłam alkaliczną stronę życia!

1. MOJE DOŚWIADCZENIA ZWIĄZANE Z DETOKSEM

Korzyści z mojego pierwszego detoksu, który przeprowadziłam kilkanaście lat temu, były spektakularne. Tak bardzo zadziwiły mnie i przekonały, że od tamtej pory przeprowadzałam detoks przynajmniej raz w roku. Wrażenia z tamtych pierwszych doświadczeń pamiętam do dziś i często wspominam o nich na wykładach i warsztatach. Były dla mnie potwierdzeniem, że detoks jest jedną z najlepszych rzeczy, jakie możemy dla siebie zrobić. Choć musimy zaakceptować pewne ograniczenia, daje naszemu ciału taką siłę i regenerację, jakiej nie zapewni żaden urlop, zabiegi spa czy inne działania, które podejmujemy, by poprawić swoje samopoczucie, a na które zupełnie niepotrzebnie wydajemy dużo pieniędzy.

Po odpowiedniej lekturze przygotowywałam się do pierwszego detoksu jak do święta (tak jest do dziś, choć teraz już wiem, że ten czas to JEST święto).

Jak pewnie niektórzy z Was wiedzą, w tamtym czasie bardzo bolały mnie stawy. Czułam się zmęczona i fizycznie, i psychicznie, a ból tylko pogłębiał złe samopoczucie, ponieważ bałam się o to, jak będę funkcjonowała w przyszłości, skoro już koło trzydziestki nie mogę poruszać ręką, a ból kolan nie mija nawet na chwilę. Lekarze mówili, że mam stawy i kości jak osiemdziesięcioletnia kobieta (dodajmy, że zaniedbana, bo to, że osiągamy wiek rozumiany jako starość, wcale nie oznacza, że musimy mieć problemy ze stawami i układem kostnym). Podobnie oceniali też kondycję mojego serca.

Nic dziwnego, skoro gdy byłam dzieckiem i w wieku dojrzewania przeszłam dziesiątki ropnych angin, a co za tym idzie, kuracje antybiotykowe. Odporność mojego organizmu była bardzo kiepska. Na przełomie pór roku, między wiosną a latem oraz między jesienią a zimą, niezmiennie pojawiały się infekcje. Po anginach zwykle długo dochodziłam do siebie – jeszcze przez kilka tygodni pociłam się, czułam się zmęczona i osłabiona. Każdy wysiłek był wyzwaniem.

W efekcie częstych infekcji bakteryjnych pogorszył się stan całego mojego organizmu i kiedy już byłam dorosła, co chwila pojawiały się nowe dolegliwości, dysfunkcje, zmiany chorobowe, zupełnie jakby organizm nie miał już siły się bronić. Jedną z bardziej przykrych dolegliwości były problemy ze stawami, co było szczególnie przygnębiające, bo lubiłam sport i aktywny wypoczynek.

Detoks zdziałał cuda – już w trakcie oczyszczania przestałam odczuwać ból. Co prawda po kilku miesiącach wrócił, lecz wiedziałam już, że nim zrobię cokolwiek innego, powinnam przejść kolejny detoks. Tak też zrobiłam. Od tamtej pory (a minęło już kilkanaście lat) bóle nigdy nie wróciły. I mam nadzieję, że tak zostanie.

Drugim spektakularnym efektem był przypływ energii – mimo braku jedzenia, które jest przecież jej źródłem, budziłam się o czwartej rano gotowa do rozpoczęcia dnia i działania. Trzeba dodać, że zawsze miałam problem z wczesnym wstawaniem, a „rozruch" trwał do godzin przedpołudniowych. To wspaniałe doświadczenie, gdy czujesz, że rozpiera cię energia!

Trzecim efektem, niezwykle miłym dla kobiety, była poprawa wyglądu: gładka cera, rozświetlone oczy, sprężysta skóra, twarz wypoczęta i świeża. Znajomi byli pewni, że byłam na fantastycznym urlopie. Kiedy odpowiadałam, że wcale nie, mówili zdziwieni, że wyglądam wspaniale, i pytali, co w takim razie robiłam. Chętnie odpowiadałam, a to, co mówiłam, wzbudzało emocje. Także we mnie samej!

Oczywiście nie wszystko było łatwe, piękne i proste. Pierwsze dwa dni przyniosły uczucie osłabienia i ból głowy. To jednak było nic w porównaniu z tym, co czułam trzeciego dnia. Od rana nie miałam siły, kilka godzin spędziłam w łóżku, wstając tylko po to, by zwymiotować i umyć zęby. Bolała mnie głowa, czułam mdłości, miałam obłożony język. Towarzyszył temu bardzo nieprzyjemny, gorzki, pachnący apteką posmak w ustach. Mycie zębów nie pomagało. Zapach mojego potu był ostry, wyrazisty, intensywny. Bolało mnie całe ciało i miałam ochotę przerwać detoks, lecz powstrzymywała mnie obietnica efektów, dla których to robię, nadzieja, że osiągnę chociaż część tego, o czym czytałam. A także uczucie niemocy i wiedza, że złe samopoczucie związane jest z tym, że organizm pozbywa się toksyn i nadejdzie moment, gdy poczuję się lepiej. Wymioty sprawiły, że przestałam myśleć o jedzeniu. Nie wiem, czy gdyby ten stan trwał dłużej, dałabym radę. Na szczęście po południu trzeciego dnia było już nieco lepiej. Gorzki posmak w ustach nie zniknął, ale przynajmniej przestałam wymiotować i miałam więcej siły. Po tak trudnym czasie każda poprawa cieszyła i dodawała sił, by kontynuować. Noc przyniosła nieoczekiwaną zmianę – obudziłam się bez bólu głowy, bez uczucia osłabienia, jakbym dostała zastrzyk energii. Z godziny na godzinę było coraz lepiej, kryzys minął, zaczęły pojawiać się pozytywne zmiany w wyglądzie. Dziś jestem wdzięczna sama sobie, że wytrwałam. Efekty, jakie osiągnęłam, utwierdziły mnie w przekonaniu, że detoks jest zbawienny dla ciała.

Po kilku miesiącach przystąpiłam do kolejnego oczyszczania. Tym razem lepiej się do niego przygotowałam, więc przebiegło bez problemów. Nim zaczęłam, zadbałam o oczyszczenie jelita grubego. Wydłużyłam czas przygotowań, zwłaszcza że ten pierwszy detoks przeprowadziłam po dłuższym okresie zdrowego odżywiania i nie spodziewałam się aż takiego kryzysu. Zarówno kryzys, jak i efekty oczyszczania skłoniły mnie do konkluzji, że odpowiednia dieta to nie wszystko – równie ważne jest, by ułatwić organizmowi sprawne funkcjonowanie, pozbywając się złogów, toksyn oraz pasożytów (o swoich doświadczeniach z pasożytami napiszę później).

Od tamtej pory każdego roku w moim życiu musiał znaleźć się czas na detoks. Testowałam też różne jego formy, ostatecznie wybierając takie, które według mnie przynoszą najlepsze efekty i które każdy może wypróbować.

Pamiętajcie jednak, że wszystko zależy od Was. Ja mogę tylko powiedzieć, że jeśli zdecydujecie się na detoks, nie pożałujecie, przekonacie się, iż była to jedna z najlepszych decyzji w Waszym życiu.

Tak właśnie było w moim przypadku.

Zróbcie sobie prezent i przeprowadźcie detoks.

Powodzenia!

2.

KTO, DLACZEGO, JAK CZĘSTO I JAK DŁUGO POWINIEN PRZEPROWADZAĆ DETOKS

Trzy przyczyny złego samopoczucia

Jeśli nie weźmiemy pod uwagę sytuacji szczególnych, jak np. infekcje wirusowe, zakażenia bakteryjne, wrodzone wady, wypadki itp., można powiedzieć, że przyczyny złego samopoczucia, nasilających się dolegliwości i tworzenia środowiska wewnętrznego sprzyjającego chorobom są zasadniczo trzy:

- niewystarczające nawodnienie organizmu
- za dużo toksyn (w tym także toksyn produkowanych przez pasożyty i rozrośnięte grzyby, np. candida)
- niedobór witamin, minerałów i innych składników odżywczych wpływających na kondycję i zdrowie naszych komórek.

Mamy więc w organizmie to, czego mieć nie powinniśmy – toksyny, pasożyty, grzyby.

Mamy natomiast zbyt mało tego, czego organizm potrzebuje – witamin, makro- i mikroelementów, tłuszczów NNKT, wody.

Moja skóra stała się bardziej gładka, zauważyłam, że kremy lepiej się wchłaniają, nie mam najmniejszych śladów cellulitu, skóra zrobiła się miękka, elastyczna. Jestem ogromnie zadowolona, a to dopiero początek.

Obie sytuacje – nadmiar i niedobór – są związane bezpośrednio z naszym stylem życia. I tylko my możemy to zmienić.

W kolejnych rozdziałach opisuję, co dobrego wyniknie dla nas, gdy usuniemy z organizmu toksyny i dostarczymy składniki odżywcze do komórek, oraz jak wielką oczyszczalnią jest nasz organizm, gdy niestrudzenie, dzień i noc pracuje nad tym, by nasze środowisko wewnętrzne było czyste.

Teraz wspomnę tylko, że jeśli przeprowadzimy detoks, odżywianie komórkowe będzie znacznie bardziej efektywne. To od detoksu powinniśmy zacząć działania prozdrowotne, chyba że z jakiegoś powodu nie możemy go przeprowadzić.

Kto może stosować detoks

Detoks jest dla każdego, kto skończył 16 lat, z wyłączeniem:

- kobiet w ciąży i mam karmiących
- osób, których organizm jest wycieńczony chorobą, wyczerpany lub niedożywiony
- osób z niedowagą, wychudzonych
- osób w depresji
- osób przeciążonych fizycznie lub psychicznie (takim osobom przed detoksem potrzebny jest dłuższy solidny wypoczynek)
- osób przewlekle chorych, stale przyjmujących leki

- osób przyjmujących leki na krzepliwość krwi
- osób chorych na bulimię (mogą one podjąć detoks w porozumieniu z lekarzem i terapeutą).

Im bardziej wymagający i restrykcyjny pod względem dietetycznym jest detoks, tym bardziej odpowiedzialnie i rygorystycznie należy podejść do wyżej wymienionych przeciwwskazań.

Detoks leczy, a raczej uruchamia siły samouzdrawiania organizmu, który w sprzyjającym środowisku ma ogromne możliwości naprawcze. Wymienione przeciwwskazania są względne, to znaczy większość tych osób może detoks przeprowadzić, jednak pod opieką i kontrolą lekarza. Bardzo istotna jest kontrola dawek przyjmowanych leków, jakie lekarz powinien dostosowywać do aktualnych potrzeb. Pamiętajmy, że różne choroby mają różne przeciwwskazania żywieniowe – w tym także dotyczące produktów, które zdrowemu człowiekowi służą, lecz choremu mogą zaszkodzić. Kiedy więc nie jesteśmy zdrowi, zanim zdecydujemy się na detoks, skonsultujmy się z lekarzem.

Detoks przed zajściem w ciążę

O ile kobiety w ciąży i matki karmiące nie mogą przeprowadzać detoksu (zbyt duże uwalnianie toksyn mogłoby być bardzo niekorzystne dla dziecka), o tyle przed planowaną ciążą detoks uważam za punkt obowiązkowy dla każdej kobiety, która chce przekazać swojemu dziecku wszystko, co najlepsze.

Oczyszczony i odżywiony organizm przyszłej mamy, z dobrą florą bakteryjną, którą przekaże dziecku, będzie dla niego niczym czyste, nieskażone źródło życia i zdrowia.

Czy kiedy przeprowadzamy się do nowego mieszkania, to najpierw, przed wniesieniem mebli, sprzątamy, czy też od razu zamieszkujemy, bez względu na stan nowego lokum? Wysprzątajmy więc przejściowy dom, w którym nasze dziecko będzie mieszkało przez dziewięć miesięcy.

„Posprzątanie" i odżywienie organizmu przed ciążą jest ważne nie tylko dla dziecka, lecz również dla przyszłej mamy. Ciąża to duży wysiłek i każda kobieta wie, że choć w ciąży najczęściej pięknie wygląda i po początkowych perturbacjach czuje się dobrze, to po porodzie zaczynają wypadać włosy, łamać się paznokcie, skóra może stracić gładkość, trudno jest schudnąć. Nic dziwnego, bo w jednym ciele żyją dwie osoby i każda potrzebuje składników odżywczych, wytwarza różne produkty przemiany materii, ale to matka żywi i oczyszcza całość. Priorytetem jest oczywiście rozwój płodu. Czysty organizm zabezpieczy przyszłą mamę przed niedoborami, wskutek których cierpią po ciąży jej uroda i samopoczucie.

Detoks przed planowaną ciążą jest ważny także dla jakości pokarmu mam karmiących.

Uważam, że również panowie zamierzający zostać ojcami powinni zastanowić się nad przeprowadzeniem detoksu.

Jak często przeprowadzać detoks i jak długo powinien trwać

Jeśli jesteśmy zdrowi, nie pozostajemy z powodu choroby pod stałą opieką lekarza i nie przyjmujemy na stałe żadnych leków, wystarczy poddać się detoksowi raz lub dwa razy w roku. Po prostu dla higieny, by układy i narządy działały sprawnie i abyśmy długo czuli się młodo.

Gdy jesteśmy chorzy, cierpimy na alergie, mamy problemy skórne lub odczuwamy inne powracające dolegliwości – wte-

Dzisiaj koniec detoksu, czuję się super. W pracy dziewczyny zazdroszczą i pytają, co robiłam, że tak doskonale wyglądam. Czuję się wyśmienicie.

dy detoks można stosować częściej, choć trudno powiedzieć, jak często. Myślę, że każdy sam to wyczuje. Inną opcją może być wydłużanie czasu trwania detoksu, co wyzwala potwierdzone w praktyce działania naprawcze.

Przeciętny detoks, oparty na diecie, trwa 10–14 dni. Czasem może być dłuższy, jednak dwutygodniowe oczyszczanie przeprowadzane przynajmniej raz w roku to podstawa, która przyniesie ogromne korzyści.

Z kolei detoks oparty na głodówce (pijemy soki lub wodę) trwa 3–5 dni. Dłuższe głodówki stosuje się w celach leczniczych i trzeba konsultować je z lekarzem lub najlepiej być pod jego opieką.

Najlepszym czasem, by przeprowadzić detoks, jest moim zdaniem przełom zimy i wiosny (przedwiośnie) lub wczesna wiosna. Zimą jemy na ogół bardziej treściwie i tłusto, w naszym menu pojawia się więcej potraw duszonych, pieczonych, gotowanych, a zdecydowanie mniej zielonych roślinnych koktajli, soków warzywnych i sałatek, wybieramy raczej potrawy ciężkostrawne, a nie lekkie. Najczęściej jemy też więcej niż w ciepłych porach roku, nasz układ pokarmowy zmuszony jest zatem do bardziej wytężonej pracy, warto więc wiosną odciążyć go i oczyścić. Ponieważ zimą jemy mniej warzyw – o tej porze roku są trudniej dostępne – zaburzona zostaje równowaga kwasowo-zasadowa środowiska komórek, warto więc ją przywrócić.

Post wczesną wiosną mamy też zakodowany po przodkach. Dawniej, gdy w sklepach nie było takiej obfitości produktów i nie przywożono jej z odległych zakątków świata, ludzie żywili się tym, co zebrali w czasie jesiennych plonów. Zbiory się kończyły i na przednówku jedzenia było mało, więc ludzie, chcąc nie chcąc, pościli. Na ogół jedli też głównie produkty lokalne i to, co sami wyhodowali, a taka dieta jest najzdrowsza.

Kolejnym ważnym powodem, dla którego warto przeprowadzić detoks każdej wiosny, jest przygotowanie ciała na czerpanie z obfitości wiosny, lata i wczesnej jesieni. W tych porach roku stragany uginają się od świeżych sezonowych warzyw i owoców, zawierających bogactwo minerałów i witamin. Jedząc je, doładowujemy baterie i uzupełniamy niedobory. By organizm w pełni z tego korzystał, ważne są czyste jelita i zdrowa flora jelitowa.

Detoks można też przeprowadzać wczesną jesienią. Głównie po to, by odciążyć układ pokarmowy przed okresem jego wzmożonej pracy zimą oraz wzmocnić florę jelitową, bo przecież od tego, co jest w jelitach, zależy sprawne działanie układu immunologicznego. W okresie jesienno-zimowym mnóstwo osób łapie infekcje i wciąż jesteśmy narażeni na krążące wokół wirusy.

Jeśli jednak ktoś czuje, że powinien przeprowadzić detoks niezależnie od pory roku, niech to zrobi – warto słuchać swojego organizmu.

Również wtedy, gdy potrzebujemy oczyszczenia po chorobie, kuracji antybiotykowej albo gdy nasilają się dolegliwości – nie czekajmy. Przygotujmy się odpowiednio i oczyśćmy organizm. Jeśli mamy pasożyty, nie możemy odkładać detoksu, trzeba pozbyć się ich jak najszybciej, bo każdy dzień to więcej i więcej toksyn, zakwaszenia i szkód. Często nie wiemy, że mamy pasożyty, nie jest też łatwo wykryć je w badaniach kału. Profilaktycznie więc raz na jakiś czas warto przeprowadzić kurację antypasożytniczą, najlepiej połączoną z detoksem (więcej na ten temat napiszę w rozdziale poświęconym temu tematowi). Jakiś czas temu usłyszałam od lekarza zdanie, które zapadło mi w pamięć: „Nie rozumiem, dlaczego ludzie systematycznie, co pół roku odrobaczają zwierzęta, a nie odrobaczają siebie". Dlaczego o tym nie myślimy? Czy wydaje nam się, że nas to nie dotyczy?

Jak najlepiej zaplanować detoks w czasie

Po przygotowaniu, które zapoczątkowuje proces oczyszczania (a dwa ostatnie dni przygotowania na monodiecie są już praktycznie detoksem), właściwy detoks najlepiej zacząć w czwartek. Wtedy 3. i 4. dzień detoksu wypadnie w weekend, co ma duże znaczenie, ponieważ najczęściej kryzys następuje właśnie w tych dniach.

Oczywiście osoby, które pracują w weekend, a ich dni wolne wypadają w tygodniu, powinny dostosować detoks do rozkładu zajęć.

Warto zaznaczyć, że podczas detoksu jaglano-warzywnego najczęściej nie grożą nam kryzysy, a jeśli już, to są one mniej uciążliwe, tak więc nie ma znaczenia, w jakie dni tygodnia go zaczniemy.

*Największym plusem detoksu jest to,
że nie widzę minusów.
Udało mi się wiele osiągnąć.
Całkowity brak kawy od pierwszego dnia detoksu.
Już ponad cztery tygodnie bez kawy i nawet nie mam na nią ochoty.
Codziennie zielony koktajl (po dwóch tygodniach nie zaglądałam już do żadnych książek, kombinowałam sama).
Bardzo poprawiła mi się cera.
Każdego ranka bez większych problemów wstaję przed szóstą i nie czuję się śpiąca ani zmęczona.
Skończyły się uporczywe bóle pleców.
W ciągu dnia nie czuję zmęczenia i wyczerpania.
Zmęczenie odczuwam dopiero około 21–22 i zazwyczaj wtedy już padam, a sen jest głęboki i spokojny.
Zaczęłam pić duuuuże – jak na mnie – ilości wody (przed detoksem piłam około dwóch szklanek dziennie, i to nie zawsze).
Nie mam ochoty na białe pieczywo.
Czuję się naprawdę lekko i świeżo i nie jestem rozdrażniona.
Nie odczuwam bólu brzucha, który wcześniej pojawiał się prawie po każdym posiłku.
Wyraźnie widzę po ubraniach, że się „zmniejszyłam". Spodnie kupione po ciąży są luźne, a te sprzed ciąży (czyli dokładnie sprzed dwóch lat), zostawione na „jeśli kiedyś schudnę", znów są dobre.*

Wyraźnie odczuwam to, w jaki sposób mój organizm reaguje na różne produkty, i potrafię ocenić, po czym czuję się ciężka, co mi służy (wcześniej, jedząc wszystko, nie wiedziałam, po których produktach czuję się źle i które powinnam ograniczyć).

I na koniec dodam, bo warto, że moim przewodnikiem po detoksie stała się książka Beaty Sokołowskiej Alkaliczny styl życia*. Nie znam Beaty, nie jest to żadna reklama, nikt mi nawet tej książki nie polecił, po prostu uważam, że jeśli taki laik jak ja postanowi lub postanowił przeprowadzić detoks (bo modny, bo zdrowy, bo warto wreszcie wziąć się za siebie, bo taka jest potrzeba chwili) i w którymś momencie zastanawia się, „co dalej", „co później?", to w tej książce znajdzie odpowiedź oraz mnóstwo wskazówek dotyczących zdrowego, tj. alkalicznego stylu życia.*

3.

WIĘCEJ O DETOKSIE I JEGO ZNACZENIU

Czego możemy się spodziewać – korzyści płynące z detoksu

Mówi się, że najlepszym kosmetykiem jest sen. Zdecydowanie rozszerzyłabym to powiedzenie, mówiąc, że najlepszymi kosmetykami są woda (czyli nawodnienie), detoks (czyli zaprowadzenie porządku w układzie pokarmowym i oczyszczenie organizmu z toksyn) i sen.

A najlepszymi lekarstwami są woda, detoks, odżywienie komórek, sen, ruch i relaks (fizyczny i psychiczny). Wszystko to mieści się w tym, co nazywamy alkalicznym stylem życia, bo wszystkie te elementy sprzyjają dbaniu o zachowanie w naszym ciele równowagi kwasowo-zasadowej.

Więcej na ten temat można przeczytać w mojej poprzedniej książce *Alkaliczny styl życia*.

W tej pozycji natomiast skupiam się na znaczeniu oczyszczania i istotnych elementach prawidłowo przeprowadzonego detoksu.

Kupujemy przeróżne suplementy diety, po czym okazuje się, że nie działają. Bardzo prawdopodobne jest, że przyczyna tego tkwi w zanieczyszczonych jelitach i zbyt dużym nagromadzeniu toksyn w organizmie. Tak dużym, że same suplementy czy leki „nie dają rady".

Najpierw więc oczyśćmy organizm. To przypomina remont domu – nie wstawiamy przecież nowych mebli, dopóki nie odmalujemy ścian i nie wyrzucimy zbędnych rupieci. Nie zostawiamy też połamanych i brudnych mebli w kącie salonu, tylko je wynosimy. Zanim więc zaczniemy zdrowo się odżywiać i żyć alkalicznie, usuńmy z naszego organizmu toksyny. Wtedy szybko odczujemy zmianę, a suplementy będą działały.

Trzeci detoks. Tym razem zmiany nie były tak radykalne, jak podczas pierwszego. Do pierwszego podeszłam ze względu na stan zdrowia. Słaniałam się na nogach, byłam apatyczna, ciągle śpiąca, rano dosłownie nie mogłam zwlec się z łóżka. Lekarz robił mi coraz to nowe badania, wyniki były bardzo dobre, a ze mnie życie uciekało. I wtedy zrobiłam detoks. Po dwóch dniach, wtedy gdy innych bolała głowa, ja odżyłam. To było niesamowite, ilość energii, zwłaszcza rano. Biegałam o 5.45 przed pójściem do pracy! Sporo schudłam, nie wiem, ile w kilogramach, ale po ubraniach było widać, jak dużo wody ze mnie zeszło. I znowu się uśmiechałam. To było wspaniałe doświadczenie, dlatego wracam do detoksu. Czuję, że mój organizm wrócił do normy. Każdy kolejny detoks jest inny, każdy jest próbą charakteru. Po każdym tracę ochotę na nabiał.

Detoks przeprowadziłem – rewelacja. Byłem na urlopie. Początkowo nie byłem przekonany do postu, nie przepadałem za warzywami. Wcześniej jadłem je bardzo skromniutko. Chciałem tylko dotrzymać towarzystwa mojej żonie (od niej dowiedziałem się o alkalicznym stylu życia).
I stało się.
Na początku było trudno (bez kawy, słodyczy, chlebusia i innych pyszności), ale z każdym dniem coraz bardziej przekonywałem się do warzyw (szpinaku, kalarepy, kalafiora i innych). Te wszystkie potrawy warzywne to coś pysznego. I nawet niewielką ilością można się najeść, i jest tak lekko, miło i przyjemnie. No rewelacja. Na początku byłem trochę słaby, nie miałem siły, ale siły dodatkowo przybywało, gdy spojrzałem na wagę. Już mogę swobodnie zawiązać buty, nic mi nie przeszkadza. Mam prawidłową wagę! Nie pamiętam, czy taką kiedykolwiek miałem. Miałem nadciśnienie, brałem tabletki, ale ciśnienie zawsze było podwyższone i wysoki puls. Teraz się unormowało, jest książkowe i puls normalny. Nie czuję też takich różnych bólów (barku, ramienia, kolana), które wcześniej odczuwałem. Mam dużo energii i chęci do pracy, tylko brakuje mi czasu. Nie umiem jeszcze tak dobrze wypoczywać i omijać stresu. Na pewno podchodzę do tego inaczej, lepiej, ale nie umiem go omijać. Uczę się, tak jak nauczyłem się jeść warzywa, bez których teraz sobie nie wyobrażam posiłków. Dziękuję…

A teraz: co mi dały te tygodnie. A więc… Dużo dobrej i pozytywnej energii… Dobry sen. Wstaję wypoczęta. Przestało mi skakać ciśnienie… Skóra jest gładka, napięta, nawodniona… Lepsza kondycja fizyczna… Większa wytrzymałość stawów (mam pracę stojącą)… Ustąpiły bóle głowy, kręgosłupa… Lepiej znoszę dni menstruacji… Odstawiłam leki wziewne na astmę. Hormony już tak nie wariują. Ubyło mi 9 kilogramów – z tego się najbardziej cieszę… Podsumowując, czuję się rewelacyjnie jak nigdy. Polecam każdemu detoks…

W trakcie detoksu przywracamy w organizmie równowagę kwasowo-zasadową, odtruwamy organizm, uwalniając go od zbędnych lub szkodliwych związków chemicznych, różnych kwasów (np. moczowego), toksyn, ale też złogów zgromadzonych w jelitach (często przyklejonych na znacznej ich powierzchni, co zmniejsza powierzchnię wchłaniania i niszczy kosmki jelitowe). Rozwijamy fizjologiczny mikrobiom, potocznie zwany dobrą florą jelitową, a w konsekwencji poprawiamy przyswajalność witamin, minerałów i innych substancji odżywczych. Wszystko to bardzo szybko procentuje. Oto, jakie korzyści przynosi detoks:

Dla urody

- wygładzenie skóry
- spłycenie zmarszczek

- poprawa koloru skóry, która wygląda świeżo, „zdrowo", jaśniej i żywiej, bo jest lepiej ukrwiona
- złagodzenie, wygładzenie rysów twarzy
- większa elastyczność i nawilżenie skóry
- ujędrnienie skóry i tkanki podskórnej całego ciała, odczuwalna poprawa ich sprężystości (wynika to z poprawy odżywienia tkanki łącznej, odbudowy kolagenu i elastyny, czyli podstawowych białek)
- zmniejszenie cellulitu (czasami nawet jego zniknięcie)
- oczy nabierają blasku, stają się wyraziste, spojrzenie jest żywe i klarowne, a białka oczu białe (wynika to z poprawy metabolizmu soczewki oka, oczyszczenia płynu w gałce ocznej, wzmocnienia ściany naczynek krwionośnych białkówki oczu, przez co nie ulegają one rozszerzeniu, jak to miało miejsce przed odtruwaniem)
- zgubienie kilku zbędnych kilogramów (pozbycie się nadmiaru wody, ale też tłuszczu, który jest lepiej spalany).

Dla samopoczucia fizycznego i psychicznego oraz codziennego funkcjonowania

- poprawa jakości snu (łatwiej zasypiamy, śpimy tzw. snem głębokim, czyli regenerującym, śpimy krócej, lecz jesteśmy wypoczęci)
- przypływ energii
- odzyskanie pełni sił
- złagodzenie lub zniknięcie dolegliwości związanych z syndromem przewlekłego zmęczenia
- poprawa zdolności umysłowych (pamięci, koncentracji, koordynacji, procesów myślenia)
- lekkość i uczucie świeżości
- poprawa formy psychicznej

- znika apatia, przygnębienie, a w konsekwencji poprawia nam się nastrój
- wzrost siły wewnętrznej i nabranie dystansu do problemów
- większa sprężystość ciała, mięśni i chodu, poprawa i wyprostowanie sylwetki
- poprawa ogólnej kondycji fizycznej, lepsze, pogłębione oddychanie
- wyostrzenie zmysłów (usunięcie toksyn z mózgu poprawia percepcję bodźców)
- wzrost satysfakcji z kontaktów intymnych wskutek poprawy poziomu libido (i to u obu płci!), potencji, a także wzrostu sprężystości tkanek wewnętrznych, co jest odczuwalne podczas zbliżenia (dopóki nie spróbujesz detoksu, nie odczujesz tego, o czym piszę)
- likwidacja różnych uciążliwych dolegliwości, np. bólów głowy, stawów, wzdęć, zaparć, zgagi
- pogłębienie świadomości ciała (tzw. czucie głębokie)
- detoks sprzyja uwolnieniu się od stresu i niepokoju
- nauka dokonywania świadomych wyborów, delektowania się jedzeniem, umiarkowania, które nam służy
- poprawa samopoczucia na każdym poziomie.

Dla zdrowia

- wzrost odporności na infekcje wirusowe, bakteryjne, grzybicze i inne choroby
- eliminacja powstałych w organizmie ognisk zapalnych
- uruchomienie sił samouzdrawiania organizmu – także w przypadku chorób ciężkich i takich, które uchodzą za nieuleczalne (poprzez szeroko rozumianą poprawę działania układu immunologicznego, odbudowę bia-

łek, regulację metabolizmu i hormonów, zmniejszenie stresu oksydacyjnego i dostarczenie roślinnych antyoksydantów)

- sprawne działanie układu pokarmowego (odbudowa śluzówki jelita cienkiego, kosmków jelitowych, uszczelnienie ściany jelit dzięki powrotowi prawidłowego mikrobiomu [likwidacja tzw. dysbiozy] i usunięcie pasożytów)
- normalizacja ciśnienia krwi, poziomu cholesterolu i trójglicerydów oraz glukozy
- oczyszczenie stawów sprzyjające ich leczeniu (rozpuszczenie i usunięcie z organizmu kryształów kwasu moczowego i innych kwasów organicznych)
- poprawa funkcjonowania wszystkich narządów i układów ciała na skutek odbudowy układów buforowych pH (osoczowych i tkankowych) i odciążenia wątroby od wielu procesów detoksykacji, jakie musiała przeprowadzać.

Podsumowanie – detoks odmładza!

To prawda. Im jesteśmy starsi, tym bardziej to odczujemy. Zdarzało się, że osoby dojrzałe, w wieku około 70 lat, pisały do mnie, iż jeszcze nigdy nie czuły się tak młodo i tak dobrze jak po detoksie (przypuszczam, że czuły się tak dziesiątki lat wcześniej, tylko po prostu o tym już nie pamiętały).

Natomiast my pamiętajmy o tym, że im wcześniej zaczniemy regularne detoksy, tym efekty odmładzania organizmu i poprawiania urody będą lepsze. Szczerze mówiąc, gdybym, będąc młodą dziewczyną, wiedziała, iż istnieje tak cudowne narzędzie jak detoks, to przeprowadzałabym go już wtedy. Potrafiłam głodzić się niezdrowo (nie była to głodówka, lecz głodzenie się), by zgubić kilka kilogramów, bo nie wiedziałam, że wystarczy utrzymywać w organizmie równowagę kwasowo-zasadową, m.in. poprzez okresowe przeprowadzanie detoksów. Unika się wówczas problemów z wagą, z cerą i wielu innych, jakie dotykają młodych osób, a których i ja doświadczałam.

Detoks nazywany bywa też operacją bez skalpela, tak radykalne jest jego działanie. Z upływem czasu zaczynamy akceptować różne dolegliwości, sądząc, że tak po prostu musi być, że się starzejemy. Problem w tym, że na poziomie ciała (kiepskiego samopoczucia) takie „starzenie się" często odczuwają już osoby dwudziesto- i trzydziestoletnie. Czy jest to zatem starzenie się w klasycznym rozumieniu tego słowa, czy może właśnie intoksykacja, „zatrucie"? Nagromadzenie różnych szkodliwych związków chemicznych nie zawsze zależne jest od wieku kalendarzowego. A jeśli tak, to jak najbardziej uzasadnione jest użycie słowa „detoks" lub „odtrucie". Nie ma niestety dowodów naukowych, że tak się dzieje, i pewnie długo nie będzie, bo trudno takie zjawisko zbadać. Lekarze używają jednak takich pojęć jak „wiek biologiczny" i „wiek kalendarzowy". To uznane terminy medyczne, wprowadzone dlatego że często widać starszych ludzi mających młode ciało, i odwrotnie, czterdziestolatków, których metabolizm i wydolność wskazują na zużycie, jakby żyli co najmniej sześćdziesiąt lat! A może da się zapobiec takiemu „zużyciu" i odwrócić ten proces? Tak, właśnie przez przeprowadzenie detoksu. Możemy, mając lat czterdzieści, pięćdziesiąt, sześćdziesiąt i więcej, czuć się tak, jakbyśmy mieli dziesięć, dwadzieścia, a nawet trzydzieści lat mniej. Wszystko jest w naszych rękach. Czyż to nie są dobre wiadomości? A jak to zrobić? Przeprowadzając detoksy, a pomiędzy nimi dbając o odżywianie sprzyjające zachowaniu równowagi kwasowo-zasadowej.

Chciałam podzielić się swoimi spostrzeżeniami po przeprowadzeniu detoksu. Razem z mężem… Generalnie samopoczucie podczas całego detoksu bardzo dobre. Początkowo pojawiły się bóle głowy, ale to normalne podczas usuwania toksyn z organizmu. Zresztą nie były zbytnio uciążliwe. Po samym detoksie oprócz około 5 kilogramów mniej zauważyliśmy poprawę kondycji skóry. Ja zawsze miałam skłonność do wyprysków, teraz jest ich zdecydowanie mniej. Skóra jest też bardziej napięta i wygląda zdrowo. Nie muszę już nawet używać podkładu, żeby przykryć niedoskonałości. Wypracowane podczas detoksu nawyki utrzymują się. Chętniej sięgamy po zdrowe przekąski, nieprzetworzone jedzenie, nie podjadamy między posiłkami. Zwiększyła się nasza wiedza i świadomość na temat jedzenia. Na pewno będziemy powtarzali detoks przynajmniej raz lub dwa razy do roku, a do tego już od teraz staramy się utrzymywać zasadowe pH organizmu.

Musimy pamiętać też o piciu dobrej wody (o wodzie, jej pH i potencjale redox w dalszej części), by przepłukać komórki i przestrzenie międzykomórkowe i utrzymać je w czystym, zdrowym środowisku, o optymalnym lokalnym pH, bez „postarzających" wolnych rodników; trochę ruchu, trochę dystansu do siebie i życia, wdzięczność za to, co mamy i… ŻYĆ, NIE UMIERAĆ!

Detoks jako doświadczenie duchowe – spójrzmy nań także z tej strony

Detoks może być również (choć nie musi, to zależy tylko od nas) głębokim doświadczeniem duchowym. W różnych tradycjach duchowych i religijnych od wieków praktykowane są różne formy postu. Niezależnie od tego, jakiego jesteśmy wyznania, czy jesteśmy religijni, czy też podążamy ścieżką mistyczną bądź idziemy własną drogą – czas detoksu sprzyja refleksji, wyciszeniu, skierowaniu uwagi do wewnątrz, nawiązaniu kontaktu z samym sobą, ze swoimi uczuciami i z ciałem. Buduje zarówno zaufanie do siebie, jak i wiarę w to, że wszystko, co nas spotyka, czemuś służy i ma głębszy sens. Dla osób wierzących może być to czas umacniania wiary i bardziej skupionej modlitwy lub medytacji. To czas, który pomaga nam dotrzeć do naszego wewnętrznego „ja", zauważyć jego potrzeby. Nie te związane ze światem zewnętrznym, wynikające z życia w skomercjalizowanym świecie, lecz te, które powodują, że zaczynamy dostrzegać w życiu większy sens. Również takie, które dają nam poczucie spokoju, radości niezależnej od okoliczności zewnętrznych. Nabieramy wewnętrznej siły, umacnia się nasze poczucie wartości i zaczynamy zauważać rzeczy, nad którymi wcześniej się nie zastanawialiśmy.

Oddziaływanie detoksu zauważalne jest jednak nie tylko na poziomie ciała i fizjologii (choć tutaj jest najsilniejsze, łatwo dostrzegalne), lecz także zmian, jakie dokonują się w naszej psychice, w naszej filozofii życia, ustalaniu priorytetów, zauważaniu rzeczy ważnych. Zaczynamy dostrzegać, jak cudownym i doskonałym mechanizmem jest ciało oraz prawa natury, według których funkcjonuje. Zmienia się nasz sposób myślenia i stan emocjonalny. Być może zmiany na poziomie duchowym i psychicznym nie są tak spektakularne jak te na poziomie fizjologicznym, lecz bez wątpienia zachodzą.

Zmiany fizjologiczne pojawiają się szybciej. Podczas postu już w ciągu kilku godzin trzustka nie musi produkować insuliny, ściany żołądka, dwunastnicy i jelita niektórych hormonów: gastryny, sekretyny, cholecystokininy, GIP-u, motyliny. Przestają też „szaleć" zależne od jakości i ilości spożytego jedzenia takie hormony, jak grelina, leptyna, adiponektyna, peptyd YY, kortyzol, adrenalina, IGF-1. Post pozwala na swoisty reset całego tego towarzystwa, a dzięki temu odpoczywa także mózg. Wreszcie nie musi regulować, kontrolować, ratować, odbierać, przetwarzać i wysyłać mnóstwa sygnałów w tysiące miejsc, bo organizm nie ma czego trawić. Mózg może zająć się innymi sprawami i wyciszyć. Wbrew pozorom procesy gryzienia, połykania, trawienia i wchłaniania bardzo angażują mózg – poprzez niezależny od naszej woli układ autonomiczny. Ustanie na kilka godzin tych procesów jest jak wyłączenie na chwilę nieużywanych programów w komputerze. Nie usuwamy ich z dysku, lecz zwalniamy moce przerobowe procesora.

W zresetowaniu mózgu pomaga też zapewne medytacja lub inny sposób odciążenia umysłu podczas głodówki detoksykacyjnej, warto więc zapoznać się z podstawowymi technikami medytacji, a jeśli nie, to spróbować się wyciszyć, uspokoić, myśleć o przyjemnych rzeczach, wspominać radosne chwile czy patrzeć na piękny krajobraz.

Jak wspominałam, podczas głodówki zmiany biologiczne pojawiają się w ciągu kilku lub kilkunastu godzin, jednak na te duchowe trzeba poczekać nieco dłużej. jednak z każdym kolejnym detoksem pogłębiają się, a my osiągamy coraz większy spokój wewnętrzny, dystans do życia, by pewnego dnia stwierdzić, że wszystko jest doskonałe takie, jakie jest. Oczywiście potrzebny jest do tego czas (miesiące), stosowanie się do zaleceń detoksu – także tych niezwiązanych z dietą. Jeśli będziemy przeprowadzali oczyszczanie w pośpiechu, napięciu, trudno będzie nam wyjść poza dotychczasowy schemat reakcji i zachowań wpływający na powielanie wciąż tych samych sytuacji. Również efekty dla ciała będą mniejsze. Jeśli jednak zwolnimy, przygotujemy przedpole, załatwiając wcześniej pilne sprawy, zaplanujemy detoks tak, by znaleźć czas na wdzięczność i relaks – doświadczymy znacznie więcej niż tylko korzyści na poziomie fizjologii ciała.

Nawet jeśli nie przywiązujemy wagi do naszego życia duchowego, nie zwracamy uwagi na swoją psychikę, sądząc, że jej stan zależy od okoliczności zewnętrznych i innych ludzi, a nie od nas samych, korzystne zmiany pod wpływem detoksu i tak w nas zachodzą. Na początku subtelne i niezauważalne, po pewnym czasie coraz wyraźniejsze.

Ponieważ usuwamy także pewną ilość toksyn z tkanki nerwowej mózgu, dotleniamy go i lepiej odżywiamy, nic dziwnego, że potem lepiej funkcjonuje.

Dla wszystkich tych, którzy postrzegają siebie również jako istotę duchową, detoks jest niepowtarzalną okazją do rozwoju i uporządkowania swojego życia tak, by osiągnąć większy spokój i więcej radości na co dzień. Bo przecież każdy dzień jest darem. Nasze ciało jest darem. To, co nas spotyka, też jest darem, bo daje nam możliwość przekraczania siebie i swoich ograniczeń. Darem jest detoks, który sam w sobie jest przekraczaniem siebie i naszego nienasyconego ego. Daje nam sposobność uwolnienia się od pragnień, destrukcyjnych emocji, ciągłego poczucia niezaspokojenia, obniżenia poczucia własnej wartości, niepokoju i zniecierpliwienia…

Miesiąc po detoksie.
Nie mogę się doczekać kolejnego detoksu, bo już wiem, że się da i jakie to daje efekty. Kolana nadal nie bolą, nawet po 18 kilometrach spaceru. Trądzik różowaty, z którym walczyłam od kilku lat, nadal nie wraca! Ale prawdziwy szok przeżyłam, gdy kilka dni temu odebrałam wyniki badań – cholesterol spadł z 240 na 175!
Dbam o siebie, dobrze jem, wysypiam się, a i psychika silniejsza. Lepiej znoszę stresy. Inaczej myślę, coraz lepiej czuję się sama ze sobą, rosnę w siłę i wszystko mi się chce!

Dlaczego detoks jest tak ważny, czyli warto zrozumieć swoje ciało

Ciało – oczyszczalnia doskonała

Nasz organizm nieustannie eliminuje toksyny (metale ciężkie, nadmiar różnych pojedynczych pierwiastków chemicznych, kilka tysięcy związków chemicznych, które dostają się do wnętrza, kilkadziesiąt toksyn grzybiczych, bakteryjnych i pasożytniczych ciągle wnikających w nas czy to z pożywienia, czy powietrza, czy też z mikrobów, które w nas żyją, oraz cała lista produktów przemiany materii albo leków, które zażywamy). Jest do tego doskonale przystosowany i wyposażony. Jedną z najważniejszych funkcji układów trawiennego, krwionośnego, oddechowego, moczowego, w tym narządów takich jak wątroba, nerki, jelita, skóra, płuca, jest neutralizacja tych toksyn poprzez zmianę ich budowy chemicznej na mniej szkodliwą czy rozpuszczalną w wodzie, albo postać gazową, a następnie wydalenie ich z moczem, żółcią, kałem, potem, wydychanym powietrzem, łojem (sebum), złuszczanym naskórkiem, a nawet ze łzami czy śliną, o czym zapewne wielu z nas nie myśli. Dzieje się to bez przerwy, a w przypadku niektórych narządów zwłaszcza wtedy, gdy śpimy (wątroba, nerki).

Wątroba – najważniejszy filtr krwi

Wątroba to filtr dla zawartości naszego układu krwionośnego, czyli krwi. Pracuje przez cały czas. Przepływa przez nią krew z wchłoniętymi bezpośrednio z jelit składnikami pokarmowymi (żyłą wrotną) oraz stopniowo krew z całego organizmu (tętnicą wątrobową). Jej oryginalna budowa i ukrwienie powoduje, że całość krwi jest oczyszczana, przy czym nigdy nie wiadomo, co zostanie zjedzone, więc wątroba musi być przygotowana na wszystko. Usuwa (metabolizuje do mniej szkodliwych) związki chemiczne i wydziela je do żółci, by zostały wydalone z kałem, lub po przefiltrowaniu uwalnia je do krwi (wtedy są już nieszkodliwe chemicznie), by wydaliły je nerki czy płuca. Czasami wątroba nie potrafi nic zrobić z toksynami (wiele toksyn grzybiczych, kilka metali ciężkich, np. rtęć, ołów) i dostają się one do krwi i tkanek. Czasem jest ich w danym momencie za dużo i wątroba nie nadąża z odtruwaniem, więc przedostają się, wraz z krwią, do różnych zakamarków naszego ciała. Znane są liczne związki chemiczne, które w małych ilościach uznawane były za bezpieczne, a w większej ilości okazały się toksynami, właśnie dlatego że nadmiernie obciążają wątrobę. Jeżeli dojdą do tego różnego rodzaju resztki martwych komórek, bo gdzieś toczy się proces chorobowy, albo duże ilości leków czy też nieświadomie zjadane przez nas pestycydy, herbicydy, konserwanty z prze-

Wytrwałam do końca detoksu, z czego jestem bardzo dumna. Do odnowy przystąpiłam pierwszy raz i z przyjemnością powiem, że dołączę także jesienią. Moje efekty są takie, że zgubiłam po drodze 7 kilogramów, co nigdy nie było możliwe, gdy stosowałam dietę. Jestem energiczna, sprężysta i zdrowsza. Podczas detoksu nie czułam się źle, ponieważ od razu nastawiłam się psychicznie do tej ODNOWY. Każdego dnia budzę się radosna. Chcę dodać, że do detoksu dołączyłam także ćwiczenia, co pozwoliło mi pozbyć się boczków.

tworzonej żywności i cała masa enterotoksyn z niefizjologicznej flory bakteryjnej (a raczej całego mikrobiomu), to wątroba może nie dać sobie rady. Proponowany w tej książce detoks, w tym głodówka, są dla niej zbawieniem, dają bowiem czas na nadrobienie zaległości. Enzymy komórek wątroby rozkładają i metabolizują te zanieczyszczenia. Gdyby tak nie było, wraz z krwią przedostałyby się one do wielu komórek czy narządów, innymi słowy – zatrulibyśmy się. Zwrócę przy tej okazji uwagę, że potocznie zatrucie rozumiemy jako stan nagły, z utratą świadomości, gwałtownymi objawami, tak jednak dzieje się stosunkowo rzadko. Do zatrucia dochodzi na ogół stopniowo. Które toksyny wyrządzają szkody, zależy od ich siły trującej oraz ilości. Podam przykład znany chyba każdemu: alkohol etylowy (w dowolnej postaci) to nic innego, jak produkt przemiany materii drożdży (grzyba), jest zatem toksyną grzybopochodną. Tak! Spójrzmy na to w ten sposób. W niewielkiej ilości powoduje przyjemne objawy, pobudzenie, rausz, euforię, a w większej? Utratę świadomości! To nic innego jak zatrucie. Gdy za dużo wypijemy, na drugi dzień czujemy się fatalnie, gdyż wątroba neutralizuje toksynę, jaką jest alkohol, a inne narządy ją wydalają. W tym płuca!

Wątroba, niestety, nie radzi sobie ze wszystkim w stu procentach. Istnieją toksyny, które nie rozpuszczają się w wodzie, lecz w tłuszczu, i te są dla wątroby zmorą. Nie da się ich wyekspediować do krwi (wody), wielu z nich nie udaje się także wypchnąć do żółci. Ich nadmiar kumuluje się z reguły w tkance tłuszczowej lub w komórkach nerwowych, których otoczka zawiera dużo tłuszczów. Istnieje teoria, że tyjemy po to, by takie toksyny unieszkodliwić, związać w tłuszczu tychże komórek. Dlatego nadmiar tkanki tłuszczowej pełniłby funkcję ochronną, byłby magazynem toksyn. Teoria ta jest rozważana całkiem poważnie przez lekarzy, lecz w takiej sytuacji praprzyczyną otyłości byłoby przewlekłe zatrucie toksynami. Czy zatem da się je usunąć? I jak to zrobić? Odpowiednio prowadzony detoks i prawidłowe odżywianie mogą wiele zdziałać także na tym polu, pomagają bowiem pozbyć się nadmiaru tkanki tłuszczowej.

Toksyny mogą odłożyć się także w błonach komórek mózgu (neurony, komórki glejowe), gruczołów wydzielania wewnętrznego (takich jak przysadka, tarczyca, trzustka, nadnercza, jądra i jajniki) albo grasicy i szpiku. Tam kumulują się np. metale ciężkie, takie jak rtęć, ołów, czy wanad, dlatego iż narządy te zawierają dużo tłuszczów. Toksyny w nich zgromadzone mogą zaburzać ich działanie. Będziemy więc odczuwali pogorszenie pracy mózgu, różne objawy braku równowagi hormonalnej, obniżenie odporności, nieprawidłowości w morfologii krwi.

Podczas detoksu uwalniają się toksyny zgromadzone w tłuszczu wewnętrznym, co wywołuje nieprzyjemne dolegliwości, takie jak bóle głowy, nudności czy zmęczenie. Wątroba powoli przekształca toksyczne związki rozpuszczalne w tłuszczach w takie, które mogą rozpuścić się w żółci lub wodzie i zostać dzięki temu wydalone wraz z kałem lub moczem.

Nadmiar dostarczanych z zewnątrz toksyn może prowadzić do przeciążenia wątroby, która staje się niewydolna, czy wręcz niszczyć jej komórki, co prowadzi do jej zaniku. Przykładem jest marskość poalkoholowa wątroby. A skoro alkohol może ją zniszczyć, to inne toksyny też! Niektóre toksyczne substancje niezmagazynowane w tłuszczach przedostają się z krwiobiegu do innych tkanek i narządów i zaczynają się w nich gromadzić, często w procesie krystalizacji. Tak odkładają się kwasy. Łączą się z takimi minerałami, jak sód czy wapń, i wytrącają się w postaci soli tych kwasów. W pewnym sensie jest to forma ochrony organizmu przed ich szkodliwym działaniem. Najbardziej znanym tego typu procesem jest odkładanie się kwasu moczowego, początkowo w mikroskopijne kryształki, lecz z czasem, jeśli nic się nie zmieni, w różnych miejscach tkanki łącznej, chrząstkach stawów, małżowinach usznych, jak również ścięgnach czy więzadłach. Choroba ta znana jest jako dna moczanowa. W taki sposób mogą odkładać się także inne kwaśne związki chemiczne. Powoduje to miejscowy stan zapalny i ból, a także uwolnienie całej kaskady akcji naprawczych prowadzonych przez układ odpornościowy. Jednak przy ciągłym napływie toksyn działania naprawcze mogą nie odnieść skutku. Należy więc świadomie wkroczyć do akcji i wspomóc organizm poprzez dobrze przeprowadzony detoks. Jeśli tego nie zrobimy, pojawią się poważniejsze problemy ze zdrowiem, różne dolegliwości, nierzadko silne bóle, ale też problemy ze skórą (organizm nawet tą drogą próbuje pozbyć się toksyn!) czy przewlekłe zmęczenie.

Zatem dobra kondycja wątroby to także czysta krew i sprawne działanie układu odpornościowego.

Poza detoksykacją organizmu wątroba pełni jeszcze inne ważne funkcje. Wytwarzając żółć i „wstrzykując" ją do dwunastnicy i jelit, pomaga trawić tłuszcze, ale też syntetyzuje mnóstwo potrzebnych białek, „przerabia, produkuje i obrabia" tłuszcze oraz cukry. Przekształca glukozę – podstawowe paliwo komórek – w glikogen i w tej postaci ją magazynuje. Jest magazynem witamin i minerałów.

Nerki – drugi filtr krwi

Bardzo ważną funkcją nerek jest usuwanie toksyn z krwi i wydalanie szkodliwych produktów przemiany materii. Są one drugim filtrem – przepływa przez nie około 1500 litrów krwi na dobę. Nerki wydalają toksyny, produkując mocz. Jest on zasadniczo wodnym roztworem zbędnych związków chemicznych, dlatego tą drogą nie są usuwane toksyny rozpuszczalne w tłuszczach. Warto o tym pamiętać. W prawidłowych warunkach mocz jest kwaśny, ponieważ wraz z nim pozbywamy się nadmiaru związków chemicznych o cechach kwasowych. Nasz metabolizm, czy tego chcemy, czy nie, opiera się na produkcji większej ilości metabolitów kwasowych niż zasadowych, a nerki i mocz umożliwiają pozbycie się nadmiaru „kwasowości". Pojawia się jednak pytanie, czy możemy jakoś wspomóc nerki w tym procesie? Ależ tak, możemy. Z jednej strony detoks, czyli działanie intensywne, lecz krótkie, a z drugiej przejście na alkaliczny styl życia.

Układ limfatyczny

Układ limfatyczny, poza funkcją unieszkodliwiania patogenów chorobotwórczych (np. wirusów i bakterii), próbujących wniknąć do nas różnymi drogami, jest kolejną ważną „oczyszczalnią" organizmu. Codziennie w naszym ciele niszczone są miliony komórek, a w ich miejsce powstają nowe. Martwe komórki tworzą odpady usuwane między innymi przez układ limfatyczny. Ponadto układ limfatyczny usuwa produkty przemiany materii powstające na poziomie komórkowym oraz kwaśne odpady, odprowadzając je z tkanki łącznej, mięśni i każdego narządu. By sprawnie usuwać produkty rozkładu martwych komórek i szkodliwe metabolity, układ limfatyczny potrzebuje wody, wysiłku fizycznego i oddechu. Początkiem układu limfatycznego są mikroskopijne kanaliki oplatające każde skupisko komórek ciała. Stamtąd zbierany jest płyn tkankowy (z przestrzeni międzykomórkowej). Kanaliki te łączą się w naczynka limfatyczne o większej średnicy, lecz o wiele węższe niż żyły czy tętnice. W kilku miejscach w przebiegu tych naczynek limfatycznych umieszczone są węzły chłonne, czyli potężne filtry z dużą liczbą białych krwinek i innych komórek. Zadaniem węzła jest oczyszczenie limfy (która składem przypomina krew, nie ma jednak czerwonych krwinek i jest przez to białożółta) ze „śmieci". Na koniec limfa, poprzez dwa większe przewody limfatyczne, wpada do układu żylnego i łączy się z krwią. Dzieje się to w górnej części klatki piersiowej. Układ limfatyczny nie ma takiej pompy, jaką jest serce dla układu krwionośnego, przepływ limfy usprawniają głównie skurcze mięśni. Dla prawidłowego przepływu limfy znaczenie ma również sposób oddychania, ruchy przepony – mięśnia oddzielającego jamę brzuszną od klatki piersiowej. Z jednej strony ruch przepony w dół zwiększa ciśnienie w jamie brzusznej, a tym samym ucisk na naczynia limfatyczne w jelitach, co wzmaga przesuwanie limfy w odpowiednim kierunku. Z drugiej zaś oddychanie zmienia ciśnienie w klatce piersiowej, przez co na limfę działają także siły ssące, a, jak wspomniałam, to w klatce piersiowej układ limfatyczny „wpada" do układu żylnego. Dlatego też ruch, ćwiczenia, pozycja ciała albo masaż limfatyczny wspomagają detoks. Przy braku skutecznego przepływu, a więc oczyszczania, toksyny mogą gromadzić się w naczyniach chłonnych (limfatycznych) czy wręcz na samym ich początku, w płynach przestrzeni międzykomórkowej, i stamtąd przenikać do krwi lub zalegać przez jakiś czas niewchłonięte. Środowisko z zalegającą limfą zaczyna się zakwaszać i gromadzić toksyny, które prędzej czy później organizm musi jakoś usunąć i zneutralizować. Jeżeli tego nie zrobi, mamy miejscowy stan zapalny, który stopniowo się rozprzestrzenia albo powoduje „rozsiewanie się" toksyn do krwi. Trzeba wówczas koniecznie wkroczyć z detoksem!

Toksyny usuwane są również wraz z wydychanym powietrzem – przede wszystkim dwutlenek węgla, ale też dość liczna grupa lotnych związków chemicznych. Przykładem są gazy z fermentacji jelitowej, które u niektórych osób wchłaniają się częściowo do krwi, i wtedy droga ich eliminacji wraz z powietrzem jest najbardziej wydajna. Niestety objawia się to zjawiskiem zwanym *fetor ex ore*, czyli, delikatnie mówiąc, nieprzyjemnym zapachem z ust.

Toksyny mogą być również wydalane przez skórę, wraz z potem. Spotkałam się z określeniem, że skóra jest naszą trzecią nerką, i nic dziwnego, skoro przez nią wydalamy około pół litra wody na dobę. Wbrew powszechnej opinii pot nie składa się jedynie z wody. Czasami jego zapach zmienia się, dlatego że do potu organizm wydala różne związki chemiczne. Przykład? Gdy zażywamy witaminę B. Podczas choroby często się pocimy – to reakcja obronna. Wydzielamy pot nie tylko po to, by schłodzić ciało i zbić gorączkę, ale także, by wydalić szkodliwe substancje.

Szkodliwych produktów przemiany materii pozbywamy się także z kałem. I to zarówno tych, które były w pożywieniu i których organizm nie chce wchłonąć, jak i tych ekspediowanych z krwi do kału przez ścianę jelita (głównie grubego). Znaczeniu dobrej kondycji jelit poświęcę więcej uwagi w dalszej części tego rozdziału.

Jak widzimy, nasze ciało pracuje bez ustanku, by neutralizować i eliminować toksyny. Nieprawidłową pracę takich organów jak wątroba, nerki, jelita, skóra czy płuca odczujemy bardzo szybko, może być ona zagrożeniem dla zdrowia, a nawet życia.

Przede mną ostatni dzień sokowy. Jestem pod olbrzymim wrażeniem. Pierwszego dnia czułem niesamowity głód, drugiego i trzeciego dnia – kryzys i wydalanie złogów... Nie wyobrażacie sobie, co zalega nam w jelitach. Dzień czwarty, czyli teraz – czuję się bardzo dobrze. Wstałem o 6.00 rano, zero zmęczenia, tylko lekkie osłabienie, ale to chyba normalne. Ale, co najważniejsze, umysł pięknie pracuje:)... Warto!

Czy nie wystarczy, że organizm oczyszcza się sam?

Nie wystarczy. Gdyby wystarczyło, bylibyśmy w doskonałej formie, zdrowi i piękni do końca życia. W dawnych czasach ludzie naturalnie pościli i nasz organizm jest doskonale przystosowany do czasowego ograniczania pożywienia. Teraz większość z nas je za dużo, za często, prawie do każdego rodzaju żywności mamy dostęp przez cały rok. W związku z rozwojem sieci gastronomicznych oferujących szybkie pożywienie, rozwojem przemysłu spożywczego, który produkuje artykuły o długich terminach przydatności do spożycia, zmieniły się nasze nawyki żywieniowe. Jedzenie często wygląda ładnie i świeżo, ale za to naszpikowane jest różnymi dodatkami: syropem fruktozowo-glukozowym, tłuszczami trans, oczyszczoną solą i substancjami konserwującymi. Znacznie zmniejszyło się spożycie błonnika, jest co najmniej kilka razy za małe w stosunku do potrzeb organizmu. Wszystkie te zmiany, nie wspominając o zmianach związanych z rozwojem różnych gałęzi przemysłu, zanieczyszczeniem powietrza, stosowaniem nawozów sztucznych przy niemal wszystkich uprawach, nadużywaniem leków dostępnych bez recepty, stresującym i szybkim tempem życia itd. powodują, że ciało nie oczyszcza się z toksyn jak należy. Dodatkowo nasz układ pokarmowy obciążony jest złogami, które mogą gromadzić się przez lata, zmniejszając możliwości wchłaniania składników odżywczych i jednocześnie znacznie zwiększając ilość powstających toksyn.

Post (który jest przecież elementem detoksu) od zawsze służył człowiekowi. Miał pozytywny wpływ zarówno na ciało, jak i na psychikę oraz duchowość. Współcześnie staje się nieodzowny jak codzienna higiena dla każdego, kto chce utrzymać formę i przeciwdziałać znacznie zwiększonemu obecnie ryzyku zapadnięcia na choroby cywilizacyjne.

Czuję się świetnie, zniknął metaliczny posmak na języku, moja skóra jest gładka, miękka i różowa. Bardziej ukrwiona.
Zawsze zwracałam uwagę na to, co jem, na jakość jedzenia, a nie na ilość. Świadomie wybierałam produkty zdrowe i tak zastanawiałam się, czy detoks to jest mi potrzebny... Teraz widzę, że potrzebowałam takiego oczyszczenia... pozbyłam się zalegającego moje jelita świństwa... czuję się lżejsza i zdrowsza. Pora namówić syna, który męczy się od długiego czasu z trądzikiem.

Jesteś tym, co przyswajasz

Przekarmieni, lecz niedożywieni

O tym, że jemy za dużo, świadczą przede wszystkim zbędne kilogramy i szereg dolegliwości układu pokarmowego, który jest zbyt obciążony, by efektywnie wykonywać swoją pracę.

O tym natomiast, że jesteśmy jednocześnie niedożywieni, świadczy ciągłe łaknienie, które często kończy się sięganiem po jedzenie słodkie i ciężkostrawne, a także uczucie nienasycenia, które odczuwamy mimo tego, że jesteśmy przejedzeni. Wreszcie niedobór w organizmie witamin, minerałów i innych składników odżywczych skutkuje po jakimś czasie bądź przeróżnymi dolegliwościami, bądź kłopotami z cerą, włosami, paznokciami itp.

Aby sytuację odwrócić i nie być przejedzonym, ale za to dobrze odżywionym, trzeba oczyścić ciało ze złogów i wdrożyć odżywianie alkaliczne zgodnie z zasadą 70/30 (80/20), opisaną w książce *Alkaliczny styl życia*. Tym z Was, którzy jej nie czytali, zasygnalizuję tylko, że chodzi o proporcję pomiędzy żywnością alkalizującą i zakwaszającą.

By dokładniej wytłumaczyć, na czym polega bycie przekarmionym i jednocześnie niedożywionym, podam za przykład siebie. Pamiętam czas, kiedy jadałam 2–3 zestawy obiadowe dziennie – jeden w pracy, jeden w domu i bardzo często jeszcze jeden, gdy odwiedzałam rodzinę. Mimo że czułam się ciężko, wciąż miałam ochotę jeść. Gdyby żołądek i skóra rozciągały się w nieograniczony sposób, to pewnie jadłabym jeszcze więcej. Okresy objadania się przeplatane były okresami odchudzania, bo jak nietrudno się domyślić, szybko osiągałam rozmiar 42. Moja waga wciąż była w normie, zdecydowanie lepiej czułam się jednak w rozmiarze 38, więc kiedy zbliżałam się do 42, zaczynałam się odchudzać. Miałam szczęście, że nie rozregulowałam gospodarki hormonalnej i w porę zaczęłam się kontrolować. Od momentu, kiedy zmieniłam sposób jedzenia, rozmiar ubrań w mojej szafie jest stały – 38.

Dlaczego potrafiłam zjeść trzy obiady dziennie? Na pewno miało to źródło zarówno w braku dostatecznej ilości składników odżywczych (warzywa i owoce były w tamtym czasie dość skromnie reprezentowane na moim talerzu), jak i w braku równowagi emocjonalnej, co kompensowałam sobie jedzeniem.

Tematu równowagi emocjonalnej nie rozwinę w tej książce, bo nie ma na to miejsca, chcę jednak podkreślić, że nie bez powodu zamieściłam rozdziały poświęcone psychice, a jednym z punktów detoksu jest dbanie o pozytywne nastawienie, swoje uczucia, myśli i emocje. Gdy to robimy, detoks jest prostszy, ale też pełniejszy, między innymi dlatego, że nasz układ nerwowy, reagujący na to, jak odbieramy rzeczywistość i jak o niej myślimy, nierozerwalnie związany jest z poziomem odczuwanego stresu, oceną wagi problemów, łaknieniem lub

Cieszę się niezmiernie, że zrobiłam oczyszczanie. Nie sądziłam, że tyle może się zgromadzić w jelitach i widokiem tym byłam nieco zniesmaczona... Jestem szczęśliwa, że to już za mną i że pozbyłam się tych złogów noszonych latami. Do oczyszczania jelit będę wracać regularnie mimo zdrowego odżywiania.

jego brakiem itd. A dodatkowo w znaczącym stopniu wpływa na pracę układu trawiennego i wydalanie.

Jelita i flora jelitowa (mikrobiom)

Od dobrej kondycji układu pokarmowego zależy sprawne trawienie, przyswajanie składników odżywczych, pozyskiwanie energii, a nawet odporność na choroby.

Na specjalną uwagę zasługują jelita, bo od ich stanu i od tego, co i w jakiej formie do nich trafia, zależy nasze zdrowie.

Niewiele osób zdaje sobie sprawę, jak ogromne znaczenie ma zdrowa flora jelitowa w jelicie grubym. Bardziej precyzyjnie i naukowo należałoby powiedzieć: mikrobiom fizjologiczny, gdyż mamy w sobie nie tylko bakterie (florę), ale też inne rodzaje przyjaznych mikroorganizmów.

Flora jelitowa jest odpowiedzialna za sprawność działania naszego systemu immunologicznego. Około 80 procent komórek odpowiadających za naszą odporność znajduje się właśnie w jelitach. Komórki te tworzą tkankę bardzo podobną do tkanki węzłów chłonnych, różnica polega na tym, że tutaj tkanka ma formę skupisk, kępek (tzw. kępek Peyera), rozlokowanych w błonie śluzowej wzdłuż i dookoła całej ściany jelita.

To one przede wszystkim chronią nas przed bakteriami chorobotwórczymi, a także przed nadmiernym namnażaniem się grzybów. Flora jelitowa przeciwdziała tworzeniu się stanów zapalnych, a w konsekwencji „rozszczelnieniu" ściany jelita, które może przyczynić się do powstania alergii, cukrzycy, miażdżycy, otyłości i innych schorzeń. Wiele chorób ma źródło w złym odżywianiu, które niszczy fizjologiczną florę jelitową i powoduje zniknięcie bariery dla patogenów. Patogenem są też alergeny, dla których barierą jest błona śluzowa wyścielająca jelita wraz z całą warstwą flory jelitowej. Niejednokrotnie zdarza się, że alergie pokarmowe znikają, gdy układ pokarmowy wróci do formy, a flora jelitowa zostanie odbudowana, dlatego wszelkie działania lecznicze powinny przebiegać dwutorowo i oprócz leczenia tradycyjnego uwzględniać należy odbudowę zdrowego środowiska mikrobiologicznego w jelitach.

Jelita chronią nas także przed wnikaniem do krwiobiegu szkodliwych i toksycznych substancji. Substancje te albo wiązane są np. z błonnikiem i wydalane, albo rozkładane właśnie przez „dobrą" florę jelitową na nieszkodliwe związki. Często też mikroorganizmy wytwarzają dla nas witaminy z tego, co zjedliśmy. Tym bardziej musimy je „karmić", a nie zatruwać (np. antybiotykami).

Prawidłowe przyswajanie składników odżywczych, aminokwasów, glukozy, lipidów, witamin, mikroelementów z pożywienia, ale też tych wytwarzanych przez florę, np. witaminy K_1, K_2, czy też z grupy B, zależne jest od kondycji jelit. Pamiętajmy, że składniki odżywcze trafiające do naszego organizmu z jedzeniem i piciem w jelitach (tym razem głównie w jelicie cienkim) są wchłaniane, a następnie rozprowadzane przez krew i limfę do wszystkich komórek. Jak zatem organizm miałby czerpać choćby z najwyższej jakości jedzenia, jeśli proces trawienia i wchłaniania w jelitach jest zaburzony? A tym bardziej, jeśli ich ściana oblepiona jest złogami i powierzchnia wchłaniania jest przez to mniejsza? Pamiętajmy, że jesteśmy tym, co przyswajamy, i jeśli pewne składniki nie zostaną wchłonięte, wzbogacą tylko nasz stolec, z czego marny dla nas pożytek.

Również wygląd naszej skóry oraz perystaltyka jelit i prawidłowy przebieg procesów trawiennych zależny jest od stanu ich flory bakteryjnej. Jeśli zatem nasza cera nie jest gładka i ma niezdrowy kolor, a dodatkowo mamy problemy z wypróżnieniem, to powinien to być dla nas sygnał nie do stosowania coraz to droższych kremów, maseczek i brania tabletek przeczyszczających, lecz do zadbania o kondycję jelit. Taniej, szybciej, prościej, a efekty pozostaną na długo!

Zaburzenie perystaltyki jelit wpływa bezpośrednio na wydalanie pozostałości przemiany materii i toksyn. Gdy zbyt długo pozostają one w jelitach, trucizny w nich zawarte znów wchłaniane są do krwi.

Jelita mają więc niebagatelne znaczenie dla ochrony przed toksynami, przyswajania cennych składników odżywczych, a w efekcie dla zachowania środowiska alkalicznego komórek, które zakwasza się m.in. bądź z powodu nadmiaru toksyn, bądź braku minerałów alkalizujących, bądź obydwu tych czynników jednocześnie.

Od jelit zaczynamy budować nasze komórki. Dopóki pokarm pozostaje w jelitach, wciąż jest jakby poza organizmem, bo jeszcze z niego nie skorzystaliśmy. Dopiero to, co zostanie wchłonięte przez kosmki jelitowe w jelicie cienkim, staje się budulcem (lub energią) komórek. Dzięki bakteriom jelitowym resztki pokarmowe rozkładane są w jelicie grubym, gdzie przyswajana jest również część ważnych substancji odżywczych, jak np. wapń czy witaminy z grupy B.

Jelita mają wpływ również na nasz mózg, o czym coraz częściej wspominają naukowcy, a w badania, co dokładnie i w jaki sposób działa na linii jelita–mózg, inwestowane są miliony dolarów. Stan jelit wpływa zarówno na nasz nastrój, jak i na sprawność funkcjonowania mózgu.

Flora jelitowa karmiona jest przez błonnik roślinny, nieprzyswajalne przez nas części roślin, prebiotyki. Oczywiście podkradnie nam ona trochę glukozy, fruktozy, aminokwasów czy innych składników, które wchłaniamy, ale jest to symbioza. Dobra flora nie zabiera nam zbyt dużo, a w zamian daje wiele. Jedzenie z przewagą produktów alkalicznych bogatych w błonnik oraz obecność w menu kiszonek, które także są zasadotwórcze, jest dla flory korzystne. To niezwykle ważna zależność – alkaliczne odżywianie sprzyja utrzymaniu właściwej flory jelitowej, a ta z kolei sprzyja utrzymaniu alkalicznego środowiska komórek i przestrzeni międzykomórkowych, krwi oraz limfy.

Jeśli nie zadbamy o florę jelitową, co upośledzi przyswajanie składników mineralnych z pożywienia, a ułatwi przedostawanie się toksyn do krwiobiegu (nieszczelność jelit), doprowadzimy do zakwaszenia środowiska wewnętrznego organizmu.

Tak więc warunkiem dobrego samopoczucia, ładnego wyglądu i zdrowia jest odbudowanie mikrobiomu jelit.

To powinien być ważny punkt każdego prawidłowo prowadzonego detoksu. Dieta przygotowująca do detoksu, jak i stosowana w trakcie oczyszczania, powinna dostarczać nam dużo błonnika roślinnego ze świeżych warzyw. Trzeba też pamiętać o uzupełnieniu probiotyków, czyli bakterii (mikroorganizmów) pochodzących np. z kiszonek lub mlecznych produktów fermentowanych, a także o prebiotykach będących pożywką dla bakterii stymulujących ich namnażanie się (tę funkcję pełnią np. czosnek, cebula, por, cykoria, żywność bogata w błonnik). Więcej o probiotykach i prebiotykach znajdziecie w rozdziale *Pokarmy, napoje i napary wspomagające eliminację toksyn i budowanie przyjaznej flory bakteryjnej jelit.*

Wyjątkiem jest czas głodówki (wodnej lub sokowej), po której warto wprowadzić pokarmy odbudowujące florę jelitową i skorzystać z suplementów ją wzmacniających. Odpowiednie jedzenie, uzupełnione suplementami, spowoduje namnażanie się kultur bakterii również z naszej własnej flory jelitowej.

Warto zapytać, dlaczego w tak doskonałej oczyszczalni, jaką jest nasze ciało, jelita są zanieczyszczone, a flora jelitowa zaburzona? Może do tego dojść na skutek przyjmowania antybiotyków lub sterydów. O tym wie każdy i najczęściej wie również, jak ważne jest w trakcie kuracji antybiotykami i po niej podawanie probiotyków. Nie każdy jednak wie, że na stan jelit (w tym ich flory) wpływa to, co i jak jemy. Przeciążenie jelit powoduje z jednej strony za mała ilość błonnika i za dużo potraw ciężkostrawnych, a z drugiej za duże porcje jadane zbyt często. W jelitach gromadzą się resztki jedzenia, co wpływa na ich stan i jest źródłem toksyn i niekorzystnych procesów związanych z ich obecnością.

W poprzedniej książce wspominałam o badaniu wieczorem treści żołądka po dniu, w którym osoby badane często jadły. Wieczorem w żołądku wykrywane bywały ślady tego, co zjadły na śniadanie! A więc proces trawienia trwał bardzo długo

– od śniadania do wieczora. Powodem zaburzeń procesu trawienia są posiłki spożywane w zbyt małych odstępach czasu lub ciężkostrawne połączenia w jednym posiłku, które wydłużają trawienie do wielu godzin. Oprócz żołądka warto troszczyć się także o jelita, nie jadać zbyt często. Trzeba dawać jelitom odpoczywać, co ułatwi też pozbycie się wszystkich pozostałości po zjedzonym wcześniej posiłku. Dlatego najlepiej jest jeść trzy posiłki dziennie, a już na pewno nie więcej niż cztery.

W starożytności, aż do późnego średniowiecza, jadano dwa lekkie posiłki oraz obfite kolacje. Do kolacji zasiadano wcześnie. Zwyczaj jedzenia sutego posiłku po południu pojawił się w Europie w XIII lub XIV wieku. Jednak nie zalecano jadania częściej, i to głównie ze względów zdrowotnych, a nie religijnych, jak powszechnie się sądzi. Trzy posiłki dziennie były podstawą i zdrowia, i kultury do czasów po drugiej wojnie światowej. Dopiero współczesne „rozpasanie" żywnościowe, tanie jedzenie, marketing prowadzony przez producentów żywności i chęć zysku wykreowały przekąski, przegryzki, drugie i trzecie śniadania. Popołudniowy posiłek podzielono na dwa – lunch i obiad – wieczorny również: podwieczorek i kolację. A niektórzy sięgają jeszcze do lodówki tuż przed zaśnięciem. Oficjalnie medycyna zaleca jedzenie pięciu posiłków dziennie, a wiele osób je nawet sześć do ośmiu razy. Policzmy: gdy odejmiemy osiem godzin na sen, zostaje nam szesnaście godzin aktywności. Jedzenie dodatkowo nawet małych przegryzek powoduje, że „wrzucamy" coś jelitom mniej więcej co dwie godziny! Kiedy mają odpocząć? Przez setki lat nigdy nie były tak męczone i zmuszone do trawienia. Kiedyś w ciągu dnia zawsze miały kilka godzin przerwy na odpoczynek! Czas zadbać o warunki ich pracy.

> *Detoks jest dla mnie wyjątkowym czasem. Najtrudniejsze są pierwsze 3 dni, kiedy wokół pełno pokus, kiedy trzeba nakarmić małe dzieci, a nie można niczego spróbować. Kiedy starszy syn piecze pizzę, a zapach roznosi się po całym domu... Jednak czwartego dnia otrzymuję PREZENT – budzę się wcześniej niż zwykle z bystrym umysłem, bez boczków i brzucha, spokojniejsza... Chwilo, trwaj! I trwa, dopóki jest detoks.*

Znaczenie detoksu dla zachowania równowagi kwasowo-zasadowej

Wszelkiego typu złogi, toksyny, przerost grzybów, żywiące się naszym kosztem pasożyty, które przecież też wydalają resztki do naszego jelita, jeszcze bardziej obciążając nas toksynami, sprzyjają zakwaszeniu i tworzeniu środowiska zaburzającego równowagę kwasowo-zasadową w świetle jelita, ale przez to także w jakimś stopniu we krwi, limfie i tkankach. Owszem, nasz organizm jakoś sobie z tym radzi (poprzez działanie układów buforowych), ale czy nie lepiej byłoby go nie obciążać i zadbać o równowagę pH już u źródła, w jelitach? Nawet jeśli korzystamy ze środków mających tę równowagę przywracać, to co nam po tym, jeśli całe nasze ciało zanieczyszczone jest toksynami, a jelita zalepione złogami? Zażycie tabletki czy płynu mającego alkalizować nasze środowisko wewnętrzne nie usunie złogów, które wciąż uwalniają toksyczne substancje zakwaszające organizm. Bo toksyny mogą pochodzić z pożywienia i napojów, ale też ze złogów lub, co gorsza, metabolizmu nadmiernie rozrośniętych grzybów czy wręcz pasożytów.

To był mój trzeci detoks. Z każdym kolejnym czuję coraz większą ekscytację, mam większą wiedzę, ale na początku nie było tak pięknie. Ponad rok temu spróbowałam pierwszy raz, walcząc o normalne życie. Po urodzeniu synka, aby zgubić zbędne kilogramy, przeszłam na dietę Dukana. Schudłam 15 kilogramów i wtedy zaczął się koszmar. Coraz gorsze samopoczucie, krew w stolcu, ciągłe biegunki, wymioty. Przez rok od lekarza do lekarza, badanie za badaniem. Byłam kłębkiem nerwów, słyszałam różne diagnozy – rak, wrzody... i wtedy trafiłam na ten blog. Nie miałam nic do stracenia, bo było już naprawdę źle. Na pierwszym detoksie było naprawdę ciężko – ciągłe migreny, mdłości, ale po pięciu dniach wszystko ustąpiło i było tylko lepiej. Dodatkowo odzyskałam spokojny sen, już nie budzę się w nocy, a kiedy przychodzi bardziej nerwowy czas w pracy, wracam do przepisów dotyczących oczyszczania i jest lepiej. W ciągu roku odzyskałam siebie sprzed ciąży, a nawet więcej, bo mam zdrowe dziecko, którego wyniki (pomimo potwierdzonego zaburzenia odporności) są wyśmienite, od kiedy na co dzień gości u nas kuchnia alkaliczna.

Tutaj nie ma drogi na skróty. Potrzebny jest detoks i alkaliczne odżywianie.

Jeśli chcemy przywrócić zdrowe, czyste, alkaliczne środowisko komórek w całym organizmie, zdecydowanie najlepiej zacząć od detoksu „poprzez jelita". Potem inne działania nabiorą sensu i będą zdecydowanie bardziej skuteczne.

Czyste środowisko wewnętrzne wokół komórek wpływa na ich zdrowie. A zdrowe komórki tworzą zdrowe tkanki. Od zdrowia tkanek natomiast zależy sprawność naszych organów wewnętrznych. A to z kolei wpływa na prawidłowe działanie całych układów. I tak mamy zdrowe, silne ciało, piękną zdrową cerę, blask w oczach i apetyt na każdy nowy dzień!

Detoks a odchudzanie

Celem detoksu nie jest odchudzanie! Jednak zarówno w trakcie przygotowania, jak i oczyszczania, tracimy kilogramy, a sam detoks bardzo pomaga nam utrzymać prawidłową wagę. Ale jeśli czyjąś motywacją do podjęcia detoksu jest zrzucenie kilku kilogramów, to bardzo dobrze! Bo najważniejsze, żeby detoks przeprowadzić! Zdarza się (z moich obserwacji wynika, że bardzo często), iż ktoś, kto z początku chciał tylko schudnąć, przechodzi w trakcie detoksu prawdziwą przemianę.

Pamiętam młodą kobietę, która podjęła decyzję o detoksie, właśnie dlatego że chciała zrzucić kilka kilogramów. Nie myślała wtedy o dolegliwościach, które ją trapiły, takich jak ciągłe zmęczenie, trudności z obudzeniem się rano (i przy okazji picie zbyt dużych ilości kawy), problemy z trawieniem, przyblokowanie pasażu jelitowego prowadzące do zaparć, wysypki, niezdrowy wygląd cery i inne dolegliwości. Poddała się dwutygodniowemu detoksowi poprzedzonemu dwutygodniowym przygotowaniem. W tym czasie trzymała się wytycznych i dbała o nawadnianie. Oto, co pisała podczas detoksu:

Na początku chciałam przeprowadzić detoks, by pozbyć się kilku kilogramów, które zostały mi po ciąży.
Podczas czterodniowej fazy gruntownego oczyszczania jelit zobaczyłam, co hodowałam w sobie przez trzydzieści lat, i ile tego było.
Z jednej strony byłam przerażona widokiem, a z drugiej szczęśliwa, że już tego nie mam.
Detoks zmienił mnie fizycznie i psychicznie.
Wreszcie podoba mi się własne odbicie w lustrze, jestem radosna i pełna energii nawet w stresujących sytuacjach.
Dodam jeszcze, że moja skóra na rękach, od barku po łokcie, zawsze była chropowata, szorstka, a wczoraj wieczorem zauważyłam, że jest GŁADKA i NAWILŻONA. Zawsze miałam suchą skórę. Teraz nie stosuję żadnych balsamów ani olejków, a skóra jest jędrna.
Zrzuciłam też 7 kilogramów.
To był mój pierwszy detoks w życiu. Dla mnie wszystko było nowe! I w pewnym sensie nadal jest... Przez ostatni miesiąc wiele się w moim życiu zmieniło, stało się nowym nawykiem. Każdemu polecam, bo sama tego doświadczyłam, więc to nie są puste słowa.
Teraz, prawie tydzień po przeprowadzeniu detoksu, czuję się bardzo dobrze, mam dużo energii. Zmieniłam nawyki żywieniowe. Jem trzy posiłki dziennie, nie podjadam. Nie piję już kawy, nie potrzebuję. Nie jem słodyczy i nie mam na nie ochoty. Uczę się komponować alkaliczne

posiłki. Dzisiaj upiekłam chleb żytni wg przepisu z bloga Beaty. Pyszny, robi się go tak łatwo, że do końca nie wierzyłam, że wyjdzie. Kupiłam buraki i jutro zrobię zakwas. W przyszłym roku znowu przeprowadzę detoks.

Miałam z nią kontakt na Facebooku trzy miesiące po zakończeniu detoksu. Nadal je regularnie, a jedzenie jest kolorowe, z dużą ilością warzyw i kasz. Niezdrowe produkty zostały wyeliminowane. Ma doskonałe samopoczucie, a w jej życiu zaszło dużo pozytywnych zmian. W ostatniej wiadomości, którą dostałam od autorki powyższych słów, znalazło się takie oto zdanie, będące dobrym podsumowaniem całości:

„Jestem tu, gdzie jestem, bo zaczęłam od detoksu, od siebie… a później, gdy było mi już dobrze ze sobą, zaczęłam dostrzegać to, co wokół mnie… i biorę to garściami".

(O odchudzaniu w kontekście detoksu piszę w rozdziale *Detoks – pozostałe pytania i odpowiedzi*).

31 sygnałów świadczących o tym, że nasz organizm potrzebuje detoksu

Nie tabletka lub cudowny balsam, lecz oczyszczenie organizmu i zdrowe odżywianie się pozwolą nam najbardziej skutecznie pozbyć się dolegliwości.

Są sygnały, które alarmują nas o zachwianiu równowagi w organizmie. Często je lekceważymy, bo wydają nam się czymś normalnym, tym bardziej że oglądamy reklamy specyfików na różne przypadłości. Zrzucamy winę na pogodę, na problemy życiowe, na naturalne procesy związane z wiekiem (choć w tym przypadku wielu dolegliwości doświadczają już nie tylko osoby dojrzałe, lecz również bardzo młode). Nawet nie przychodzi nam do głowy, że może być inaczej. Że ciągłe zmęczenie nie jest stanem naturalnym i można to zmienić.

Poniżej lista 31 sygnałów, które mówią nam, że potrzebujemy detoksu.

1. Problemy ze snem, bezsenność.
2. Obniżony poziom libido, brak zainteresowania seksem, problemy z potencją.
3. Przedłużający się zły nastrój, apatia.
4. Przewlekłe zmęczenie, brak energii.
5. Problemy z koncentracją.
6. Nerwowość, rozdrażnienie, nadpobudliwość.
7. Intensywny lub zmieniony zapach potu, kału, moczu.
8. Nieświeży oddech, obłożony język, metaliczny posmak w ustach.
9. Wypryski, przesuszenie skóry, trądzik, egzema, świąd, pokrzywka, zmiany grzybicze i inne.
10. Niezdrowy, ziemisty kolor cery.
11. Niezdrowy wygląd oczu i zmiany pod oczami.
12. Pogorszenie wzroku. „Mętny" wzrok rano, po przebudzeniu, ale stopniowo poprawiający się w ciągu kilku godzin.
13. Wypadanie włosów.
14. Problemy z przemianą materii, nadwagą lub niedowagą oraz nieuzasadnione napady wilczego głodu.
15. Duży, wzdęty brzuch.
16. Kandydoza (rozrost grzybów candida).
17. Zaburzenia związane z układem trawiennym (zaparcia lub biegunki, wzdęcia, gazy, zgaga, refluks, odbijanie).
18. Problemy jelitowe.
19. Niska odporność organizmu, częste infekcje i przeziębienia.

20. Alergie.
21. Bóle mięśni i stawów.
22. Migreny i bóle głowy.
23. Hemoroidy.
24. Za wysoki poziom cholesterolu i trójglicerydów.
25. Problemy z ciśnieniem krwi.
26. Kamienie wątrobowe, żółciowe, nerkowe.
27. Choroby stawów.
28. Przebyte wcześniej choroby leczone lekami chemicznymi.
29. Choroby cywilizacyjne.
30. Chęć wzmocnienia organizmu suplementami (detoks zwiększy ich przyswajalność).
31. Pasożyty (detoks antypasożytniczy połączony z oczyszczaniem ciała z toksyn).

Nawet jeśli nie zaobserwowaliśmy żadnego z wymienionych symptomów, warto przynajmniej raz w roku przeprowadzić detoks.

W ramkach przytoczyłam wypowiedzi częstokroć odnoszące się do wyżej wymienionych dolegliwości.

Czasem potrzeba dwóch, trzech detoksów, by trwale się ich pozbyć. Czasem należy przeprowadzić różne formy detoksu, bardziej intensywne, lub wyeliminować pasożyty, albo zadbać o dietę antygrzybiczą między detoksami, jeśli mamy przerośniętą candidę. Czasem trzeba sięgnąć po leki (pod okiem lekarza) lub suplementy przeciwpasożytnicze.

Niekiedy zdarza się, że zmiany w naszym organizmie zaszły tak daleko, iż nie da się ich już cofnąć całkowicie, niemniej nawet wtedy można bardzo dużo zrobić (z naciskiem na „bardzo"), by poprawić jakość życia, a niektórzy powiedzieliby, by „wreszcie zacząć żyć".

Zakończyłam prawie trzymiesięczną przygodę z detoksem i chciałam się podzielić swoimi odczuciami i efektami. Rozpaczliwie szukałam na stronach internetowych informacji na temat leczenia nadciśnienia, gdy natknęłam się na informacje o detoksie i o jego pozytywnych skutkach dla zdrowia. Miałam wiele przypadłości: sarkoidozę w remisji, astmę (postać kaszlowa), hashimoto (choć hormony jeszcze w normie), otyłość, no i od kilku miesięcy nadciśnienie (skaczące), które bardzo mnie przeraziło i spowodowało, że postanowiłam wreszcie poważnie zadbać o swoje zdrowie.

Detoks przeszłam łagodnie. Ból głowy miałam tylko po ostatecznym odstawieniu kawy. Pomijając pierwsze trzy dni, podczas których odczuwałam głód, nie miałam żadnych nieprzyjemnych doznań. Ale byłam tak zmotywowana i wręcz zakręcona tym, co robię, że nie mogło być inaczej.

Do tego jeszcze z każdym dniem czułam się lepiej. Pierwsze efekty, już po tygodniu, to ogromny przypływ energii, brak senności w ciągu dnia, ustąpienie obrzęków twarzy i nóg. Stopniowo zaczęło mi spadać ciśnienie, więc w porozumieniu z lekarzem zredukowałam dawkę leków. Dziś mogę się pochwalić, że od miesiąca nie mam nadciśnienia (zwykle mam 115/70). Również miesiąc temu odstawiłam sterydy wziewne na astmę i nie mam ataków kaszlu :-). Jeśli chodzi o hashimoto, to jeszcze nie wiem, musiałabym zbadać poziom przeciwciał.

Moja skóra zrobiła się bardzo gładka, nawilżona, zero wyprysków, które pojawiały się w różnych miejscach. Bardzo zmniejszył mi się cellulit (miałam ogromny). Nie mam wzdęć, bólów brzucha i zgagi. No i jeszcze jeden skutek uboczny detoksu, którego nie da się nie zauważyć, to utrata 20 kilogramów.

Myślałam, że gdy cały proces dobiegnie końca, będę miała ochotę rzucić się na słodycze, chleb i jakieś niezdrowe przekąski. A tu nic z tych rzeczy. Spróbowałam dziś słodkiej kawy i mi nie smakowała, a chleb, o którym marzyłam, też nie był taki dobry, jak mi się wydawało. I oby tak zostało.

4.

OCZYSZCZANIE TO NAJLEPSZY PIERWSZY KROK DO ZMIANY STYLU ŻYCIA

Jeśli myślimy o zmianie stylu życia, niezależnie od tego, co nami kieruje, najlepiej zacząć od detoksu.

Czasem chcemy zmiany, bo o zadbanym ciele marzy chyba większość z nas. Czasem dlatego, że chcemy schudnąć. Bądź zauważamy, że z biegiem lat (uwaga, w dzisiejszych czasach może też dotyczyć osób bardzo młodych – nastolatków lub 20+) pogarsza się nasza forma, odczuwamy różne dolegliwości, które stają się coraz bardziej dokuczliwe. Innym razem dochodzimy do wniosku, że środki, które zażywaliśmy, by lepiej spać, pozbyć się dolegliwości układu pokarmowego lub innych, nie są już tak skuteczne. Zdarza się też, mimo że wyniki badań są w normie, iż ciągle czujemy się zmęczeni, nie mamy energii i takiej odporności jak kiedyś.

Niezależnie od tego, czym się kierujemy, warto zdecydować się na detoks.

Jest przynajmniej kilka bardzo ważnych powodów, dla których zmiany w stylu życia warto zacząć od detoksu.

❶ **Detoks przynosi szybki efekt**, zarówno jeśli chodzi o samopoczucie, jak i o wygląd.

❷ **Detoks daje długotrwałe korzyści.**

Inaczej mówiąc, w przeciwieństwie do np. maseczki kosmetycznej czy działania tabletki przeciwbólowej efekty detoksu odczuwamy nie przez kilka godzin, a o wiele dłużej. Odkąd zaczęłam przeprowadzać detoksy, przestałam na przykład zażywać środki przeciwbólowe.

❸ **Detoks porządkuje układ pokarmowy.**

Czasem zdarza się, że zaczynamy się zdrowo odżywiać i korzystamy z wartościowych, naturalnych suplementów diety, a mimo to w niewielkim stopniu lub w ogóle nie wpływa to na nasze samopoczucie. Nic dziwnego, bo jeśli mamy „zaklejone" jelita lub, co gorsza, pasożyty i grzyby, to jak składniki odżywcze mogą zostać przyswojone? Wzbogacimy raczej skład stolca i dokarmimy pasożyty, a sami nie odczujemy wielkich korzyści.

By czerpać ze zdrowego odżywiania, niezbędne jest zaprowadzenie porządku w układzie pokarmowym.

Najtrudniej pozbyć się grzybów – wymaga to czasu i konsekwencji, a sam detoks jest tylko jednym z etapów dłuższej kuracji przeciwgrzybiczej.

Natomiast w przypadku usuwania złogów, wyeliminowania pasożytów, przywrócenia właściwej flory bakteryjnej w jelitach sprawa jest znacznie prostsza, może to zrobić każdy w stosunkowo krótkim czasie.

„Posprzątany" układ pokarmowy, usunięte toksyny, odnowione tkanki, dotlenione i nawodnione komórki nie tylko wpływają na poprawę samopoczucia podczas oczyszczania, ale procentują po detoksie.

❹ Detoks pokazuje nam, że można żyć i bardzo dobrze czuć się bez tego, co dotychczas uważaliśmy za niezbędne.

Czasem trudno zrezygnować z pewnych rzeczy, ot tak, np. z kawy, herbaty czy słodyczy. O wiele łatwiej jest to zrobić, kiedy mamy wytyczony jasno cel, a w tym przypadku celem jest detoks, który wymaga pewnych wyrzeczeń. I nagle okazuje się, że mamy energię i jasny umysł bez kawy, a dobry nastrój bez słodyczy. Takie doświadczenie pokazuje, że dobre samopoczucie nie zależy od tego, do czego byliśmy tak przyzwyczajeni, że nie mogliśmy bez tego żyć.

Nie chcę przez to powiedzieć, że na zawsze mamy zrezygnować z kawy czy herbaty, jednak wiele osób po detoksie tak właśnie robi – nie wraca do pewnych nawyków, uznając, że już ich nie potrzebuje. Pamiętam dziewczynę, która, by zacząć normalnie funkcjonować, przed południem piła cztery, pięć kaw, ale i tak czuła się zmęczona i ociężała od rana do wieczora. Była bardzo zdziwiona, gdy po detoksie rano tryskała energią i nawet nie myślała o kawie.

❺ Detoks pomaga usunąć (być może raz na zawsze) z diety to, co nam szkodzi.

W trakcie oczyszczania i przygotowania nie jemy żywności wysoko przetworzonej. Posiłki przyrządzamy z tego, co stworzyła natura. Dla wielu z nas jest wielkim odkryciem, że można nie jeść gotowych dań. Że wciąż jest ogromnie dużo jedzenia niepaczkowanego, bez konserwantów, i że jest ono różnorodne. Sama tak przyzwyczaiłam się do naturalnej żywności, że czasami, patrząc w sklepach na półki, na których stoi mnóstwo puszek, słoików, torebek, kartonów, paczek, nie mogę oprzeć się zdziwieniu. I myślę sobie: po co aż tyle tego wszystkiego? Zwłaszcza że mnóstwo tych produktów ma niewielką wartość odżywczą. Bardzo dużo osób po detoksie również zaczyna zwracać na to uwagę, a zawartość szafek w naszych kuchniach zdecydowanie się zmienia.

⑥ Detoks uczy prostoty i doceniania smaków.

Każdy, kto przeprowadził detoks, wie, że wszystko, co wtedy jemy, smakuje i pachnie wybornie. Wreszcie mamy okazję poczuć smak jedzenia, a nie chemicznych wzmacniaczy smaku czy kompilacji tłuszczów trans, cukru z fruktozą i solą. Dla wielu osób po detoksie gotowe jedzenie jest za słone lub za słodkie.

Często dziwimy się, że zupa jest tak smaczna, chociaż nie ma w niej gotowych przypraw typu kostka rosołowa czy warzywna. Że można jeść prosto i czuć się coraz lepiej. Że proste jedzenie jest zarówno smaczne, jak i łatwe do przyrządzenia. Poznajemy smaki przypraw i ziół.

Ci, którzy wędrują po górach, wiedzą, że widok, który zobaczą ze szczytu, wart jest zmęczenia. Traktujmy więc detoks jak podejście pod górę – gdy go zakończymy, wszystko, co będziemy jedli, wyda nam się wspaniałe, odzyska smak. Kromka zwykłego chleba będzie dla nas prawdziwym przysmakiem.

Piszę o chlebie, bo podczas detoksu najwięcej osób marzy właśnie o kromce chleba. Ja też. To zwykle jeden z pierwszych pokarmów, którym rozpoczynam normalne podetoksowe odżywianie się: chleb moczony w oliwie z ziołami.

Zdarza się, że niektórzy podczas swojego pierwszego detoksu przyrządzają wymyślne potrawy, za bardzo skupiają się na jedzeniu, bojąc się, że nie wytrwają, musząc zrezygnować ze swoich ulubionych potraw. To jednak mija i do każdego kolejnego detoksu podchodzimy spokojniej. Nie zapominajmy, że proste jedzenie jest tylko częścią całości o jeszcze większym znaczeniu – nie tylko dla ciała, lecz też dla umysłu i ducha.

❼ Detoks wzmacnia w nas poczucie mocy i wewnętrzną siłę oraz poczucie sprawczości.

Satysfakcja, że przeprowadziliśmy detoks, efekty, jakie uzyskujemy, doświadczenie prostoty i poczucie, że mamy wpływ na to, jak się czujemy, doskonale działa na psychikę. Korzyści jest tak wiele, że warto byłoby przeprowadzić badania naukowe i napisać na ten temat osobną książkę. Napiszę więc o tym, czego sama doświadczyłam.

Detoks buduje i umacnia nasz pozytywny obraz siebie. Jesteśmy silniejsi nie tylko na poziomie fizycznym, ale też psychicznym. Wzrasta wiara w siebie, a rozwiązywanie problemów wydaje się prostsze. Satysfakcja i radość z tego, że ukończyliśmy detoks – to przecież nie lada dokonanie – wzmagają wydzielanie endorfin, co sprawia, że nasze samopoczucie psychiczne jest doskonałe.

O wiele łatwiej jest działać, a także wprowadzać zmiany w stylu życia, pozbyć się śmieciowej żywności, zacząć zwracać uwagę na to, co jemy i jak żyjemy. Łatwiej radzić sobie ze wszystkim, co nas spotyka, podejmować decyzje, które wcześniej z różnych powodów odkładaliśmy.

Oczywiście nie wszystko przychodzi bez wysiłku, bo przecież przygotowanie się do detoksu i przeprowadzenie go jest sporym wyczynem, zwłaszcza gdy robimy to po raz pierwszy. Jednak kiedy już tego dokonamy, wprowadzanie innych zmian stanie się znacznie prostsze, a niejednokrotnie dzieje się to niemal automatycznie.

Jaki detoks wybrać

Wybierając określoną formę detoksu, należy wziąć pod uwagę okoliczności życiowe, potrzeby organizmu czy wreszcie wewnętrzną gotowość. Ja przeprowadzam różne detoksy, ponieważ każdy ma swoje zalety.

Dziesięciodniowa dieta warzywno-owocowa

Ten detoks jest znacznie prostszy do przeprowadzenia niż głodówka, a jednocześnie poprzez jego wydłużanie można uzyskać efekty lecznicze podobne do tych, jakie daje głodówka. A to dlatego, że dieta warzywno-owocowa dostarcza bardzo mało kalorii. Nawet jeśli najadamy się do syta, nie przekraczamy 800 kalorii dziennie, przez co organizm uruchamia odżywianie endogenne, podobnie jak podczas głodówki, choć oczywiście nie aż tak intensywnie i szybko. Odżywianie endogenne to inaczej odżywianie wewnętrzne, czyli czerpanie z zapasów wewnętrznych organizmu. Uruchamiane jest, ilekroć przestajemy dostarczać pożywienie w ilości zapewniającej zaspokojenie potrzeb energetycznych ciała. Ponieważ jak wszystko w naturze, nasz organizm jest bardzo mądry, najpierw usuwa złogi, odpady, obumarłe komórki czy chore tkanki. Tym samym eliminowane są zwyrodnienia i różne ogniska zapalne, o których istnieniu nawet nie mieliśmy pojęcia.

Uruchomienie odżywiania wewnętrznego powoduje rewitalizację całego organizmu. Zyskuje na tym zdrowie, wygląd i najpewniej wydłużamy sobie w ten sposób życie i zdecydowanie zmniejszamy ryzyko chorób.

Odżywianie endogenne ma duży wpływ na regenerację komórek, tkanek i narządów. Ma działanie uzdrawiające, a w dodatku nie dotyczy to pojedynczych schorzeń czy dolegliwości, bo poprzez oczyszczenie i naprawę na poziomie komórkowym jest ono jak leczenie wszystkich chorób naraz.

Uważam, że każdy z nas powinien od czasu do czasu przeprowadzić taki detoks. W Polsce pierwsza rozpropagowała go doktor Ewa Dąbrowska. Wersja, którą proponuję, jest nieco zmodyfikowana pod wpływem moich osobistych doświadczeń. Dotyczy to głównie kwestii praktycznych i sposobów radzenia sobie w sytuacjach kryzysowych (jak np. czerwony barszczyk do popijania, czas przygotowania, od którego w dużej mierze zależy przebieg detoksu, rozpoczęcie detoksu łagodną dwudniową monodietą czy też radzenie sobie przy pojawiających się dolegliwościach).

Detoks warzywno-owocowy możemy przeprowadzić bez konieczności brania urlopu. Wystarczy, że zadbamy o to, aby trzeci i czwarty dzień warzywny wypadły w dni wolne.

By osiągnąć efekty, detoks powinien trwać minimum siedem dni, lecz możemy go kontynuować nawet do sześciu tygodni. Im dłużej poddajemy się detoksowi, tym większe są efekty lecznicze. Przy dłuższym oczyszczaniu zalecam jednak pozostawanie w stałym kontakcie z lekarzem, zwłaszcza gdy bierzemy leki. No i oczywiście powinniśmy słuchać siebie, by nie przesadzić i nie zafundować sobie skutków ubocznych, jak np. niedożywienie. Pamiętajmy, że na początku organizm czerpie z zapasów, złogów i tkanek, nazwijmy to, „zepsutych", lecz gdy ich zabraknie, zacznie czerpać z mięśni, tkanek zdrowych i tego, co nam potrzebne. Chcąc więc przedłużyć oczyszczanie, wykażmy rozsądek i nie róbmy tego na siłę.

Aby odkwasić organizm, usunąć toksyny i złogi, a także pozbyć się wielu dolegliwości, najczęściej wystarczy dziesięć dni detoksu warzywno-owocowego. Do dziesięciu dni warzywnych dochodzą cztery dni na monodiecie oczyszczającej – dwa na początku oczyszczania i dwa na jego zakończenie, które również są detoksem.

Taki właśnie program proponuję każdemu, kto nie stosuje detoksu w celach leczniczych. To w zupełności wystarczy, i jeśli detoks stanie się naszym corocznym zwyczajem (jak święto obchodzone raz w roku), będzie to zbawienne dla naszego samopoczucia fizycznego i psychicznego, wyglądu, kondycji układu trawiennego i narządów wewnętrznych.

Ja taki detoks przeprowadzam od lat i stał się on podstawą znanej wielu osobom wspólnej, wirtualnej odnowy organizowanej pod nazwą *Odnowa w 14 dni*. Podczas detoksu warzywno-owocowego jemy tylko warzywa i niewielką ilość owoców sezonowych. Muszą to być owoce mało słodkie – szczegółowa ich lista znajduje się w dalszej, praktycznej części książki. Elementem, który wzbogaca smak warzyw, są zioła i przyprawy. Pijemy wodę i herbatki ziołowe.

Jemy warzywa surowe, gotowane, duszone, blanszowane, gotowane na parze, pieczone, kiszone, w postaci soków, koktajli, wywarów warzywnych i zup.

W części praktycznej znajdziecie menu wraz z przepisami na każdy dzień oczyszczania. Wielu osobom przyda się to jako dokładny wzorzec, inne mogą znaleźć inspirację, by wymyślać własne przepisy, muszą jednak bezwzględnie trzymać się listy produktów dozwolonych.

Dieta jaglano-warzywna (detoks w wersji *light*, czyli lekkiej, 10 dni)

Tę formę detoksu odkryłam przez przypadek. Kilka lat temu zdecydowałam się założyć stały aparat na zęby. Wszystko w buzi mnie bolało, a błona śluzowa w różnych miejscach była poraniona. Nie mogłam gryźć, bo sprawiało mi to ból, który był bardziej dotkliwy niż uczucie głodu. Gdy zastanawiałam się nad tym, co mogę jeść, przyszedł mi do głowy pomysł, by ugotować zupę z kaszą jaglaną (kasza ta robiona jest z ziaren prosa). Pomyślałam, że kasza jaglana jest bardzo pożywna, warzywa korzeniowe i inne mogę dodać starte na tarce, tak by nie trzeba było ich gryźć. Ponieważ był środek zimy (styczeń), znaczenie miały również walory rozgrzewające takiej zupy (gdyby było lato, mogłabym przez dłuższy czas żywić się koktajlami warzywnymi i sokami, one jednak wychładzają, więc zimą było to niemożliwe).

Przez kilka tygodni jadłam tę zupę na śniadanie, obiad i kolację. Można powiedzieć, że był to nie tylko detoks jaglano-warzywny, ale też monodieta.

Po pewnym czasie, kiedy ból się zmniejszył, włączyłam dla urozmaicenia nieco kaszy gryczanej gotowanej na podduszonej wcześniej cebuli, czosnku i porze. By dostarczyć sobie witamin, popijałam też soki (głównie z marchwi i selera, bo zimą takie warzywa są najłatwiej dostępne).

Czułam się doskonale. Moja cera zrobiła się gładka i nabrała bardzo ładnego koloru. Oczy stały się rozświetlone i wyraziste, a białka czyściutkie. Nie miałam problemów z włosami, jednak po diecie jaglano-warzywnej stały się zdrowsze, gęściejsze, czy może nieco grubsze, i bardziej lśniące. Trawienie doskonałe, brzuch płaski i lekkość! W środku zimy i na przedwiośniu czułam się fantastycznie – zarówno fizycznie, jak i psychicznie. Żadnych, nawet najmniejszych objawów związanych z tzw. przesileniem wiosennym, żadnego zmęczenia. Tryskałam energią i promieniałam.

Jeszcze bardziej doceniłam walory kaszy jaglanej. Od dawna zamierzałam opisać detoks z jej wykorzystaniem i wymyślić taką propozycję, by nie trzeba było jeść wyłącznie zupy jaglanej. Wiedziałam, że dla wielu osób taka dieta byłaby trudna do zaakceptowania ze względu na monotonię, a niektórzy zraziliby się do drogocennego prosa. Wcześniej nie znalazłam na to czasu, więc ta książka stała się doskonałą okazją, by opisać detoks jaglano-warzywny.

Ze wszystkich detoksów, które proponuję, ten jest najprostszy. Polecam go wszystkim, którzy z jakichś powodów nie mogą przeprowadzić bardziej radykalnego oczyszczania. Podczas diety jaglano-warzywnej nasz organizm nie uruchomi odżywiania endogennego, lecz mimo to detoks ten przyniesie znaczące korzyści naszemu ciału – czego dowodem jestem ja sama. Dodatkową jego zaletą jest to, że możemy go przeprowadzić o każdej porze roku, ponieważ nie powoduje wychłodzenia organizmu. Można go też stosować w wersji skróconej, przez jeden, dwa dni, odciążając organizm np. po świętach, przyjęciach weselnych, na których zwykle jemy zbyt dużo, itp. W takim przypadku możemy przejść na dietę jaglano-warzywną bez wcześniejszego przygotowania.

Jej podstawą są wszystkie produkty używane podczas detoksu warzywno-owocowego, uzupełnione o kaszę jaglaną (a dla urozmaicenia o kaszę gryczaną), cenne tłuszcze NNKT (w tym codziennie siemię lniane zawierające dużo tłuszczów omega-3) i nieco większy wybór owoców.

Aby to usystematyzować, w części praktycznej przed menu dla określonego detoksu zamieściłam tabelkę produktów dozwolonych podczas każdej diety, w tym diety jaglano-warzywnej.

Kasza jaglana (proso)

Jest lekko alkalizująca, więc będzie sprzyjała odkwaszaniu organizmu. Nie zawiera glutenu, za to znajdziemy w niej m.in. dużo żelaza, magnezu i witamin z grupy B, a także witaminę E, K, karoten, kwas foliowy, sód, potas, wapń, cynk i fosfor. Kasza jaglana jest także bogata w krzem i krzemionkę, co znakomicie wpływa na stawy, kości, elastyczność naczyń krwionośnych oraz wygląd skóry, włosów i paznokci (stało się jasne, czemu zawdzięczałam tak wyraźną poprawę wyglądu).

Ponadto jest również bardzo lekkostrawna, wspomaga przemianę materii, a dodatkowo ma właściwości zarówno detoksykujące, jak i przeciwgrzybicze. Kasza jaglana pomaga pozbywać się złogów, metali ciężkich, pozostałości po medykamentach i oczyszcza jelita.

Jakby tego było mało, uwalnia nasz organizm od nadmiaru śluzu. Wykazuje także właściwości prozdrowotne, a nawet lecznicze. Z uwagi na jej korzystny wpływ na elastyczność tkanki łącznej – odmładza.

Kasza ta jest również bardzo łagodna dla układu pokarmowego, więc jeśli mamy jakieś dolegliwości z nim związane albo chorujemy, jednym z lepszych pokarmów będzie właśnie ona. Kasza jaglana sprzyja regeneracji układu trawiennego, a zwłaszcza jelit, żołądka i ich śluzówki. Stosuje się ją także w chorobach nerek, wątroby i dróg żółciowych oraz w okresach rekonwalescencji po chorobach i operacjach.

Dzięki łagodnemu smakowi pasuje do wielu dań i można ją doprawiać na przeróżne sposoby, w zależności od upodobań własnych kubków smakowych. Gotuje się ją szybko, co również jest ważną zaletą.

Jest wprost idealna na detoks!

Kasza gryczana

Właściwie nie jest to typowa kasza, ponieważ gryka nie jest zbożem. Zaliczamy ją do tej samej rodziny co rabarbar, szczaw i rdest (rodzina traw, tzw. rdestowate).

Jest alkalizująca, sycąca, odżywcza i nie zawiera glutenu. Zawiera za to bogactwo minerałów, w tym tak ważnych, jak magnez, wapń, żelazo, potas. W gryce jest też wiele witamin – witamina E i witaminy z grupy B – oraz dużo krzemu i rutyny. Krzem i rutyna wzmacniają i uszczelniają naczynia krwionośne, a także poprawiają stan włosów i paznokci.

W gryce znajdziemy też wyjątkowo dużo błonnika – będzie on sprzyjał oczyszczaniu jelit i korzystnie wpłynie na sylwetkę, zwłaszcza że gryka ma niski indeks glikemiczny.

Kasza gryczana będzie zatem sprzyjała odkwaszaniu organizmu, a to z kolei ma niebagatelne znaczenie dla korzyści płynących z detoksu.

Kaszę gryczaną, podobnie jak jaglaną, gotuje się bardzo szybko.

Zalety detoksu jaglano-warzywnego

- Detoks ten możemy przeprowadzić o każdej porze roku. Ponieważ zarówno kasza gryczana, jak i jaglana mają właściwości rozgrzewające, a dodatkowo w trakcie detoksu dostarczamy do organizmu tłuszcze NNKT, nie będziemy marzli bardziej niż zwykle, nawet jeśli na dworze temperatura spadnie poniżej zera.
- Nie będziemy też czuli głodu ani w pierwszych dniach, ani później, tak jak podczas bardziej restrykcyjnego detoksu. Z powodzeniem więc możemy go przeprowadzić nawet wtedy, gdy mamy więcej pracy (umysłowej bądź fizycznej).
- Również z powodzeniem możemy przedłużyć czas trwania detoksu jaglano-warzywnego z korzyścią dla zdrowia i wyglądu. Biorąc pod uwagę dwa dni wprowadzenia na monodiecie (zupie z kaszy jaglanej) – cały detoks trwa dwanaście dni. Możemy przedłużyć go do dwudziestu jeden czy dwudziestu ośmiu dni, dowolnie – zależy to tylko od naszego samopoczucia i chęci.
- Ten lekki pod kątem dietetycznym detoks może być też naszym kołem ratunkowym, gdy w trakcie innej formy oczyszczania nagle okaże się, że nie dajemy rady bądź z innych powodów musimy przerwać dietę detoksyku-

jącą. Zamiast się poddać, możemy przejść na detoks jaglano-warzywny i kontynuować przynajmniej do daty w kalendarzu, którą wyznaczyliśmy jako koniec oczyszczania.

- Detoks ten mogą przeprowadzić osoby niedożywione, bardzo szczupłe lub będące po chorobach (po ciężkich chorobach po konsultacji z lekarzem). Istnieją jednak choroby, przy których jedzenie zbyt dużej ilości kaszy jaglanej nie jest wskazane (choroba Hashimoto), zawsze więc, przeprowadzając jakikolwiek detoks, warto skonsultować się z lekarzem.

Głodówka wodna lub sokowa

Głodówka to nic innego, jak powstrzymywanie się przez jakiś czas od jedzenia, jednak głodówką nazywa się też diety dostarczające tak niewielką liczbę kalorii, że organizm zmuszony jest do przejścia na odżywianie endogenne, inaczej wewnętrzne.

Głodówka pomaga zregenerować tkanki i komórki, nie polecam jej jednak osobom, które nie mają pewności, czy w ich organizmie nie ma pasożytów – warto to sprawdzić.

Głodówka jest też formą leczenia – zauważmy, że kiedy coś nam dolega, łapiemy infekcję, grypę itd., tracimy apetyt. Nie powinniśmy zmuszać się wtedy do jedzenia, bo organizm, który walczy z infekcją, ma zupełnie inne potrzeby. Kiedy nastąpi przesilenie, apetyt wróci. Zwierzęta, gdy im coś dolega, potrafią głodować całymi dniami.

Ma to medyczne uzasadnienie: podczas choroby organizm potrzebuje dużo energii do walki z patogenami, a nie na trawienie jedzenia. Najwięcej energii pochłania trawienie białka, na drugim miejscu są tłuszcze, a potem węglowodany, z których najlepiej przyswajalna jest glukoza. Obliczono nawet, że o ile 1 gram białka dostarcza 5,4 kcal, o tyle na jego pozyskanie wydajemy około 1,4 kcal, dlatego bilans netto wynosi 4 kcal. Po prostu „rozerwanie i rozbicie" włókien białkowych wymaga dużej ilości enzymów i jest energochłonne. Dla tłuszczów i węglowodanów „energetyczne koszty pozyskania" są tak małe, że w całkowitym bilansie można je pominąć. Oczywiście źródłem energii jest samo pożywienie, jednak proces trawienia i wchłaniania oraz dalszej obróbki w wątrobie, pakowania przyjętych cząsteczek np. w lipoproteiny, glikogen czy albuminy i rozsyłanie ich po organizmie wymaga energii. I to niemało, bo nawet jedna trzecia energii zużywana jest na wszystkie wymienione wyżej procesy.

Kiedy więc nie jemy, organizm może tej energii nie wydatkować, lecz skierować ją na walkę z chorobą, patogenami i na zdrowienie, czyli odbudowę po zniszczeniach. Gdy nie jemy, organizm czerpie z zapasów wewnętrznych i jeżeli takie zapasy mamy, nie musimy się obawiać, że opadniemy z sił. Siły zabiera nam choroba, jednak jeżeli posłuchamy instynktu, o wiele szybciej wrócimy do zdrowia.

Sen, gorączka i głodówka to trzy uzdrawiające siły, które są zgodne z siłami natury. Oczywiście po wyzdrowieniu organizm będzie musiał uzupełnić zużyte zapasy, dlatego w okresie rekonwalescencji należy dobrze się odżywiać, jeść dużo białka i tłuszczów, ponieważ głównie z tych składników zbudowane są komórki, jednak w czasie choroby obciążanie układu trawiennego jest niewskazane.

Głodówka jako metoda naturalna sprawdza się także w leczeniu znacznie poważniejszych chorób, w tym także chorób przewlekłych. Bez jedzenia (ale nie bez wody!) możemy przeżyć wiele dni, a nasz organizm będzie doskonale funkcjonował. Jednak zarówno w przypadku dłuższej głodówki, jak i leczenia głodówką należy być pod opieką lekarza.

Głodówka mająca charakter leczniczy jest zdecydowanie dłuższa niż proponowana tutaj głodówka 4–5-dniowa, którą, z wyjątkiem osób wymienionych w rozdziale *Kto, dlaczego, jak często i jak długo powinien przeprowadzać detoks* może podjąć prawie każdy dorosły człowiek.

Napisałam „prawie", bo jednak głodówka to detoks bardziej wymagający i aby go przeprowadzić, musimy mieć spokój, mniej pracy – najlepiej wziąć urlop. Osoby, które pracują ciężko fizycznie bądź umysłowo, w żadnym razie nie powinny podejmować głodówki.

Pamiętajmy o tym, by podczas głodówki nie wyłączać się z codziennego, normalnego życia. Wręcz przeciwnie – głodówka to jest normalne, codzienne życie, tyle że nie jemy, więcej odpoczywamy, relaksujemy się, zajmujemy sobą (podobnie jak często robimy to w weekend).

Uczucie głodu na początku jest stanem nieprzyjemnym i sprawia, że nasze myśli krążą głównie wokół jedzenia. Ponadto w pierwszych dniach pojawia się większe niż przy poście warzywno-owocowym osłabienie. Mogą wystąpić też zawroty głowy, a objawy kryzysu (najczęściej w 3. dniu) także często są intensywniejsze niż podczas detoksu opartego na diecie.

By przez to wszystko przejść, musimy naprawdę solidnie się przygotować i mieć bardzo jasny cel. Pierwszy raz jest najtrudniejszy, powie to każdy, kto przeszedł głodówkę. Jednak prawie wszyscy od razu po zakończeniu pierwszej głodówki deklarują, że zdecydują się na następną.

Kiedy przeprowadzałam pierwszą głodówkę, zaplanowałam sobie wolne dni. Podczas następnych jednak pracowałam, uczyłam się, a dodatkowo byłam mamą kilkuletniej wtedy córki, której gotowałam normalne posiłki. Zawsze jednak dbałam o to, aby 3. i 4. dzień wypadał w dni wolne, w weekend. Gdy poznamy swój organizm i wiemy, jak reaguje, możliwa jest głodówka także poza okresem urlopowym (wolnym).

Na początek dobrze jest spróbować głodówki jednodniowej, jako części innego detoksu, a następnym razem przeprowadzić dłuższą.

Dobrym pomysłem jest przeprowadzenie głodówki sokowej na wyjeździe detoksykującym. Jesteśmy wtedy w grupie, z dala od pracy i różnych pokus, czas mamy wypełniony zajęciami. Z całą pewnością jest znacznie łatwiej.

Głodówki, które proponuję, to głodówka wodna lub sokowa. Obydwie formy są rewelacyjne i spełniają swoje zadanie. W przypadku głodówki sokowej pijemy ok. 4–5 szklanek świeżych soków warzywnych lub warzywno-owocowych dziennie, rozcieńczonych ciepłą wodą, a pomiędzy kolejnymi porcjami soku dodatkowo pijemy wodę.

Podczas głodówki wodnej – jak sama nazwa wskazuje – pijemy tylko wodę.

W obu typach dopuszczalne jest jeszcze popijanie herbatek ziołowych i owocowych.

Głodówki te można połączyć. Głodówkę pięciodniową (choć może ona być krótsza lub dłuższa, jeśli dobrze się czujemy) można zacząć od 2 dni picia soków, a następnie przez 3 dni pić tylko wodę. Można też urządzić sobie 2 dni sokowe, 2 dni wodne i zakończyć dniem sokowym. Dopuszczalne są też inne konfiguracje.

Większość sposobów radzenia sobie podczas detoksu, opisanych w rozdziale *Jak sobie radzić w trudnych chwilach*, możemy zastosować także podczas głodówki. Ale jeśli zamierzamy przejść głodówkę, zapoznajmy się z dodatkowymi wskazówkami zamieszczonymi poniżej.

1. Przeprowadzenie głodówki wymaga porządnego oczyszczenia jelit. Zniweluje to nieco objawy pierwszych dni głodówki. Dlatego podczas ostatniego dnia monodiety oczyszczającej (zupa), najlepiej wieczorem (przed pójściem spać), należy zrobić lewatywę. Lewatywa to bezpieczny sposób, zdecydowanie lepszy niż stosowanie jakichkolwiek środków przeczyszczających. Wieczorne opróżnienie jelit rozpoczyna głodówkę.
2. Ostatnią porcję zupy należy zjeść najpóźniej na 3–4 godziny przed zrobieniem lewatywy.
3. Pierwszego dnia głodówki, rano, dobrze jest zrobić kolejną lewatywę. Można też zamiast tego wypić na czczo pół szklanki soku z kiszonej kapusty i jeśli to zadziała, na tym poprzestać.
4. Tego dnia najlepiej pozostać w domu.
5. W 3. lub 4. dniu głodówki warto jeszcze raz zrobić lewatywę. Pamiętajmy, że bez pokarmu nasze jelita nie pracują normalnie i aby się opróżniły, musimy im pomóc.
6. Soki rozcieńczamy ciepłą wodą w stosunku 1:1 (½ szklanki soku + ½ szklanki wody) lub minimalnie, ¾ szklanki soku + ¼ szklanki wody.
7. Jeśli nasz żołądek źle reaguje na kwasy zawarte w owocach i warzywach (a więc i w soku), można dodać do soku łyżeczkę świeżo zmielonego siemienia lnianego, które złagodzi działanie kwasów.

8. Pomocne w takim przypadku może być też wypijanie z rana na czczo kleiku z siemienia lnianego (patrz: *Pozostałe przydatne przepisy*).
9. Wszystkie napoje w trakcie głodówki (soki, wodę, kleik) pijemy bardzo powoli, małymi łyczkami, smakując je tak, jakbyśmy jedli „prawdziwy" posiłek.

Detoks eliminujący pasożyty

Od czasu do czasu powinien przeprowadzić go każdy, a jeśli mamy w domu zwierzęta, musi być obowiązkowy.

Zwykle nie myślimy o pasożytach, bo ich nie widać (poza niektórymi, jak np. owsiki), lecz według statystyk Światowej Organizacji Zdrowia mamy aż 30 procent szans, że się na pasożyty „załapiemy". Lekarze, którym temat ten nie jest obcy, szacują, że nawet więcej.

Miałam już za sobą kilka lat zdrowego odżywiania, kiedy w moim organizmie zamieszkały pasożyty. Miałam też szczęście, bo gdyby nie krwawienia w dolnym odcinku przewodu pokarmowego widoczne przy każdej wizycie w toalecie, pewnie nie dowiedziałabym się o ich istnieniu.

Krwawienie trwało miesiącami, a podejrzenia były różne, od hemoroidów przez choroby jelita grubego po raka. Żadnemu lekarzowi, z którym miałam wtedy kontakt, nie przyszło do głowy, że mogą to być pasożyty.

Po wielu miesiącach niepewności trafiłam do znajomej naturoterapeutki, dietetyczki, która szybko postawiła diagnozę: „Beato, masz pasożyty". Dostałam jakieś tabletki. Po kilku dniach wypływ krwi był ogromny. Przestraszyłam się wtedy tak bardzo, że pomyślałam, iż to już koniec. Ale był to ostatni raz, kiedy pojawiła się krew.

Na początku napisałam, że miałam szczęście, bo rzadko się zdarza, że pasożyty powodują widoczne krwawienie.

Pasożyty się mnożą, więc możemy nosić je latami, nie zdając sobie sprawy, jakie czynią w nas spustoszenia. Nie tylko bowiem pozbawiają nas składników odżywczych, osłabiają nasz układ immunologiczny, ale i wydalają produkty przemiany materii, co zatruwa krew. Mogą też upośledzać tkanki i działanie narządów wewnętrznych. Pasożyty żyją bowiem nie tylko w układzie pokarmowym, mogą przeniknąć wszędzie – do wątroby, układu limfatycznego, krwi, mózgu, mięśni, płuc, oka lub innych narządów.

Oddziałują na skład chemiczny naszego środowiska wewnętrznego. Jeżeli mamy pasożyty, metody leczenia wielu chorób nie będą dostatecznie skuteczne.

Nie lekceważmy więc tej kwestii, zwłaszcza że statystyki zakażenia pasożytami są tak wysokie.

Jak rozpoznać, że mamy pasożyty

Najczęściej trudno jest rozpoznać ich obecność po objawach, bo nie są to objawy specyficzne. Podobne objawy towarzyszą często wielu innym przypadłościom. Pasożyty mogą powodować:

wysypki, wypryski, pokrzywkę, egzemę, świąd skóry, zły stan włosów i paznokci, bóle głowy, bóle mięśni, apatię, depresję, nerwowość, rozdrażnienie, kłopoty ze snem, płaczliwość, przewlekłe zmęczenie, osłabienie, anemię, astmę oskrzelową, alergie skórne i pokarmowe, kłopoty z płodnością lub zajściem w ciążę, obniżoną odporność, duszności, uporczywy kaszel, bóle brzucha, objawy niestrawności, zaparcia, mdłości, gazy, wzdęcia, zaburzenia widzenia, spadek masy ciała (ale czasami nadwagę), niedożywienie, obniżony poziom hemoglobiny, przewlekłe stany zapalne, brak apetytu lub odwrotnie, nadmierny apetyt, a nawet symptomy upośledzenia umysłowego.

Jak pasożyty trafiają do naszego organizmu

Pasożyty mogą trafić do nas głównie drogą pokarmową, np. z niedokładnie umytą lub oczyszczoną żywnością, poprzez wypicie skażonej wody, niedosmażone mięso, surowe lub niedogotowane ryby i owoce morza, kontakt ze zwierzętami domowymi, niedokładne mycie rąk po dotykaniu przedmiotów, na których znalazły się jaja i cysty pasożytów. Możliwe też są drogi niepokarmowe, np. poprzez ukąszenie kleszcza lub komara czy wdychanie zanieczyszczonego powietrza. Jeśli nasz system immunologiczny jest osłabiony, a flora jelitowa zaburzona – jesteśmy bardziej podatni na zakażenie pasożytami.

Na co zwracać uwagę przy wyborze kuracji antypasożytniczej

Detoks antypasożytniczy przeprowadza się w oparciu o suplementy, wyciągi z roślin, ziół lub leki, których dobór, przynajmniej częściowo, jest indywidualny, trudno mi więc opisać go tutaj krok po kroku. Przebieg detoksu zależy od kondycji organizmu, jak i objawów, oraz od tego, z jakimi pasożytami mamy do czynienia. Skuteczne przeprowadzenie takiego detoksu wymaga zatem indywidualnej konsultacji. Niemniej rozdział ten musiał się tu znaleźć, nie wyobrażam sobie bowiem pominięcia tak ważnej kwestii jak pasożyty, będące „fabryką" toksyn i zatruwające nasz organizm. Jeśli mamy pasożyty, nie odczujemy optymalnych korzyści z innego detoksu.

Do kuracji antypasożytniczej należy przygotować się tak jak do każdego innego detoksu. Wspomoże to w dalszym etapie oczyszczenie środowiska wewnętrznego nie tylko z pasożytów, ale i z pozostałości po nich, a dodatkowo wytwarzanie środowiska, którego pasożyty nie lubią.

Wybierając program antypasożytniczy, zwróćmy uwagę:

- na przeciwwskazania
- czy preparaty tylko zabijają pasożyty, czy też wytwarzają środowisko dla nich nieprzyjazne, które powoduje, że „nie chcą" one już dłużej w nas mieszkać
- czy kuracja obejmuje przyjmowanie preparatów zawierających specyfiki będące sorbentem toksyn, co sprzyja ich wydaleniu poza organizm. Na przykład naturalnym specyfikiem, będącym jednocześnie sorbentem toksyn i rozmiękczającym masę kałową, jest glinka spożywcza biała (glinka kaolinowa lub porcelanowa). Jest ona źródłem krzemu, nasyca organizm bardzo ważnym pierwiastkiem, jakim jest krzem. Oprócz krzemu zawiera wiele minerałów: potas, magnez, wapń, żelazo, sód i inne. Doskonale wiąże treści jelit i toksyny, ułatwiając ich wyprowadzenie na zewnątrz (w tym także toksyny pozostałe po pasożytach). Rozmiękcza masę kałową, co sprzyja jej wydaleniu, i dzieje się to lekko i komfortowo, jak podczas normalnej wizyty w toalecie. Oczyszcza też złogi żółciowe. Ze względu na właściwości adsorpcyjne i rozmiękczające pomaga również oczyścić jelito cienkie, które, gdy nie jest pozalepiane, odzyskuje funkcję wchłaniania składników odżywczych. To doskonały preparat, choć na początku może czasem powodować zaparcia. Ale są na to sposoby
- czy kuracja obejmuje przyjmowanie preparatów rozmiękczających masy kałowe i ułatwiających wypróżnianie, wpływających tym samym na pozbycie się wszystkich złogów, a wraz z nimi pasożytów lub ich obumarłych szczątków. Jelita wypełnione złogami kałowymi tworzą

sprzyjające dla rozwoju pasożytów środowisko. Pamiętajmy, że bez gruntownego oczyszczenia przewodu pokarmowego działanie przeciwpasożytnicze może być nieskuteczne i że inne toksyny (chociażby pozostałości po pasożytach, które osiedliły się gdzieś w organizmie poza układem pokarmowym) też wydalane są tą drogą.

Wykrycie pasożytów wcale nie jest proste, a już najmniej wiarygodne są badania próbek kału, które trzeba powtarzać wielokrotnie (nawet kilkanaście i więcej razy), by móc zaufać wynikom. Dlatego uważam, że najlepiej przeprowadzić od czasu do czasu detoks przeciwpasożytniczy, który osobiście również stosuję.

Jeżeli mamy pasożyty, detoks usuwający je z organizmu musi być priorytetem, nim zdecydujemy się na inny detoks czy leczenie (poza skrajnymi przypadkami zagrażającymi zdrowiu lub życiu, wymagającymi natychmiastowej interwencji medycznej). Jeśli tego nie zrobimy, żadna kuracja nie będzie w pełni skuteczna, a może się zdarzyć, że nie przyniesie żadnych efektów.

Jak często przeprowadzać kurację antypasożytniczą

Jeżeli mamy sprawny system immunologiczny, układ trawienny i zadbane jelita, a przy tym starannie myjemy żywność, nie jemy surowych lub półsurowych mięs, ryb i owoców morza oraz nie mamy w domu zwierząt lub systematycznie je odrobaczamy – wystarczy raz do roku lub nawet rzadziej.

Jeśli jest inaczej – raz na pół roku, a już zdecydowanie nie rzadziej aniżeli raz w roku.

No i oczywiście zawsze wtedy, gdy badania wykazały obecność pasożytów w organizmie, lub kiedy w naszym samopoczuciu bądź wyglądzie pojawiają się niekorzystne zmiany, wyniki badań medycznych nie stwierdzają nieprawidłowości, a w naszym życiu pojawiały się wymienione wyżej czynniki zwiększające ryzyko zakażenia pasożytami.

Z reguły kompleksowe programy przeciwpasożytnicze oczyszczają organizm także z innych złogów i toksyn, więc w najgorszym przypadku będzie to po prostu solidny detoks.

Czy pasożyty można wyeliminować, stosując odpowiednią dietę

Można, jednak nie jest to proste, ponieważ aby pozbyć się pasożytów, trzeba wytworzyć nieprzyjazne dla nich środowisko i nie wystarczy do tego na przykład zjadanie jednego ząbka czosnku dziennie (czosnek ma właściwości przeciwpasożytnicze). Pasożyty czerpią z pożywienia, które jemy, suplementów, którymi próbujemy wspomóc organizm, i zamiast dokarmiać i odżywiać siebie, odżywiamy pasożyty, które z dużym prawdopodobieństwem zaczną się intensywnie rozmnażać.

Stosowanie odpowiedniej diety może być skuteczne przy łagodnych zakażeniach lub jako profilaktyka. W innych sytuacjach polecam wprowadzić specjalny program w oparciu o suplementy roślinne i ziołowe lub ewentualnie środki przepisane przez lekarza. Nie jestem zwolenniczką tych ostatnich, bo zwykle są to środki chemiczne o ostrym działaniu, mające za zadanie wytrucie pasożytów, a pomijające oczyszczenie jelit i wydalenie poza organizm wszelkich złogów i pozostałości (także tych po pasożytach). Dodatkowo leki chemiczne oddziałują najczęściej na jeden rodzaj pasożytów, w przeciwieństwie do ziół, które wykazują bardziej kompleksowe działanie, więc teoretycznie trzeba byłoby brać kilka rodzajów leków. Z dwojga złego jednak lepiej zastosować środki chemiczne niż nic.

Poniżej wymieniam produkty i przyprawy sprzyjające eliminacji pasożytów. Możemy je stosować profilaktycznie albo podczas wybranego dowolnego detoksu przeciw pasożytom:

- kapusta kiszona (głównie ze względu na budowanie korzystnej flory bakteryjnej jelit)
- nasiona dyni (najlepiej lekko uprażone na suchej patelni)
- warzywa: czosnek, cebula, por, kapusta, buraki, marchew
- zioła i przyprawy: goździki, pieprz kajeński, korzeń imbiru, chrzan, tymianek, koper włoski, szałwia ogrodowa, oregano
- migdały.

W działaniach przeciwko pasożytom sprawdzają się również suplementy:

- probiotyki (przywrócenie zdrowej flory jelitowej)
- czarny orzech
- czosnek w kapsułkach
- srebro koloidalne
- tymianek
- olejek z lebiodki pospolitej (oregano)
- ekstrakt z pestek grejpfruta lub wyciąg z pestek owoców cytrusowych
- liście bylicy pospolitej
- bylica roczna
- macierzanka.

W trakcie kuracji przeciwpasożytniczych najlepiej zastosować dietę antygrzybiczą, dla której wskazówki opisane są w odpowiedzi na pytanie: „Co zrobić, by pozbyć się candidy?" w rozdziale *Detoks – pozostałe pytania i odpowiedzi.*

Jaki detoks wybrać – podsumowanie

Poniżej opisuję poszczególne rodzaje detoksu, począwszy od najtrudniejszego. W opisach zawarłam wskazówki, które mogą być pomocne przy podejmowaniu decyzji, jaki detoks przeprowadzić. Uzupełnieniem tego opisu jest również następny podrozdział *Czy i w jaki sposób można łączyć różne rodzaje detoksu.*

To był mój pierwszy raz.... z Detoksem. Piszę specjalnie wielką literą, ponieważ stało się to dla mnie czymś bardzo ważnym. Nie kliknęłam nawet, że dołączam do wspólnego detoksu, z obawy, że nie dam rady, nie wytrwam, że skończy się jak zwykle na chęciach. Jeden dzień, drugi, nie powiem, że było łatwo. Najbardziej brakowało mi porannej kawy, oj, bardzo brakowało. W trzecim dniu nawet nie pomyślałam o jej zapachu. Jestem zachwycona smakiem warzyw odkrytych na nowo, urokiem ciepłej wody z cytryną na dzień dobry i całą masą rzeczy, o których gdzieś w gonitwie codziennego dnia zapomniałam. Bardzo dziękuję, wiem, że teraz dojdę na koniec świata, a może i dalej.

Głodówka wodna jest najtrudniejszą formą detoksu. Ma ogromną moc (także leczniczą), polecam ją jednak wyłącznie osobom, które przeprowadzały już głodówkę sokową. Poza tym, jeśli ktoś stosuje ją po raz pierwszy, radzę, by zrobić to w dni wolne od pracy. Wtedy głodówka nie będzie obciążeniem, będziemy mogli dobrze poznać swój organizm, to, jak reaguje na brak pokarmu. Dzięki temu będziemy wiedzieli, na co zwrócić szczególną uwagę, kiedy znów zechcemy przeprowadzić głodówkę.

Głodówka sokowa jest zdecydowanie bardziej odpowiednia dla osób, które pierwszy raz przeprowadzają detoks bez jedzenia. Przynosi podobne efekty jak głodówka wodna, jednak trwa to nieco dłużej. Detoks sokowy jest prostszy niż wodny, a dodatkowo, ponieważ soki mają wartości odżywcze, dobrze działa na wątrobę i alkalizuje ciało. Nie czujemy się też tak osłabieni jak podczas głodówki wodnej. Wraz z sokami do organizmu trafia dużo witamin, minerałów, antyoksydantów i innych cennych składników czynnych biologicznie, które możemy znaleźć w roślinach.

UWAGA – nie polecam głodówki wodnej i sokowej, jeśli nie macie pewności, że jesteście wolni od pasożytów!

Detoks warzywno-owocowy jest w pewnym sensie lekką odmianą głodówki, ponieważ ilość dostarczanych wraz z pożywieniem kalorii nie pokrywa codziennego zapotrzebowania naszego organizmu, w związku z czym uruchamiane jest odżywianie endogenne (więcej informacji w rozdziale *Jaki detoks wybrać*). Przynosi też podobne do głodówki efekty uzdrawiające, tylko w znacznie dłuższym czasie. Detoks warzywno-owocowy przeprowadzany, by przyspieszyć zdrowienie, może trwać nawet 6 tygodni. Ogromną jego zaletą jest to, że podczas jego trwania możemy normalnie żyć i pracować.

Ten detoks ma silne działanie odkwaszające i przywraca w organizmie równowagę kwasowo-zasadową. Właściwie wszystko, co jemy w jego trakcie, jest zasadotwórcze (alkaliczne). Detoks ten ukierunkowany jest na przywracanie równowagi w jelitach, budowanie flory bakteryjnej za pomocą probiotyków znajdujących się w naturalnych produktach, oczyszczanie przewodu pokarmowego dzięki błonnikowi oraz odżywienie organizmu poprzez dużą dawkę minerałów i witamin, jaką sobie fundujemy. Ten rodzaj detoksu przeprowadzić możemy sami i regulować jego długość w zależności od potrzeb – słuchając siebie. Gdy przyjmujemy leki, konieczne są konsultacje z lekarzem.

Detoks warzywno-owocowy warto przeprowadzić przynajmniej raz w roku. Traktujmy go jak niezbędny element higieny osobistej lub generalne porządki, takie, jakie robimy w domu przed świętami czy wiosną.

Detoks jaglano-warzywny to wersja *light* detoksu warzywno-owocowego. Ma wszystkie jego zalety, nie przechodzimy jednak na odżywianie wewnętrzne, bo liczba dostarczanych kalorii jest zbyt duża. Jego zaletą jest to, że nie marzniemy, możemy więc przeprowadzić go w każdej porze roku. Nie wywołuje również okresowego pogorszenia samopoczucia, jak dzieje się to podczas innych detoksów. Jest dla każdego i do zrobienia w każdym czasie, wyłączając osoby, które z jakiegoś powodu nie mogą jeść kaszy jaglanej (np. na proso muszą uważać osoby z niedoczynnością tarczycy). Detoks jaglano-warzywny eliminuje toksyny i jednocześnie odżywia organizm, a dzięki dużej ilości błonnika czyści jelita jak szczoteczka. Bardzo polecam nawet jednodniowy raz w tygodniu, by systematycznie odciążać organizm.

To detoks dobry dla wszystkich tych, którzy ze względu na to, iż dużo pracują (lub z innych powodów), nie mogą sobie pozwolić na detoks warzywno-owocowy bądź głodówkę.

UWAGA! Zdarza się, że ktoś zaczyna detoks warzywno-owocowy i po kilku dniach rezygnuje. Różne są tego powody, najczęściej związane z niedostatecznie dobrym przygotowaniem fizycznym i psychicznym. Tutaj z pomocą przychodzi detoks jaglano-warzywny. Nie rezygnujmy, nie poddawajmy się, tylko przejdźmy na lżejszy sposób oczyszczania i kontynuujmy je tak długo, jak długo zamierzaliśmy stosować detoks. W ten sposób nie zniweczymy tego, co już osiągnęliśmy. Nie będziemy też mieć poczucia porażki. Niech detoks jaglano-warzywny stanie się naszym kołem ratunkowym – odkwasimy organizm, przywrócimy równowagę w jelitach, a przede wszystkim nauczymy się obserwować siebie, co w przyszłości pozwoli nam lepiej przygotować się do kolejnego oczyszczania.

Detoks przeciwpasożytniczy jest właściwie obowiązkowy, zwłaszcza że badania nie zawsze wykrywają pasożyty, ma je co trzeci człowiek, a my, nawet jeśli ich nie mamy, to za kilka miesięcy sytuacja może się zmienić. Dotyczy to zarówno dorosłych, jak i dzieci, które zarażają się wyjątkowo łatwo.

Detoks antypasożytniczy polecam przede wszystkim osobom, które:

- nigdy takiego detoksu nie robiły
- źle się czują, choć nie wiedzą dlaczego
- stosują inne rodzaje detoksu, lecz nie są zadowolone z efektów

Podsumowując mój detoks – 8 kilogramów mniej, tabletkę na alergię biorę raz na tydzień (a brałam co drugi dzień), budzę się przed budzikiem i śpię całą noc bez pobudek (nawet na oddanie moczu). Dostałam naturalnych rumieńców na twarzy – skóra jest chyba lepiej ukrwiona i białka oczne zbielały, więc same plusy. Nie widzę żadnych minusów i każdemu mogę powiedzieć, że warto, warto i jeszcze raz warto i na pewno powtórzę to na wiosnę. A to, co z nas wychodzi, przeszło moje najśmielsze oczekiwania, aż dziw bierze, że trzymamy to w sobie.

- mają zwierzęta w domu
- mają objawy wymienione w akapicie *Jak rozpoznać, że mamy pasożyty*, lecz ich przyczyna nie jest znana, a zwłaszcza jeśli cierpią na alergie, mają problemy z cerą, z układem pokarmowym, chorują na astmę, mają problemy z zajściem w ciążę, za niski poziom hemoglobiny, bóle mięśni lub głowy, nadwagę, są ciągle zmęczone.

Czy i w jaki sposób można łączyć różne rodzaje detoksu

Można! I da to znakomite efekty niezależnie od tego, w jaki sposób połączymy różne rodzaje detoksu. Zasada jest jedna: trzeba mieć na względzie swoje możliwości i potrzeby swojego organizmu.

Poniżej podaję kilka wariantów z krótkim komentarzem.

❶ Jeśli zamierzamy przeprowadzić detoks eliminujący pasożyty, wskazane jest poprzedzenie go odkwaszaniem organizmu i wyeliminowanie z diety cukru i mięsa, które są dobrą pożywką dla pasożytów. Doskonale więc sprawdzi się detoks jaglano-warzywny lub nawet warzywno-owocowy jako pierwszy etap przed kuracją antypasożytniczą.

❷ Głodówkę możemy przeprowadzić pod koniec detoksu warzywno-owocowego. Może ona trwać jeden dzień lub dłużej. Detoks warzywno-owocowy doskonale przygotowuje organizm do głodówki. Jeśli czujemy się dobrze, to 2 czy 3 dni sokowe pod koniec diety warzywno-owocowej są bardzo dobrym pomysłem i przyniosą dodatkowe korzyści. Zawsze też po dniu sokowym możemy wrócić do oczyszczania warzywno-owocowego, pamiętając o tym, żeby się nie przejadać (mniejsze porcje).

❸ Detoks jaglano-warzywny możemy w dowolny sposób przeplatać z detoksem warzywno-owocowym. Kiedy od niego zaczniemy, będzie doskonałym przygotowaniem do bardziej radykalnego sposobu oczyszczania, jakim jest dieta warzywno-owocowa. Może też być ostatnim etapem kuracji oczyszczającej, gdy uznamy, że detoks warzywno-owocowy jest dla nas zbyt trudny.

Jest naprawdę dużo pozytywnych zmian! Ustąpiło ogromne zmęczenie (z naciskiem na ogromne), które stale odczuwałam, jestem bardziej aktywna, robię więcej rzeczy i jestem z tego powodu bardzo, bardzo zadowolona.

W Twojej książce pewna Pani napisała, że czuła się tak, jakby wracała z kamieniołomów, a nie z biura. To było o mnie! Jakość życia jest wtedy fatalna.

Nalot na języku zmalał, połowa języka jest nawet różowa, a druga część pokryta lekkim nalotem.

Mam o wiele mniej krost na plecach, ale jeszcze są.

W lewym boku w okolicy jajnika odczuwałam nieprzyjemny ból (uporczywe kłucie). Badania niczego nie wykazywały, a ja się męczyłam. Jeśli zniknie (na razie go nie ma), to jestem pewna, że to zasługa detoksu.

Lepiej mi się myśli. Chyba użyłaś kiedyś sformułowania „mgła mentalna". TO TEŻ BYŁO O MNIE. Bardzo utrudniało mi to pracę.

5.
ETAPY DETOKSU, CZYLI JAK GO PRZEPROWADZIĆ

Każdy detoks składa się z trzech etapów: przygotowania, właściwego oczyszczania i prawidłowego zakończenia. Nie można zaczynać oczyszczania „z marszu", bo mogłoby się to skończyć bardzo złym samopoczuciem i dolegliwościami związanymi z dużym wyrzutem toksyn. Nie można też po zakończeniu detoksu z dnia na dzień zacząć jeść ciężkostrawnych pokarmów, jak np. białka zwierzęcego czy potraw smażonych, czy też jeść bez opamiętania.

Nim przejdę do opisu przygotowania, czyli pierwszego etapu detoksu, przytoczę poniżej kilka wypowiedzi dotyczących tego etapu. To potwierdzenie, że samo przygotowanie przynosi efekty, bo łagodnie zapoczątkowuje proces detoksu. Dlatego warto się do niego przyłożyć i wydłużyć nawet do dwóch tygodni.

Podsumowując przygotowanie, zauważyłem same pozytywy. Poza tym, że dopadło mnie przeziębienie, czuję się bardzo dobrze i mam dużo energii. Znikły również bóle stawów, z którymi się zmagałem, a to dopiero przygotowanie. Już nie mogę się doczekać końcowego rezultatu.

Kilka dni temu wystartowałam z przygotowaniem… już zauważyłam, że odpowiednia ilość wody oraz właściwe odstępy między posiłkami dużo zmieniły. Nie dręczą mnie już wzdęcia, bulgotanie i gazy. Tak więc jest ok.

*

Jeśli chodzi o przygotowanie, to muszę powiedzieć, że nareszcie wstaję wyspana, a nie jak zombie, mam więcej energii.

*

Przeprowadziłam dwutygodniowe przygotowanie, więc dużo zielonego, koktajle… Piłam do 2 litrów wody dziennie i nie mogłam uwierzyć, jak szybko mój organizm mi za to podziękował. Zniknęły bezsenne noce, rano wstawałam wypoczęta i gotowa do działania. Moja skóra stała się jędrna i bardziej nawilżona.

*

Od kilku lat męczyły mnie bóle i zawroty głowy, było mi niedobrze. Badania niczego nie wykazały. Powoli zaczęłam się przyzwyczajać. Wczoraj zdałam sobie sprawę, że nic mnie nie boli i że nie jest mi niedobrze. Staram się przypomnieć sobie moment, w którym moje dolegliwości ustąpiły, wydaje mi się, że była to końcówka przygotowania.

*

Plusy tego tygodnia to 3 kilogramy mniej, skóra gładka jak pupa niemowlęcia, mam więcej sił witalnych, już tak nie padam po 12 godzinach pracy. Przestały mnie boleć uszy (miałam ciągle stany zapalne). I przyznam szczerze, że nie ciągnie mnie do rzeczy zakazanych. Uważniej przyglądam się swojemu menu.

*

Po etapie wstępnym bardzo poprawiła mi się cera, twarz jest jaśniejsza, wygląda po prostu zdrowo. Straciłam kilka kilogramów, ale nie było to moim celem.

*

Jestem prawie 2 tygodnie w przygotowaniu do detoksu i już zauważyłam małe zmiany. Po pierwsze, jestem osobą, która dużo trenuje, a odkąd zaczęłam przygotowanie, nie miałam jeszcze po treningu zakwasów, co wcześniej zdarzało mi się przynajmniej raz w tygodniu... Po drugie, dzisiaj, czesząc włosy, w pewnym momencie zaczęłam przyglądać się swoim gałkom ocznym i mam wrażenie, że jakby zrobiły się bielsze. Po trzecie, cera się znacznie poprawiła. Nawet mój partner to zauważył. Efekty są, z czego jestem bardzo zadowolona, a co to będzie później, skoro już teraz widać dobre zmiany.

Etap 1 – odpowiednie przygotowanie do detoksu

Niezależnie od tego, jaki rodzaj detoksu zamierzamy przeprowadzić, ważne jest odpowiednie przygotowanie organizmu. Im solidniej się przygotujemy, tym osiągnięte efekty będą lepsze, a sam detoks lżejszy i bardziej przyjemny.

W przygotowaniu powinniśmy skupić się na trzech elementach: **nawodnieniu organizmu, odpowiednim odżywianiu** oraz **przygotowaniu psychicznym**.

Nawodnienie organizmu

Picie wody, choć każdy wie, że pić ją trzeba, wciąż nie jest doceniane. Odpowiednie nawodnienie ma kluczowe znaczenie dla skutecznej detoksykacji organizmu, napiszę nieco więcej o wodzie i cechach, jakie powinny charakteryzować wodę dla nas najlepszą.

Ciało dorosłego człowieka w około 60–65 procent składa się z wody. U dzieci ten procent jest nieco wyższy. Z kolei wraz z wiekiem się obniża, a więc starzejąc się, „wysychamy", nawet do 55 procent. Nie należy jednak uznawać tego za normę. Wynika to raczej z zaburzeń regulacji pragnienia, a w konsekwencji z niedopilnowania właściwego nawadniania organizmu. Seniorom często nie chce się pić, mimo iż tak naprawdę są odwodnieni.

Nasze komórki zanurzone są w wodzie i zawierają wodę, a nasze najważniejsze narządy: mózg, serce, nerki, śledziona, płuca, wątroba, oraz płyny ustrojowe, jak krew i limfa, w przeważającej części składają się z wody. To powinno uzmysławiać nam, jak ogromne ma ona znaczenie. Na przykład ciało dorosłej osoby ważącej 70 kilogramów zawiera ok. 40–45 litrów wody.

Nasze tkanki zbudowane są z komórek otoczonych wodą, nie ma w naszym organizmie ani jednego organu, który jej nie zawiera. Woda jest nawet w kościach, a jej brak powoduje „wysychanie" zarówno kości, jak i stawów.

Ciągle też wodę tracimy. Przeciętnie około 1,5 litra na dobę wydalane jest z moczem, około 0,5 litra przez skórę, 0,3 litra z oddechem, kolejne 0,2 litra z kałem. Te wartości trzeba uznać za przeciętne, pamiętając, że kiedy jest gorąco (latem), to z potem potrafimy wydalić nawet do 3 litrów wody. Jej utratę zwiększa też wysiłek fizyczny lub ciężka praca fizyczna (godzina przeciętnie intensywnego treningu to wydalenie dodatkowo ok. 0,5 litra wody).

Te straty trzeba wyrównać, dostarczając wodę z zewnątrz (przy czym jej część znajduje się w pożywieniu stałym).

Do wszelkich procesów chemicznych zachodzących w organizmie potrzebna jest woda. Tlen, aby dotrzeć do komórek, musi być rozpuszczony w wodzie. Rozprowadza go krew, ale jeśli organizm jest niedostatecznie nawodniony, to krew staje się gęsta. Logicznie rozumując, coś, co jest gęste, trudniej przepływa i przenika. Brak wody oznacza więc m.in. złe odżywienie i dotlenienie komórek organizmu.

Krew jest nośnikiem składników odżywczych, ale też niepotrzebnych substancji, które transportuje do nerek, wątroby, skóry czy płuc. I jedne, i drugie są w niej rozpuszczone. Czasami bezpośrednio, jako tzw. frakcja wolna, czasami jako związana z białkami transportującymi, lecz w sumie wszystko płynie „w wodzie". Trzeba też pamiętać, że wiele związków chemicznych rozpuszcza się w wodzie do pewnego stężenia, a potem coraz słabiej, aż do wyrównania stężeń pomiędzy obszarami oddzielonymi jakąś przepuszczalną barierą. Tak należy postrzegać np. płyn (wodę) zewnątrzkomórkowy w tkankach i osocze (wodę) krwi, oddzielone częściowo przepuszczalną barierą – ścianą naczyń krwionośnych. Zatem nawodnienie, rozumiane jako zwiększenie ilości wody w osoczu krwi, powoduje rozcieńczenie toksyn „w wodzie krwi", co niejako zasysa, na zasadzie wyrównywania różnicy stężeń, te same chemicznie toksyny zalegające po drugiej stronie ściany naczyń krwionośnych. Jeżeli nerki dobrze takie toksyny odfiltrują z krwi do moczu, to mamy dalszy ciąg tego mechanizmu zasysania zalegających toksyn, poupychanych gdzieś latami w przestrzeni międzykomórkowej czy nawet wytrąconych w formie krystalicznej. Działają tutaj prawa chemii, a nie cuda i magia. Tyle tylko, że należy zadbać o dużą ilość „rozpuszczalnika i nośnika", a tym jest woda. Wypłukanie toksyn z jakiegoś miejsca (tkanek) spowoduje chwilowy wzrost ich stężenia we krwi, zanim nerki je odfiltrują. Dlatego na początku detoksu źle się czujemy, gdyż uwolnione z tkanek i zassane do krwi toksyny są po prostu trujące dla mózgu, wątroby itd. Picie dużych ilości wody powoduje natomiast, że toksyny nie osiągają tak wysokiego stężenia, do jakiego doszłoby bez zwiększenia ilości wody w organizmie. Wymusza także szybszą, intensywniejszą pracę nerek i większą produkcję moczu. To także fragment mechanizmu odtruwania. Mówiąc inaczej, nerki nie muszą martwić się o wodę i mogą sobie wreszcie „poszaleć". Oczywiście pod warunkiem, że są zdrowe.

Jeżeli ktoś obawia się przewodnienia albo przemęczenia nerek, to zapewniam, że kilkudniowe przepojenie wodą im nie szkodzi. Nerki mają w sobie olbrzymie rezerwy dla ilości przepuszczanych płynów.

Około 80 procent toksyn usuwanych jest właśnie przez nerki. To najważniejszy organ w procesie detoksykacji organizmu.

Część toksyn usuwanych jest wraz z potem przez skórę, a pozostała część, rozpuszczalna w tłuszczach, wydalana przez jelita do kału.

Jak zatem komórki naszego ciała mają być dobrze odżywione, jeśli nie jesteśmy dostatecznie nawodnieni i przepływ krwi nie jest swobodny?

Jak mają być odprowadzone toksyczne produkty przemiany materii? W czym mają się rozpuścić, jeśli w organizmie brakuje wody? Spróbujmy rozpuścić łyżeczkę cukru w kisielu i przecedzić go przez sito. Nawet bez próbowania wiemy, że nie będzie to proste. Ale jeśli cukier rozpuścimy w wodzie, zrobimy to bez problemu. Tak samo jest z krwią. Gęsta krew z trudem dociera do najcieńszych naczyń włosowatych, z trudem transportuje i przyjmuje składniki, które mają się w niej rozpuścić.

Widziałam badanie żywej kropli krwi pewnej osoby przed wypiciem dobrej jakości wody i po jej wypiciu. Przed badaniem krwinki były pozlepiane, nie mogły się swobodnie poruszać, nie mówiąc o tym, że ich powierzchnia, przez którą mogłyby wchłaniać tlen i składniki odżywcze, została znacznie ograniczona (część powierzchni krwinek była niedostępna, bo zlepiona z innymi krwinkami). Kilkanaście minut później (gdy ta osoba napiła się wody) obraz był zupełnie inny – krwinki krążyły samodzielnie i swobodnie.

Doktor Mirosław Mastej, którego bardzo cenię za ogromną wiedzę (znacznie wykraczającą poza gruntowną wiedzę medyczną) i za całościowe spojrzenie na człowieka, napisał tak: *Biologicznie nasze ciało jest właśnie tak skonstruowane: woda, a w niej rozpuszczone pewne składniki, ciągle przepływające z zewnątrz, przemieniane, i wypływające na zewnątrz. Tak długo, jak przepływ i metabolizm jest czysty, prosty, tak długo nie ma mułu, wirów, zastojów... jak w rzece...*

Aby przepływ był właściwy, potrzebujemy dobrej wody. Nawadnianie ciała jest istotne na co dzień, ale kiedy przeprowadzamy detoks, ma jeszcze większe znaczenie. W trakcie detoksu uwalnianych jest dużo toksyn, muszą mieć one nośnik, by zostały wydalone na zewnątrz. Może się zdarzyć, że podczas detoksu ktoś będzie źle się czuł i ten stan nie minie. Jedno z pierwszych pytań, jakie mu zadam, będzie brzmiało: „A czy pijesz wystarczającą ilość wody? I czy twój organizm został dostatecznie nawodniony przed detoksem?”.

Nie możemy tego jednak robić tuż przed detoksem, ponieważ ciało nie nawodni się z dnia na dzień. Choć w obrazie krwi dość szybko widać zmianę, pamiętajmy także o 60–65 procentach wody w całym naszym ciele (nie tylko we krwi). A tych niedoborów nie da się uzupełnić w ciągu kilku dni, nie da się też wypić 10 litrów wody „na zapas", bo nasze nerki nie wytrzymałyby takiego obciążenia. Woda musi dotrzeć aż do wnętrza komórek, czyli przejść przez kilka barier: z jelit do krwi i limfy, z nich do przestrzeni zewnątrzkomórkowej, potem jeszcze pokonać błonę komórki, a wewnątrz samej komórki inne błony, np. między cytoplazmą a wnętrzem mitochondriów. Dopiero gdy to się stanie, organizm będzie wystarczająco nawodniony i gotowy do detoksu.

Szereg dolegliwości (nie tylko tych związanych z detoksem, ale także tych, z którymi borykamy się na co dzień) zaczyna ustępować, gdy tylko ciało jest dobrze nawodnione. Niewiele osób wie, ale jest to udowodnione, że wiele przypadków bólów kręgosłupa wynika z odwodnienia dysków (krążków) międzykręgowych. Po prostu, gdy w organizmie jest za mało wody, ten ściąga, skąd tylko może, wodę mniej potrzebną – za taką najwyraźniej uznaje wodę w chrząstkach. Pierwsze, co powinien zrobić człowiek z nawracającymi bólami kręgosłupa, to nawodnić się, „napoić" dyski międzykręgowe. Ten przykład pokazuje, że organizm sam reguluje i przesuwa wodę z jednego miejsca w inne, gdy tylko tego potrzebuje. Skoro może w chrząstkach, to może wszędzie. Dlaczego mu zatem nie pomóc i nie pić więcej wody? Sprawdźcie to sami – po prostu zacznijcie więcej pić, a na pewno poczujecie się lepiej.

Z badań wynika, iż często mylimy pragnienie z łaknieniem. Organizm (mózg) wysyła sygnał „napij się", a my interpretujemy to jako „zjedz coś". Jemy coś, co owszem, zawiera wodę, i organizm dostaje pewną jej porcję, ale dostaje też sporą porcję kalorii. A często (i to też możemy łatwo sprawdzić) wypicie wody sprawia, że ochota na zjedzenie czegoś znika, bo tak naprawdę chciało nam się pić, a nie jeść. Ta niezdolność odróżnienia pragnienia od łaknienia pojawia się u części ludzi już po 30. roku życia i nasila z wiekiem. Wiele osób, które ukończyły 75 lat, cierpi z powodu odwodnienia, gdyż nie odczuwa pragnienia wystarczająco intensywnie.

Obserwujmy siebie – to, jak się czujemy i wyglądamy. Zdarzało mi się spotkać osoby, które traciły kilogramy tylko dlatego, że zaczęły odpowiednio dużo pić. Niedawno zadzwonił do mnie kolega, który zaczął dbać o nawadnianie, i oznajmił: „Po raz pierwszy od dawna mam wzorcowe, wręcz podręcznikowe ciśnienie krwi, a miałem nadciśnienie. Czy to możliwe, że to z powodu picia alkalicznej wody?". Ależ oczywiście, że możliwe. I dość częste. A pozytywnych efektów nawadniania jest mnóstwo.

Przynajmniej 2 tygodnie przed rozpoczęciem oczyszczania zadbajmy o dostarczenie sobie odpowiedniej ilości wody. Ten czas wystarczy również, aby zaobserwować pierwsze efekty. Czego możemy się spodziewać? Wielu korzyści. Bo woda to i kosmetyk, i lekarstwo.

Nie zadziała tak szybko jak tabletka przeciwbólowa czy zabieg kosmetyczny, ale za to efekty będą trwałe.

Wymienię tylko kilka najważniejszych korzyści nawadniania. Niektóre z nich stosunkowo łatwo zauważyć, więc kto zacznie pić odpowiednią wodę i w odpowiedniej ilości, niech obserwuje siebie i z radością zauważa zmiany.

Detoksykacja

Poza czasem detoksu ważne jest także codzienne pozbywanie się toksyn. Nie tylko po to, by utrzymać efekty oczyszczania, ale również dlatego że procesy metaboliczne zachodzą w nas stale, a ich produktami ubocznymi są różnorodne zanieczyszczenia, których organizm codziennie się pozbywa.

By eliminacja toksyn była sprawna, potrzebne jest odpowiednie nawodnienie, bez którego toksyny zaczynają się kumulować w różnych częściach ciała. Picie odpowiednich ilości wody wpływa również na stan jelit, które muszą być przepłukiwane, nie wspominając o tym, że brak wystarczającej ilości wody sprawia, że mamy problemy z wypróżnieniem: jest ono np. skąpe, pojawiają się zaparcia albo kał ma formę pojedynczych „bobków", aby bowiem stolec uformowany był prawidłowo, potrzebna jest odpowiednia ilość wody.

Odmłodzenie

Odmłodzenie powinno być widoczne m.in. w napięciu i jędrności skóry, a także spłyceniu zmarszczek, dotyczy ono jednak także tkanki łącznej, mającej ogromne znaczenie dla tego, aby wszystkie narządy zachowywały swój kształt i były na swoim miejscu, a także tkanek, które muszą się przecież regenerować. Odpowiednia woda jest też znakomitym antyoksydantem, a zapewne wiemy, jak podkreślane jest znaczenie przeciwutleniaczy (inaczej antyoksydantów) w różnorodnych terapiach odmładzających.

Alkalizacja środowiska komórek

Nawodnienie sprzyja utrzymaniu alkalicznego środowiska wewnętrznego, bo to woda jest nośnikiem różnych substancji w niej rozpuszczonych, które rozprowadzane są po całym organizmie lub z niego wyprowadzane. Zatem wpływ nawodnienia na zachowanie równowagi kwasowo-zasadowej związany jest i z dobrym transportem minerałów oraz tlenu, i ze skutecznym usuwaniem toksyn, które organizm zakwaszają, i z samym odczynem pH wody alkalicznej korzystnym dla rozpuszczania, neutralizacji i wydalania kwasów poza organizm. Kwasy można zneutralizować zasadami, których często brakuje w organizmie, a możemy je dostarczyć wraz z jedzeniem i piciem. Biorąc pod uwagę to, jak dużej ilości płynów potrzebujemy na dobę, warto zwrócić uwagę, jakiej jakości są to płyny, ponieważ one, podobnie jak jedzenie, mogą zakwaszać organizm bądź powodować zachwianie równowagi kwasowo-zasadowej. Na pewno musi to być głównie woda, ale nie każda, co wyjaśnię nieco później.

Odżywienie i dotlenienie organizmu

Jako że woda to rozpuszczalnik i transporter, rozprowadza składniki odżywcze oraz tlen, a także wyprowadza z organizmu produkty uboczne metabolizmu. Logiczne więc, że kiedy ciało jest dobrze odżywione, a toksyny sprawnie usuwane, skutkuje to wzrostem energii witalnej, ładną zdrową cerą, sprawniejszą pracą mózgu, mniejszą podatnością na choroby. Wzrost energii spowodowany jest dotlenieniem mitochondriów i pełnym, tlenowym spalaniem glukozy czy tłuszczów. Po prostu zwiększa się ilość wytwarzanego w mitochondriach ATP, naszego podstawowego akumulatorka energii w komórkach, bo są one dotlenione i dożywione.

Na wchłanianie składników odżywczych korzystnie wpływa utrzymanie czystości w jelitach, a do tego woda jest niezbędna.

Zdrowie

Odpowiednia woda ma działanie przeciwutleniające. Przeciwutleniacze nie tylko odmładzają komórki, ale też chronią je przed szkodami, jakie wyrządzają wolne rodniki. Na nasze zdrowie i na zdrowienie wpływa również równowaga kwasowo-zasadowa środowiska wewnętrznego, która, jeśli nie pijemy odpowiednio dużo, jest zaburzona. Dla zachowania zdrowia istotna jest także sprawna eliminacja toksyn z organizmu, co bez odpowiedniej ilości wody nie jest możliwe. Pijąc wystarczającą ilość wody, zmniejszamy ryzyko pojawienia się m.in. chorób serca, układu krążenia czy nowotworowych.

Wszystkie wyżej wymienione korzyści płynące z picia wody są ze sobą powiązane lub wynikają jedna z drugiej, dlatego podkreślam, że nawadnianie jest ważne niezależnie od tego, czy mamy w planie detoks, czy nie. Jego dobroczynne działanie zobaczymy szybko – poprawi się nasze samopoczucie i wygląd cery, a wiadomo, że „co na zewnątrz, to i wewnątrz".

Często słyszę: „Pani tak świeżo wygląda". Dlaczego? Bo piję systematycznie alkaliczną antyoksydacyjną wodę.

Jaką wodę pić

Podobnie jak ważna jest jakość pożywienia, tak ważna jest jakość wody, którą pijemy.

Poza tym, że musi być wolna od zanieczyszczeń biologicznych i innych, powinna mieć kilka dodatkowych parametrów, które wykazują również płyny w naszym organizmie – różnią się jedynie wartościami.

Większość z nas powie „woda to woda", lecz woda wodzie nierówna i poza tym, że zawiera minerały, ma także inne cechy charakterystyczne, które czynią ją wodą prozdrowotną lub nie.

Najlepsza dla nas jest woda alkaliczna, czyli mająca zasadowe pH (≥7,5). Poza tym ważne są: ujemy redox (nadający wodzie cechy antyutleniacza), struktura, niskie napięcie powierzchniowe i odpowiednia temperatura (zbliżona do temperatury ciała). Woda mająca takie cechy może być łatwo wykorzystana przez organizm, który nie musi niepotrzebnie zużywać energii, aby dostosować ją do formy, w jakiej mogą z niej korzystać nasze komórki. Dość powszechnie mówi się o wodzie mającej wszystkie takie parametry „woda żywa".

Każdy, kto zechce spróbować takiej wody i będzie ją pił przez miesiąc lub dwa, odczuje różnicę. Potem już nie zechce wrócić do zwykłej, „martwej" wody.

To, że woda zawiera minerały, jest dla nas oczywiste, lecz wyżej wymienione parametry nie są jeszcze powszechnie znane... Dlatego krótko o nich napiszę.

Zasadowe (inaczej alkaliczne) pH

Wskaźnik pH mierzy się na skali od 0 do 14.

7 jest wartością neutralną, wartości poniżej 7 określają odczyn kwaśny (im niższe, tym większa kwasowość), a powyżej 7 odczyn zasadowy (im wyższe, tym większa zasadowość). Jeśli chodzi o wodę, wartości te zależą od obecności w niej jonów wodorowych (H^+). Im jest ich więcej, tym kwasowość płynu wzrasta (pH przyjmuje mniejszą wartość!).

Płyny w organizmie (krew, limfa) i środowisko naszych komórek mają odczyn lekko zasadowy, z wyjątkiem zaledwie kilku miejsc, np. wnętrza żołądka (kwas solny) czy wnętrza pęcherza moczowego (kwaśny odczyn moczu wynika właśnie z wydalenia do niego nadmiaru „kwasowości" z pozostałych obszarów ciała). Organizm robi wszystko, aby ten zasadowy odczyn utrzymać w tkankach i komórkach. Priorytetem jest oczywiście utrzymanie zasadowego pH krwi, w dodatku w bardzo wąskim przedziale, od 7,35 do 7,45. Dzięki takiemu stabilnemu pH krew jest buforem dla każdego zakamarka i każdej tkanki. Jeśli gdzieś chwilowo procesy metaboliczne ulegną zaburzeniu i dojdzie do szkodliwego zakwaszenia, napływająca krew zasadowa może zneutralizować ten chwilowy nadmiar substancji kwaśnych. Z kolei krew sama w sobie ma kilkanaście mechanizmów buforujących, czyli, upraszczając – odnawiających jej pH w tym wąskim zakresie, aby móc non stop „odkwaszać" tam, gdzie przepływa, konkretne tkanki. Najprościej można sobie to wytłumaczyć na przykładzie zakwasów po nadmiernym wysiłku, zwłaszcza na głodzie tlenowym czy u osoby bez kondycji. Podczas takiego beztlenowego wysiłku paliwo (glukoza) spalane jest niecałkowicie w komórkach mięśniowych, a produktem tego spalania jest kwas mlekowy. Przez kilka dni bolą nas mięśnie, bo tyle czasu trwa oczyszczenie mięśni z nadmiaru tegoż kwasu, a do tego niezbędna jest krew. To ona zabiera, wypłukuje, oczyszcza. Chociaż tak naprawdę robi to zawarta w niej woda. Gdyby była kwaśna, nie zabrałaby kwasu. Czysta chemia! Podobnie, tylko może mniej boleśnie, ale za to przewlekle w każdej tkance powstają różnego rodzaju kwasy (np. kwas moczowy). Trzeba więc je stamtąd wypłukać. Jeżeli nie wystarczy do tego zdrowy tryb życia, trzeba pomóc organizmowi, przeprowadzając alkalizujący detoks.

Do neutralizacji kwasów wykorzystywane są pierwiastki alkaliczne – magnez, wapń, potas. Dostarczamy je z jedzeniem i piciem. Jeśli ilość nie jest wystarczająca, to pobierane są one z różnych części ciała, aby krew pozostała alkaliczna. Zakwaszenie krwi oznaczałoby bowiem koniec życia. Tym samym utrzymanie poziomu lekkiej zasadowości krwi może odbywać się kosztem powstawania niedoborów minerałów w komórkach i wskutek tego zakwaszenia środowiska wewnętrznego organizmu poza krwią. Dlatego często mamy prawidłowe wartości pH we krwi, podczas gdy komórki i ich bliskie otoczenie cierpią z powodu miejscowego spadku wartości pH poniżej 7,35. Są to często zmiany chwilowe, nie można ich zmierzyć

– trzeba by zrobić biopsję lub nakłuwać ciało. Istnieje co prawda metoda polegająca na pomiarze pH wewnątrz krwinek czerwonych ze świeżo pobranej krwi, lecz nie jest ona dostępna w Polsce. To właśnie, między innymi, takie badania wykazały, że mimo iż pH samej krwi jest prawidłowe, wewnątrz krwinek możemy mieć zakwaszenie. A skoro w krwinkach czerwonych, to i zapewne w wielu innych taka konstelacja pH jest możliwa.

Dlatego to, co jemy i pijemy, powinno sprzyjać zachowaniu równowagi kwasowo-zasadowej w organizmie.

Niebagatelne znaczenie ma jakość wody, którą pijemy, bo przecież większość napojów (soki w kartonach, kawa, herbata, mleko przemysłowe) jest zakwaszająca, a zneutralizowanie kwasów nie zachodzi w proporcji 1:1. To znaczy, że kiedy wypijamy filiżankę kawy, aby zneutralizować jej kwasowość, nie wystarczy filiżanka alkalicznej wody.

Woda alkaliczna ma jeszcze inne zalety. Jedną z ważniejszych jest to, że rozpuszcza sole kwasu moczowego, co ułatwia ich wydalenie z organizmu. Nieraz słyszałam o tym, że po jakimś czasie picia wody alkalicznej ustąpiły bóle stawów. Nic w tym dziwnego, skoro tym sposobem stawy zostają oczyszczone z gromadzących się w nich soli kwasu moczowego. Ponadto woda alkaliczna neutralizuje gromadzące się z czasem w ciele inne kwaśne zanieczyszczenia. Łatwo też rozpuszcza inne toksyny, dzięki czemu mogą być one wydalone przez nerki.

Kolejną zaletą wody alkalicznej jest wysoka zawartość tlenu. W takiej wodzie stężenie jonów wodorowych H^+ maleje (im jest mniejsze, tym pH wody wyższe), rośnie natomiast stężenie jonów hydroksylowych OH^- (lub inaczej jonów wodorotlenowych). Woda alkaliczna ma więc wpływ na dotlenienie krwi, a poprzez nią wszystkich komórek naszego ciała. Skala, na której wyrażamy pH roztworów (w tym pH krwi), jest logarytmiczna, a nie liniowa. Oznacza to, że zmiana o 0,1 na skali w istocie zmienia wartość wielokrotnie (a nie o 0,1), więc nawet kiedy weźmiemy 2 skrajne wartości poprawne dla pH naszej krwi (7,35–7,45), okazuje się, że nasycenie krwi tlenem przy wartości najwyższej 7,45 jest wyższe niż w przypadku wartości pH niższej (więcej jonów wodorotlenowych OH^-).

Ma to znaczenie dla procesów zachodzących w organizmie, dla naszego samopoczucia, dla wytwarzania środowiska niesprzyjającego powstawaniu chorób.

Delikatnie zasadowe pH sprzyja zdrowiu i dobremu samopoczuciu, a jednym z istotnych elementów dbania o zasadowe środowisko wewnętrzne jest picie wody alkalicznej o pH co najmniej równym lub większym niż 7,5.

Woda taka wspaniale przygotuje organizm do detoksu, ponieważ już samo jej picie (z uwagi na powyższe jej właściwości) zapoczątkowuje proces detoksykacji. Po oczyszczaniu natomiast sprzyja utrzymywaniu czystości płynów ustrojowych i środowiska komórek.

Ujemny redox (ORP)

Redox to inaczej ORP (określenia te używane są zamiennie), czyli potencjał oksydacyjno-redukcyjny (*Oxidation Reduction Potential*). Pojęcie to stanie się bardziej jasne, jeśli pomyślimy o wolnych rodnikach tlenowych, będących produktem procesów utleniania. O wolnych rodnikach każdy z nas pewnie słyszał, podobnie jak o przeciwdziałaniu ich niszczącej aktywności przy wykorzystaniu antyutleniaczy. Potencjał ORP decyduje o charakterze utleniającym lub antyutleniającym (czyli redukującym) roztworu. Mierzony jest w mV (miliwoltach) i zależy od obecności w wodzie tzw. aktywnego wodoru (silny antyutleniacz). Mówi się, że taka woda jest nasycona wodorem i ma zdolność redukcji wolnych rodników w organizmie.

Wartości dodatnie ORP oznaczają, że roztwór ma cechy utleniacza (pobiera elektrony), a im bardziej ujemna jest wartość potencjału, tym większe właściwości przeciwutleniające (przeciwutleniacz oddaje elektrony wolnym rodnikom). Znanym przeciwutleniaczem są np. witaminy C, E, wiele substancji pochodzenia roślinnego (flawonoidy) itd., ale czy wiedzieliście, że także czysta, odpowiednia woda? Jednak może być też utleniaczem, jeśli jej potencjał redox jest dodatni? Tak więc podobnie jak inne przeciwutleniacze woda może odmładzać nasz organizm, o ile jej redox jest ujemny. Kiedy jest dodatni, staje się utleniaczem i jak każdy utleniacz przyspiesza procesy starzenia się. Metal pozostawiony w wodzie o ORP dodatnim po kilku dniach pokryje się rdzą właśnie w wyniku procesów utleniania.

Wewnątrz naszego organizmu środowisko płynów ma ujemne wartości ORP. Jeśli więc pijemy wodę (lub inne płyny) o dodatnim ORP, organizm musi zużyć pewną porcję energii (z ATP uprzednio wytworzonego w mitochondriach), by ją przekształcić na taką wodę jak w tkankach lub cytoplazmie komórek, czyli o odpowiednio ujemnym ORP. Tego wymaga bowiem nasze środowisko wewnętrzne. Są to fakty naukowo udowodnione, chociaż wciąż mało znane. Kwestią tą zajmowali się głównie naukowcy japońscy, badający zjawiska ORP w latach 80. i 90. XX wieku, Stopniowo jednak wiedza ta jest coraz bardziej powszechna w Stanach Zjednoczonych i Europie. Badania te wpisują się w całe spektrum badań dotyczących stresu oksydacyjnego, szkód wyrządzanych przez wolne rodniki, takich jak mutacje DNA i powstawanie nowotworów czy nasilenie procesów starzenia się pod wpływem stresu oksydacyjnego.

Woda o ujemnym redox występuje w źródłach naturalnych – słynnych na świecie ze swoich właściwości regenerujących i uzdrawiających, jak np. we Francji (Lourdes), w Meksyku (Tlacote), w Niemczech (Nordenau), w Indiach (Nadana) i innych.

Warto wiedzieć, że woda z wodociągu i wody butelkowane mają charakter utleniacza, czyli dodatnie ORP. Jak łatwo się domyślić, różne napoje dostępne w sklepach mają jeszcze wyższe wartości dodatnie ORP, sięgające nawet do +500mV i więcej. Wody antyutleniające mają –100, –200, a nawet –500mV.

Życie to ciągły ruch i wymiana elektronów. Utleniaczom brakuje elektronów, które mogą być uzupełnione poprzez zabranie ich z wielu różnych związków chemicznych naszych komórek, co powoduje upośledzenie ich funkcji, a nawet trwałe uszkodzenie. Jednak kiedy dostarczamy do organizmu antyutleniacze (mające wolne elektrony do oddania), możemy w znacznej mierze zapobiegać zniszczeniom. Ponieważ reakcje utleniania (i redukcji) zachodzą w nas ciągle, wolne rodniki, o ile znajdą się w chwilowej przewadze i nie ma ich czym zneutralizować (zredukować), w danym miejscu mogą uszkadzać te cząsteczki naszych komórek, które są niezbędne, ale nie mogą „oprzeć się" sile takiego wolnego rodnika. Dlatego ważne jest, by dostarczać organizmowi dostatecznie dużo antyoksydantów przeciwdziałających tym procesom. Woda o ujemnym redox jest właśnie jednym z możliwych elementów systemu antyoksydacyjnego. Możemy zapobiegać zniszczeniom wewnątrz naszego organizmu, m.in. pijąc antyoksydacyjną (o ujemnym ORP) wodę, która ma udowodnione silne właściwości prozdrowotne. Na marginesie warto dodać, że biorąc pod uwagę to, co napisałam powyżej, przypadki uzdrowień u osób pijących regularnie wodę z „cudownych źródeł" wcale nie są tak cudowne, choć właściwości wody, np. redox, nie są jeszcze do końca poznane. Z całą pewnością im niższy potencjał redox, tym silniejszym antyutleniaczem jest woda.

Struktura wody

Cząsteczki wody pogrupowane są w większe cząsteczki, tzw. klastry. Wynika to z naukowo poznanych właściwości cząsteczki wody, która jest bipolarna. Dzięki temu, że ma w sobie 1 atom tlenu i 2 atomy wodoru, układają się one względem siebie tak, że można w takiej pojedynczej cząsteczce H_2O obserwować biegun ujemny i biegun dodatni. Oczywiście siła tej biegunowości jest niewyobrażalnie mała, wystarcza jednak, by cząsteczki wody wzajemnie się odpychały lub przyciągały, w wyniku czego dochodzi do tworzenia się różnej wielkości klastrów lub ich rozbijania.

Klastry wody z wodociągu składają się z 10–16 cząsteczek. Nasz organizm, aby taką wodę wykorzystać, wydatkowuje energię, ponieważ musi zmienić tę strukturę na mniejsze formacje. Im mniejsze bowiem są klastry (skupiska) cząsteczek wody, tym łatwiej przenika ona przez błony komórkowe. Woda „zbudowana" tak jak ta z wodociągu nie zdołałaby przeniknąć przez membranę komórki, bo jej klastry są po prostu za duże. Pewnie słyszeliście o mrożeniu wody, które powoduje powstanie formacji złożonych z sześciu cząsteczek (sześciokątnych). Zamrożenie wody zmniejsza energię kinetyczną pojedynczych cząsteczek H_2O i struktura wody przyjmuje najbardziej stabilną formę, którą, jak się okazało, jest klaster 6-cząsteczkowy, wtedy bowiem siły bipolarne H_2O są w najbardziej naturalnym, optymalnym ustawieniu. Woda o takiej budowie, czyli złożona z 6-cząsteczkowych klastrów, jest dla naszego organizmu optymalna. Nazywamy ją wodą strukturalną. Podobne struktury molekularne wody mają także świeże soki z warzyw i owoców, płatki śniegu czy też woda alkaliczna. Ktoś mógłby pomyśleć, że w takim razie zamiast wody można pić soki. Nie, ponieważ sok jest mieszaniną wody i mnóstwa innych składników, zatem woda z soków trafi do naszych komórek dopiero po kilku godzinach, bo organizm wcześniej musi tę wodę z soku „wydobyć". Aby więc zapewnić swobodny przepływ płynów między komórkami, potrzebujemy czystej wody. Najlepiej alkalicznej.

Niskie napięcie powierzchniowe

Woda o niskim napięciu powierzchniowym jest dobrym transporterem i dobrym rozpuszczalnikiem. Innymi słowy, łatwo rozpuszcza i łatwo przenika. Napięcie powierzchniowe związane jest ze strukturą wody. Woda o klastrach składających się z 6 cząsteczek ma zatem niższe napięcie powierzchniowe aniżeli woda, której klastry skupiają 10 i więcej cząsteczek. Mówi się, że taka woda jest bardziej płynna lub ciekła, albo mniej gęsta. Gdybyśmy położyli coś lekkiego na wodzie o wysokim i niskim napięciu powierzchniowym, zaobserwowalibyśmy, jak w tej pierwszej to coś tonie nieco wolniej albo nawet utrzymuje się na powierzchni.

Lepsze przenikanie wody przez błony komórkowe ma znaczenie dla odżywiania, dotleniania komórek oraz dla rozpuszczania i odprowadzania szkodliwych produktów przemiany materii, kwasów czy innych toksyn. Napięcie powierzchniowe wody alkalicznej jest podobne do napięcia powierzchniowego krwi, dlatego taka woda łatwo przedostaje się do krwi i sprawia, że krew jest bardziej płynna lub, jak kto woli, mniej gęsta, co wpływa korzystnie na odżywianie komórek i wyprowadzanie toksyn.

Temperatura wody

Temperatura ludzkiego ciała to około 36,6°C. Kiedy pijemy zimną wodę, organizm musi zużyć energię, aby dostosować jej temperaturę do środowiska wewnętrznego. Jest to zupełnie niepotrzebne pozbywanie się energii. Choć często mamy ochotę na zimne napoje, zwłaszcza latem, ten, kto uważnie obserwuje swój organizm, szybko zauważy, że czuje się lepiej, pijąc wodę zbliżoną do temperatury ciała.

Woda ma jeszcze jedną cechę, której nie wymieniłam na początku, ponieważ nie da się do niej zastosować praw fizyki czy chemii. Nie jest więc tak „namacalna", jak wszystko, co możemy sprawdzić za pomocą urządzeń pomiarowych bądź odczynników chemicznych. Japoński naukowiec Emoto Masaru opublikował prace dotyczące zmiany struktury wody pod wpływem muzyki, emocji, słów, myśli. Czasem tworzy ona piękne formacje podobne do płatków śniegu, innym razem chaotyczny zlepek cząsteczek bardziej przypominający wodę z kanalizacji. Oznaczałoby to, że woda, jak żywy organizm, reaguje na pozytywne bądź negatywne bodźce, a także na to, z czym się styka. Dlatego m.in. w dalszej części, gdzie piszę, skąd wziąć odpowiednią wodę, polecam przede wszystkim wodę uzyskaną w procesach hydrolizy naturalnej, a nie z wykorzystaniem prądu (elektroliza). Jeśli kogoś interesują doświadczenia związane z wodą i zmianami jej struktury – odsyłam do książek i filmów dokumentalnych poświęconych temu tematowi dostępnych w internecie.

Japońscy naukowcy odkryli też, że struktura molekularna wody przez pewien czas pozostaje taka sama, w związku z tym mówi się, że woda ma pamięć. Pamięć ta jest kasowana np. poprzez mrożenie, pod którego wpływem woda o klastrach składających się z 10 czy 16 cząsteczek przyjmuje budowę sześciocząsteczkową.

Ciekawe, jak zachowuje się woda w naszym organizmie, kiedy doświadczamy negatywnych emocji typu złość, a jak wtedy, kiedy odczuwamy np. wdzięczność. Mam nadzieję, że kiedyś temat ten doczeka się szerszych opracowań.

W jaki sposób pić wodę

Wodę należy pić powoli, małymi łyczkami, a nie duszkiem, by organizm mógł ją wykorzystać, nie obciążając układu krążenia i nerek.

Wodę najlepiej pić pół godziny przed jedzeniem i na pusty żołądek, a jeśli po jedzeniu, to minimum 2 godziny po nim (po posiłku warzywnym lub owocowym czas ten można skrócić do 1 godziny). Po pierwsze, szybko przepływa wówczas do dwunastnicy i jelita cienkiego, a dopiero tam się wchłania (nie zalega więc w żołądku z pokarmem). Jest też łatwiejsza do wchłonięcia, czyli wykorzystania przez organizm, i lepiej nawadnia. Po drugie, uzupełnia płyny (w tym te potrzebne do produkcji kwasu żołądkowego) i ktoś, kto przestrzega optymalnego czasu picia wody, po pewnym czasie stwierdzi, że nie musi popijać jedzenia. Po trzecie, zachowując odpowiedni odstęp między jedzeniem a piciem, nie rozcieńczamy soków żołądkowych, nie wypłukujemy z kwaśnego żołądka enzymów takich jak pepsyna do zasadowej dwunastnicy, gdzie pepsyna przestanie działać. Tak więc nie zaburzamy naturalnej kolejności procesu trawienia. Białka muszą być wstępnie strawione w mocno kwaśnym soku żołądkowym, a ten nie potrzebuje do tego nadmiaru wody. Sam radzi sobie doskonale!

Ale przecież zupa także zawiera wodę. Tak, potrawy są bardziej lub mniej płynne. Nie tylko zupy, ale też koktajle czy owoce, np. arbuz, zawierają około 90 procent wody, jednak rozpuszczonych jest w niej wiele składników odżywczych, które wymagają obróbki enzymatycznej i organizm musi uruchomić trawienie, zaczynając od produkcji śliny, poprzez właściwą koncentrację enzymów i pH w żołądku. Robi to odruchowo, po rozpoznaniu składu chemicznego jedzenia już w kubkach smakowych języka i mnóstwa receptorów chemicznych. Woda natomiast nie wymaga trawienia, jeśli pijemy ją na pusty żołądek, organizm uznaje, że nie ma nic do trawienia enzymatycznego, i pozwala wodzie płynąć dalej przewodem pokarmowym do tych miejsc, gdzie czysta woda (H_2O) ma być wchłonięta.

Ziarna, kasze, które gotujemy, także wchłaniają wodę (widać to, bo zwiększają objętość), tyle że wówczas skrobia (węglowodany) są przemieszane z wodą i spowalniają jej wchłanianie. Dlatego woda w tym, co jemy, mniej nas interesuje, jeśli mówimy o nawadnianiu, bo nasz organizm przede wszystkim potrzebuje czystej wody. Spróbujmy dwa razy zjeść to samo – raz popijając posiłek 2 szklankami wody (tak dużo, aby łatwo było zaobserwować różnicę), a innym razem, wypijając 2 szklanki wody nie wcześniej niż 2 godziny po jedzeniu. Jestem pewna, że każdy zauważy różnicę w samopoczuciu i przebiegu trawienia, zwłaszcza jeśli posiłek zawiera białko zwierzęce, które, aby zostać porządnie strawione, musi długo mieć kontakt z sokiem żołądkowym o niskim pH.

Potrzeba popijania wynika najczęściej z tego, że nie chce nam się dokładnie gryźć. Jeśli dokładnie i długo gryziemy pokarm, wydziela się dużo śliny i popijanie nie jest już potrzebne. Dodatkową zaletą jest to, że jemy wtedy wolniej, a jedząc wolniej, najadamy się mniejszą ilością. Nie mówiąc o tym, że przyswajanie wartości z dobrze strawionego pożywienia (a proces trawienia np. węglowodanów zaczyna się już w jamie ustnej) jest znacznie bardziej efektywne. Same korzyści!

Reasumując – jeśli zaczniemy dbać o odpowiedni odstęp czasu pomiędzy jedzeniem a piciem, zniknie wiele problemów związanych z układem pokarmowym.

Jak dużo wody pić

Niestety nie ma jednej miary dla każdego ani nawet jednej miary dla tego samego człowieka, lecz w różnych dniach. Ilość wypijanej wody zależy bowiem nie tylko od wagi ciała, ale też od stylu życia, wilgotności i temperatury powietrza i od tego, co danego dnia jemy.

Przeciętnie jednak możemy przyjąć, że człowiek potrzebuje 30 mililitrów wody na kilogram wagi ciała na dobę, a więc osoba ważąca 50 kilogramów potrzebuje uzupełnienia ok. 1,5 litra wody, a ktoś, kto waży 70 kilogramów, nieco ponad 2 litrów. I niestety, ten, kto waży 140 kilogramów, musi wypijać około 4 litrów. To może wydawać się obciążeniem dla nerek, jednak „do przepłukania" z toksyn jest wówczas 140 kilogramów masy tkanek. Pamiętajmy, że nerki mają duże rezerwy wydolności.

Bardzo dobrym wyznacznikiem mówiącym nam, czy nie robimy z siebie kaczek, bądź odwrotnie, czy nie zasuszamy się jak śliwki, jest kolor moczu, który nie powinien być ani zupełnie przezroczysty (może to świadczyć o tym, że pijemy za dużo), ani intensywnie żółty czy wręcz ciemnożółty (co świadczy o zbyt małej ilości wypijanej wody). Optymalna jest barwa słomkowa (delikatnie żółtawa, jak kolor słomy). Im mocz ciemniejszy, tym nawodnienie słabsze.

Wiedząc o przeciętnej normie 30 mililitrów na kilogram wagi ciała i obserwując przez kilka dni kolor swojego moczu, łatwo ustalimy, jak dużo wody powinniśmy pić.

Na przykład: ja mam normę 1,5 litra wody dziennie jako minimum (ważę 59–60 kg), a w zależności od innych czynników zapotrzebowanie to wzrasta (jeśli bardziej intensywnie się ruszam, gdy jest gorąco itp.).

Możemy też nieco uogólnić minimalną ilość potrzebnej nam wody, przyjmując, że osoby dorosłe ważące więcej niż 100 kilogramów powinny wypijać 3 litry, czyli 12 szklanek wody dziennie. Ważące więcej niż 70 kilogramów powinny wypijać 2 litry, czyli 8 szklanek wody dziennie. Ważące więcej niż 55 kilogramów – 1,5 litra, czyli 6 szklanek wody dziennie. A ci z nas, którzy ważą 55 kilogramów lub mniej, 1,25 litra, czyli 5 szklanek dziennie.

Są oczywiście osoby (np. chorujące na nerki), które nie mogą stosować przeciętnych norm, powinny więc skonsultować się z lekarzem. Być może trzeba kontrolować poziom elektrolitów, zbadać mocz. Takie osoby też mogą przeprowadzić detoks, lecz pod fachową opieką.

Skąd wziąć odpowiednią wodę

Dziś nie musimy już jechać do Francji czy Meksyku, by korzystać z prozdrowotnych właściwości antyoksydacyjnej wody alkalicznej. Możemy stale mieć ją pod ręką, korzystając z rozwiązań dostępnych na rynku i dostosowując je do naszych warunków oraz potrzeb.

Jednym z takich rozwiązań są saszetki z piaskiem z koralowca coral-mine®, dostępne w firmie sieciowej (zakup przez dystrybutorów firmy, także przez internet). Woda ta potocznie nazywana jest wodą koralową lub z koralowcem. Malutkie saszetki zalane wodą z kranu powodują, że po 20 minutach woda nabiera właściwości antyoksydacyjnej wody alkalicznej.

Innym rozwiązaniem są specjalne wkładki do butelek (naczyń) z wodą, tzw. generatory aktywnego wodoru (np. generator Avatari Aqua®). Generator ten zawiera wewnątrz obudowy z otworami (by mieć kontakt z wodą) granulki z krzemianów i kryształy kwarcu. Takie wkładki wrzucamy do butelki i podobnie jak w przypadku coral-mine®, woda, poprzez kontakt z ich zawartością, nabiera właściwości „żywej wody".

Obydwa powyższe rozwiązania stosuję sama i polecam znajomym, są tanie, wygodne, a woda ma znakomite parametry.

Kolejną opcją są jonizatory wody. Jest ich kilka rodzajów, a wśród nich przenośne i stacjonarne – montowane na stałe w przebiegu rur ze zwykłego wodociągu doprowadzających wodę do kranu). Najbardziej polecam jonizatory, które również wykorzystują minerały z kryształów i kamieni, podobnie jak dwa powyższe rozwiązania). Takie jonizatory montowane są na stałe, pojawiają się też jednak termosy z wkładkami z minerałów. Wspominam o tym, ponieważ w sprzedaży znajdziemy także jonizatory wykorzystujące proces elektrolizy (takie są i w wersji przenośnej, i montowane na stałe). Ja polecam raczej to, co pochodzi z natury, jednak jonizatory wykorzystujące elektrolizę najczęściej są tańsze niż te „naturalne". Więc to nie tylko kwestia zwykłej, prostej decyzji, ale także możliwości. Pamiętajmy, że jonizatory z naturalnymi wkładkami kryształów i kamieni wymagają przeciętnie raz na pół roku serwisowania, ponieważ wkładka się zużywa i trzeba ją wymieniać. Z kolei jonizatory działające w oparciu o proces elektrolizy mają dodatkową funkcję – wytwarzają wodę kwaśną. Przydaje się to czasami w gospodarstwie domowym, a także do mycia produktów.

Jeśli ktoś ma rodzinę i uzna, że wygodniejsze będzie korzystanie z jonizatora niż czekanie na przygotowanie wody przy użyciu wkładki do butelek (generatora) lub saszetek z piaskiem z koralowca, lepiej mieć taki oparty na elektrolizie niż żaden. Choć nie wszystkie parametry najlepszej wody będą spełnione, to na pewno można w nim uzyskać wodę o alkalicznym pH i antyoksydacyjną (czyli o ujemnym potencjale redox).

Na naszym rynku pojawiła się też woda z polskiego źródła w Humniskach koło Krosna. Nazywa się Java, ma pH 9,2, jest więc mocno alkaliczna. Można ją kupić przez internet, a także w niektórych sklepach. Przy źródle (jeśli tam będziecie, koniecznie jej spróbujcie) woda ta ma redox –300mV, jednak im więcej czasu mija od zaczerpnięcia wody ze źródła, tym potencjał redox jest mniejszy. Wynika to z zaburzenia struktury klastrowej wody, o której pisałam wcześniej, trudno więc powiedzieć, jaki on będzie po dłuższym przechowywaniu w magazynach czy sklepach, choć nigdy nie będzie tak wysoki jak potencjał zwykłej wody (niemającej powyżej opisanych cech). W sprzedaży oprócz butelkowanej wody Java są wygodne 10-litrowe kartony z kranikiem, a także butle 19-litrowe z wymienną pompką. Korzystałam z nich przez dłuższy czas.

To zapewne nie są jedyne rozwiązania, niedawno znalazłam np. informacje o innych alkalicznych wodach antyoksydacyjnych, które już pojawiły się w Polsce, czy to z importu, czy z rodzimych ujęć (np. woda o sympatycznej nazwie Potencjałka). Każdy sam musi wybrać najlepsze rozwiązanie, biorąc pod uwagę wygodę, cenę, stopień użyteczności.

Pozytywnie zaskoczyła mnie woda alkaliczna, miałam więcej energii. Zazwyczaj w drodze do pracy ucinam sobie małą drzemkę, a pierwszego dnia czułam się jak po dobrej kawie... Samopoczucie super.

*

Piję wodę alkaliczną od tygodnia, a już po 3 dniach nastąpiła w moim organizmie duża zmiana, dla mnie bardzo ważna, ponieważ od 3 lat miałam bardzo duże problemy z wypróżnianiem się. Jeśli szłam do WC raz na tydzień, to był cud. Przy tym oczywiście ból brzucha, czułam, że „puchnę" każdego dnia coraz to bardziej. Teraz chodzę 2 razy dziennie i czuję się świetnie. Widzę również, że moja skóra się zmienia, jestem mniej zmęczona. Jestem szczęśliwa, że mogę pić wodę, i nie mogę się doczekać, kiedy zacznę detoks.

*

Czuję się po prostu ożywiona (to na pewno woda alkaliczna...), moja skóra jest bardziej dotleniona, nawet rumiana, trawienie coraz bardziej uregulowane.

*

Od kiedy zaczęłam pić wodę alkaliczną, a więc od 3 tygodni, nie czuję zmęczenia. Wcześniej o 20.00 padałam. Stan mojej skóry się poprawił. Jest bardziej gładka, mniej wysuszona. Czuję się pełna energii. Nie umiem tego dobrze opisać, ale wewnętrznie jestem inna. No i oczywiście 3 kilogramy w dół. Rewelacja.

*

Piję dużo wody, bo tak zalecił urolog (przebyty rak nerki) i dietetyk, i świadomość, że bez wody ani rusz, mam od dawna. Woda alkaliczna zrobiła na mnie spore wrażenie. Niby nie ma smaku, ale jednak ma. Jest zdecydowanie „bardziej wilgotna", jeśli można to tak określić, i czuję się po niej świetnie. Wodę będę piła również po detoksie, bo widzę jej zbawienne działanie. Zauważyłam, że spłycają mi się zmarszczki i skóra lepiej wygląda. Myślę, że nawodnienie organizmu zwykłą wodą nie daje takich efektów, bo przecież piłam wodę każdego dnia, a dopiero przy tej zauważyłam poprawę. Dodatkowo robię na tej wodzie maseczki. Przekonałam do picia wody męża, który ma nadwagę, i po trzech miesiącach brzuch mu się trochę zmniejszył. Polecam!

*

Nie oczekiwałam niczego specjalnego po piciu wody alkalicznej. Tymczasem zdecydowanie wygładziły mi się zmarszczki, a skóra stała się bardziej napięta. O dziwo, sylwetka jakby smukleje, choć jestem szczupła, ale widzę wyraźną zmianę. Mam też jeszcze więcej energii niż wcześniej. Trawienie też jakby się poprawiło, bo chodziłam wcześniej do toalety raz, a teraz dwa razy dziennie.

*

Miałam poważne problemy z jelitami, towarzyszyły temu alergie pokarmowe na wiele produktów i miałam pokrzywkę na całym ciele. Po zrobieniu różnych badań okazało się, że miałam zakwaszony i zagrzybiony organizm i nieszczelne jelita. Oczywiście zmieniłam dietę, odstawiłam gluten. Zaczęłam pić wodę alkaliczną, która dodatkowo pomogła mi odkwasić organizm. Na początku czułam się słabo, bo oczyszczałam organizm i przechodziłam detoks, ale potem było już lepiej. Stosuję z wodą alkaliczną naturalne suplementy i większość dolegliwości ustąpiła. Z każdym dniem czuję, że mój stan zdrowia się poprawia.

*

Zaczęłam codziennie spożywać wodę alkaliczną i poczułam dodatkową energię. Wcześniej wstaję i mam sprawniejsze ciało. Zauważyłam, że od momentu picia wody mam mniejszą ochotę na podjadanie między posiłkami.

*

Jestem już w podeszłym wieku, mam 65 lat i od wielu lat miałem problemy z wysokim ciśnieniem. Lekarze przepisywali mi leki, które powodowały różne skutki. Ciśnienie mierzę sobie regularnie rano i wieczorem i muszę powiedzieć, że odkąd piję wodę alkaliczną, to moje ciśnienie obniżało się tak, że mogłem zmniejszyć dawki leków. Zdziwiłem się, kiedy po 2 miesiącach ciśnienie tak się uregulowało, że wcale nie muszę już brać tabletek. Częściej chodzę do toalety, co mnie nawet ucieszyło, bo wcześniej miałem zaparcia. Dodatkowo poprawił mi się wzrok.

Jak zacząć pić odpowiednią ilość wody

Wiele osób ma z tym problem. W książce *Alkaliczny styl życia* radziłam, by zawsze mieć pod ręką wodę, jednak nie wszystkim to wystarcza. Proponuję, by z picia zrobić stały rytuał. Sama tak zrobiłam.

Dzień zaczynam od popijania ciepłej wody. Robię to podczas porannej krzątaniny. Picie wody rano jest bardzo ważne, ponieważ nocą nie pijemy, za to oddychamy i się pocimy, a jedną z pierwszych czynności po przebudzeniu jest oddanie moczu, trzeba więc uzupełnić płyny. Woda pita rano szybko spełnia to zadanie i przygotowuje narządy wewnętrzne do pracy przez cały dzień. Jest też zastrzykiem energii (bo przecież dotlenia, pobudza krążenie). Są osoby, które po wprowadzeniu tego zwyczaju zrezygnowały po jakimś czasie z porannej kawy.

Kiedyś na czczo wypijałam szklankę wody, teraz są to 2 szklanki, a zdarza się, że więcej. To najlepszy początek dnia.

W ciągu dnia, kiedy poczuję pierwszy delikatny głód (przed obiadem, a potem przed kolacją), zaczynam popijać wodę – za każdym razem po 2 szklanki ciepłej alkalicznej, antyoksydacyjnej wody. To właśnie nazywam rytuałem – popijanie wody przed każdym posiłkiem. Robię to mimochodem, kiedy jadę autem, wodę zawsze mam przy sobie. Kiedy pracuję, popijam ją, siedząc przy komputerze i nie odrywając się od pracy. Na dworze woda nie zawsze ma odpowiednią temperaturę. Jeśli jest za zimna, picie małymi łyczkami nieco neutralizuje temperaturę. Gdy jesteśmy w domu czy w pracy, dolewajmy do wody odrobinę wrzątku, by uzyskać przyjemnie ciepłą temperaturę (tak jest najprościej nawet mimo utraty odrobiny alkaliczności czy redox). Jak łatwo policzyć, przed trzema posiłkami wypijam łącznie 3,5 litra wody. To, czy piję więcej, zależy od dnia, pogody, pory roku, od tego, czy uprawiam sport itd. Popijam też dodatkowo różne herbatki ziołowe lub rooibos, ale priorytet ma woda. Takie „uporządkowane" picie wody bardzo dobrze mi zrobiło i być może pomoże również wam. W ogóle nie czuję też potrzeby popijania w trakcie posiłku czy po nim, co kiedyś zdarzało się często.

Często słyszałam pytanie, jak to zrobić, by pić wodę pół godziny przed posiłkiem i nie pić jej po jedzeniu, oraz zarzuty, że życie kręci się wtedy wokół pilnowania pory picia wody. Nie jest tak, jeśli wyznacznikiem tego, kiedy zaczynamy pić, jest pierwsze delikatne odczucie głodu (pamiętajcie, by odróżniać głód od pragnienia). Wtedy niczego nie musimy pilnować, a jedynie słuchając siebie, zacząć popijać wodę, zamiast sięgać po przekąskę. Jeśli uczucie „głodu" mija, mamy dowód, że tak naprawdę chciało nam się pić, a nie jeść!

Taki zwyczaj ma więc tę dodatkową zaletę, że nie mamy ochoty na żadną kaloryczną przegryzkę, a woda pozwala nam wytrzymać do właściwej pory posiłku bez podjadania. Dodaje też energii z metabolizmu endogennego.

Problem z wprowadzeniem rytuału pojawia się wtedy, gdy nie jemy śniadania, nie jemy obiadu, a pierwszy posiłek wypada nam dopiero po południu, co w dzisiejszych czasach wcale nie jest takie rzadkie. Taki sposób odżywiania się to najprostsza droga do nadwagi, rozregulowania organizmu, pracy hormonów, układu pokarmowego i pogorszenia ogólnej formy zarówno fizycznej, jak i psychicznej i woda niewiele nam pomoże.

Spróbujcie pić wodę, gdy odbierzecie pierwszy sygnał „głodu" (łaknienia). Jeśli ktoś nie ma zwyczaju picia przed jedzeniem, może zacząć od mniejszej ilości wody przed każdym posiłkiem (np. od pół szklanki), a gdy organizm się przyzwyczai, zwiększyć tę ilość.

Jeśli ktoś nie lubi samej wody, na początek może wrzucić do szklanki plasterek cytryny. Nie może to być miód czy inne dodatki, bo wtedy woda staje się pokarmem i uruchamiają się procesy trawienia enzymatycznego, ponieważ np. miód zawiera sacharozę, którą organizm musi „pociąć" enzymatycznie przed wchłonięciem.

Na koniec przypominam, że mówimy o piciu wody, a nie innych płynów. Mój kolega, który, mimo iż dba o siebie, nie ma nadwagi, uprawia sport itp., ma problemy z odpornością. Kiedy zapytałam go: „A pijesz wodę?", usłyszałam: „Tak, piję herbatę". Pamiętajmy, że herbata ma właściwości diuretyczne, więc odwadnia. Jego organizm musi się ciężko napracować, aby skorzystać choć trochę z wody zawartej w herbacie i zaspokoić swoje podstawowe „wodne" potrzeby. Wiem, iż wiele osób żyje w taki sposób, bo prowadzę indywidualne detoksy i proszę o wypełnienie ankiety, w której m.in. pytam o picie (jakie, kiedy i ile). Nie muszę dodawać, że każda z tych osób cierpi na jakieś dolegliwości.

Spróbujcie pić wodę przez kilka tygodni – bardzo szybko zauważycie efekty.

Nie bagatelizujcie picia wody podczas detoksu i przed nim. Jeśli będziecie dostarczali organizmowi odpowiednią ilość wody, detoks będzie o wiele bardziej skuteczny, a przebieg oczyszczania łagodniejszy.

Odżywianie się przed detoksem

Dieta 7–14 dni (lub więcej) przed detoksem

Bardzo istotnym elementem przygotowania do detoksu jest wprowadzenie zmian w odżywianiu się. Jest to okres, w którym odciążamy układ pokarmowy poprzez wykluczenie z menu pewnych rodzajów pokarmów. Najlepiej, jeśli przygotowanie dietetyczne trwa 7–14 dni (czasem przyda się jeszcze dłuższe), przy czym im dłużej, tym lepiej. Krócej mogą przygotowywać się osoby, które na co dzień odżywiają się prawidłowo, alkalicznie, np. zgodnie z zasadami, jakie opisałam w książce *Alkaliczny styl życia*. Wtedy, ale tylko wtedy, można przeprowadzić przygotowanie 7-dniowe (5 dni diety z eliminacją produktów wymienionych na liście poniżej + 2 dni monodiety oczyszczającej opisanej w dalszej części rozdziału). Jednak nawet takim osobom polecam wydłużenie czasu przygotowania dietetycznego. Tym bardziej że odciążenie organizmu zapoczątkowuje już procesy detoksykacji i procentuje poprawą samopoczucia oraz zwiększeniem efektywności przeprowadzonego później detoksu przy jednoczesnym zredukowaniu negatywnych objawów, jakie często pojawiają się w pierwszych dniach oczyszczania.

W trakcie przygotowania cały czas pamiętajmy o odpowiednim nawadnianiu organizmu.

Moje zalecenia dotyczą nie tylko tego, co jemy, lecz głównie tego, czego nie jemy, ponieważ chodzi o wyeliminowanie produktów, których spożywanie sprzyja produkcji toksyn, same w sobie zawierają niekorzystne substancje lub są alergenami. Poniżej zamieszczam listę tego, czego musicie unikać i tego, co powinniście jeść.

W trakcie 7–14 dni (lub więcej) przygotowania jemy normalnie (z wyjątkiem ostatnich dwóch dni na monodiecie oczyszczającej opisanej dalej), eliminujemy jednak pokarmy wymienione poniżej, z wyjątkiem produktów dopuszczalnych z danej grupy:

- żywność wysoko przetworzona – gotowe dania w pudełkach, torebkach, puszkach o długich terminach przydatności do spożycia oraz gotowe produkty, na których etykiecie znajdziemy nieznane nam nazwy i oznaczenia (najczęściej są to oznaczenia dodatków chemicznych, wypełniaczy, sztucznych aromatów itp.)
- żywność typu fast food (hot dogi, zapiekanki, pizze, hamburgery itp.)
- kostki rosołowe, buliony, przyprawy nienaturalne
- cukier – chodzi nie tylko o słodycze i cukier do słodzenia, ale też ten ukryty w gotowej żywności. Uwaga: cukier występuje pod różnymi nazwami, np. syrop (kukurydziany, glukozowo-fruktozowy i inne), fruktoza, dekstroza, maltodekstryna (skrobia modyfikowana – może być z kukurydzy, ryżu, ziemniaków), cukier gronowy, cukier brązowy, karmel, melasa, syntetyczne lub półsyntetyczne słodziki (sorbitol – E420, acesulfam K – E950, aspartam – E952), laktoza, glukoza i in. Jeśli nie będziemy w tym czasie jedli żywności przetworzonej, możemy być spokojni o zawartość cukru w pożywieniu.

  Dopuszczalna jest gorzka czekolada (>70 procent kakao), miód naturalny. Można używać także stewii
- biała mąka pszenna i wyroby z niej (ciasta, bułki, chleby). **Można jeść** chleb żytni na zakwasie, chleb gryczany, wyroby owsiane, jaglane
- przekąski typu paluszki, czipsy
- mleko oraz sery pleśniowe i żółte

Dopuszczalne są niewielkie ilości serów twarogowych (kozi, owczy) oraz naturalne produkty ukwaszone typu maślanka, jogurt (również niewielkie ilości)*.
Można pić kefir**

- mięso*, wyroby z mięsa (wędliny, konserwy).
  Można jeść jajka*
- ryby*
  Dopuszczalne są niewielkie ilości ryb 1–2 razy w tygodniu*
- tłuszcze zwierzęce.
  Można jeść masło***
- ketchup, majonez
- alkohol
- napoje gazowane, kolorowe, soki w kartonach (poza sokami jednodniowymi)
- kawę i czarną herbatę ograniczamy do 1–2 filiżanek (nie kubków) dziennie. Ale uwaga – albo kawa, albo herbata; jeśli jedno i drugie, to po jednej filiżance (czyli łącznie 2 filiżanki – dla przyjemności, a nie jako używka dla dodania sobie energii)****
  Można pić kilka filiżanek zielonej herbaty.

* Jeżeli przygotowanie trwa dłużej niż 7 dni, to na więcej niż 7 dni przed detoksem możemy jeść jajka, produkty ukwaszone mleczne (maślanka, jogurt), niewielkie ilości serów kozich, owczych i 1–2 razy w tygodniu ryby lub mięso z hodowli ekologicznej. **W ostatnich 7 dniach rezygnujemy z tych produktów całkowicie, jemy tylko produkty roślinne.**

** Kefir możemy pić przez cały czas przygotowania, z wyjątkiem dwóch ostatnich dni na monodiecie oczyszczającej.

*** Niewielkie ilości masła możemy jeść przez cały czas przygotowania.

**** W proponowanych ilościach dopuszczalne są podczas przygotowania, z wyjątkiem dwóch ostatnich dni na monodiecie.

Poza wyżej wymienioną listą produktów, uwzględniając adnotacje zamieszczone pod listą, wszystko inne możemy jeść. Szczególnie warto włączyć do menu:

- dużo warzyw – świeże, gotowane, duszone, pieczone, blanszowane oraz w postaci sałatek i surówek
- owoce
- soki warzywno-owocowe
- zupy warzywne
- zielone koktajle – koktajle z zielonych liści z dodatkiem owoców do smaku
- kasze
- niełuskany ryż
- produkty zbożowe pełnoziarniste
- rośliny strączkowe
- pestki i nasiona
- orzechy
- kiełki
- kiszonki (kapusta kiszona, ogórki kiszone, zakwas buraczany)
- kefir
- tłuszcze NNKT (oliwa z oliwek, olej lniany).

Czas przygotowywania się do detoksu

Warto wiedzieć, że czas przygotowania, poprzez wyłączenia wymienionej wyżej żywności i nawadnianie, zapoczątkowuje eliminację toksyn, w związku z czym u wielu osób już przed detoksem pojawiają się korzystne zmiany w samopoczuciu i wyglądzie. Nie jest to więc tylko czas, którego jedyną korzyścią jest dobre przygotowanie organizmu do oczyszczania, bo sam w sobie robi dużo dobrego i przynosi nam profity.

Zastanawiając się, jak długie przygotowanie jest nam potrzebne, najlepiej przyjmijmy poniższe zasady.

- Kto na co dzień nie jada produktów znajdujących się na liście pokarmów, które eliminujemy (z wyjątkiem dobrej jakości mięsa i ryb 1–2 razy w tygodniu), pamięta o piciu wody, a dodatkowo bardzo dobrze się czuje, ma energię i nie odczuwa dolegliwości ze strony układu pokarmowego, bólów różnego pochodzenia bądź innych dolegliwości – może przeprowadzić przygotowanie 7-dniowe.
- Kto jada produkty z tej listy, choć niecodziennie, lub miewa różne dolegliwości, zwłaszcza ze strony układu pokarmowego – może przeprowadzić przygotowanie 14-dniowe.
- Kto jada produkty z listy często, lecz nie odczuwa (jeszcze!!) żadnych uciążliwych dolegliwości, a jego układ trawienny wciąż pracuje sprawnie – również może przeprowadzić przygotowanie 14-dniowe.
- Kto odżywia się w większości takimi produktami, niech potraktuje czas przygotowania jako powrót do formy i wydłuży go do 21–28 dni.

Codziennie siemię lniane

W czasie całego przygotowania, a w przypadku detoksu jaglano-warzywnego także podczas całego detoksu, zaczynajmy dzień (przed śniadaniem, ale po porannym nawodnieniu) od wypicia kleiku z siemienia lnianego.

Siemię zawiera niezwykle cenne niezbędne nienasycone kwasy tłuszczowe (NNKT), głównie omega-3 i nieco mniej omega-6, które muszą zostać dostarczone wraz z pożywieniem, ponieważ organizm sam ich nie wytwarza. To nie jest jednak główny powód, dla którego zalecam siemię jeść codziennie.

Kleik z siemienia sprzyja wypróżnianiu (tak istotne dla oczyszczania organizmu z toksyn) – pęcznieje w jelitach i wiąże toksyny w układzie trawiennym, wspomagając ich wydalanie. Dobrze wpływa na pracę bakterii w układzie trawiennym, przeciwdziałając gazom i zaparciom. Ponadto jest korzystny dla odbudowy flory bakteryjnej jelit. Doskonale regeneruje też błony całego przewodu pokarmowego, w tym wpływa korzystnie na śluzówkę żołądka i jelit. Chroni miejsca zapalne i mikrourazy, jakie tworzą się na śluzówce, tym samym sprzyjając ich gojeniu.

Dodatkowo w siemieniu znajdziemy błonnik rozpuszczalny i nierozpuszczalny. Forma błonnika nierozpuszczalnego oczyszcza jelita z masy kałowej – działa jak szczoteczka.

Zawarte w nasionach lnu lignany wiążą kwasy żółciowe, przeciwdziałając tworzeniu się kamieni żółciowych, regulują też poziom hormonów, które wpływają przecież na nasz nastrój i łaknienie (nie tylko zresztą lignany w siemieniu niwelują chęć objadania się i łaknienie na węglowodany). Doskonale wiedzą o tym kobiety często przeżywające istną burzę hormonów w czasie cyklu menstruacyjnego. Lignany są ważne także dla mężczyzn, ponieważ ich spożywanie zapobiega przerostowi prostaty i łysieniu. Równowaga hormonalna ma znaczenie w profilaktyce wielu innych chorób – zatem lignany chronią nasze zdrowie na wiele sposobów. A dodatkowo korzystnie wpływają na urodę (włosy, skórę) i działają antygrzybiczo.

Osoby z nadwagą nie muszą obawiać się codziennej dawki kalorii z siemienia lnianego, ponieważ tłuszcze nienasycone przyspieszają metabolizm tłuszczów w organizmie i nie powodują ich magazynowania. Sprzyjają więc odchudzaniu.

W trakcie przygotowania polecam jeść kleik z siemienia, a nie siemię w innej postaci, aby czerpać jak najwięcej z wyżej wymienionych właściwości. Potraktujmy to jak rytuał, stały punkt dnia, co ułatwi nam pamiętanie o nim. Na co dzień, czyli poza detoksem, możemy posypywać siemieniem potrawy, sałatki, kanapki, jednak przy detoksie zdecydowanie najkorzystniejszy jest kleik.

Przepis na kleik

1 łyżkę siemienia w ziarnach mielimy w młynku do kawy i zalewamy szklanką gorącej wody. Wypijamy, kiedy trochę przestygnie.

Osoby, które rano mają mało czasu, niech wieczorem zaleją zmielone siemię gorącą wodą, tak aby przykryć proszek ok. 2 cm ponad jego powierzchnię, a rano uzupełnią ciepłą wodą do pożądanej konsystencji.

Ważne jest, aby mielić siemię na bieżąco, ponieważ zmielone siemię lniane dość szybko utlenia się i jełczeje, a zjełczałe tłuszcze są bardzo szkodliwe. W żadnym wypadku nie kupujmy więc siemienia zmielonego, lecz w ziarnkach.

Siemię możemy mielić raz grubo (2–3 sekundy), raz drobniutko (6–7 sekund).

Jeśli nie lubimy kleiku (ze względu na jego konsystencję) – przygotowujmy kleik rano, ale postępując tak jak wieczorem – czyli zalewając zmielone siemię odrobiną gorącej wody, a następnie uzupełniając letnią wodą, i pijemy, zanim zrobi się kleik. Siemię nabiera konsystencji kisielu (z jaką część osób ma problem) wtedy, gdy stoi kilkanaście (-dziesiąt) minut. Jeśli dolejemy letnią wodę, kleik nie będzie musiał stać, by przestygnąć.

Trzy posiłki w ciągu dnia

Warto zadbać o to, aby jadać w ciągu dnia 3 posiłki i robić to regularnie:

śniadanie w godz. 7.00–9.00

obiad w godz. 13.00–15.00

kolacja w godz. 17.00–19.00.

Proponowane pory posiłków nie są przypadkowe, ale związane z rytmem naszego zegara biologicznego i optymalnym czasem pracy narządów odpowiedzialnych za trawienie bądź oczyszczanie organizmu.

Zjadanie 3 posiłków, a nie 4 czy 5, odciąża układ pokarmowy (w tym żołądek i jelita), poprawia trawienie, pozwala maksymalnie wykorzystać składniki odżywcze z pożywienia i usprawnia pasaż treści pokarmowej przez jelita.

Jeśli komuś 3 posiłki nie wystarczają, między nimi, zachowując odstęp czasowy (3 godziny po posiłku głównym), może zjeść lekką przekąskę, np. zielony koktajl, miseczkę owoców lub warzywa nadające się do chrupania, takie jak marchewka, seler naciowy, pomidory, kalarepa, ogórki, papryka, rzodkiewki itp.

Błędem jednak byłoby jedzenie posiłku, który musi być długo trawiony, ponieważ kolejny posiłek nie będzie miał szans na dokładne strawienie, jeśli w żołądku zalegać będzie to, co zjedliśmy poprzednio.

Myślę, że przyzwyczailiśmy się do ciągłego podjadania, więc czujemy nienaturalne łaknienie. W normalnych warunkach, kiedy jemy pożywienie naturalne i pijemy wystarczającą ilość wody, nie czujemy potrzeby jedzenia więcej niż 3 posiłków dziennie. Dolegliwości typu wzdęcia, gazy, zaparcia w dużej mierze związane są ze zbyt częstym jedzeniem zaburzającym dokładne trawienie.

Dwa dni przed detoksem – monodieta oczyszczająca

Podczas ostatnich 2 dni (z 7–14 dni) proponuję jeszcze większe odciążenie naszego układu pokarmowego poprzez uproszczenie menu. Bardzo dobre jest zastosowanie w tym czasie monodiety opartej o zupę. Jest to początek detoksu, choć nie musimy się jeszcze spodziewać kryzysu, jaki pojawia się w pierwszych dniach oczyszczania. Organizm zaczyna jednak bardziej intensywne oczyszczanie, bo monodieta z założenia jest detoksem. Równie dobrze mogłabym umieścić ją w programie oczyszczania, jednak ponieważ dalej znajdziecie kilka propozycji detoksu (tak, by każdy mógł wybrać program dostosowany do swoich możliwości), opisuję ją jako część przygotowania, aby nie powtarzać tego samego kilkakrotnie.

Monodieta, podczas której je się tylko zupę, to dobry pomysł, ponieważ zupy są lekkostrawne.

Jedzmy nieduże porcje zupy, zwiększając częstość jedzenia – zamiast 3 razy dziennie możemy jeść zupę w odstępach 2–2,5 godzinnych. Nasz układ pokarmowy i tak będzie odpoczywał. Jeśli pracujemy – zabierzmy w termosie odpowiednią ilość zupy do pracy.

Rezygnujemy z kawy i herbaty! Odstawienie ich zmniejszy potencjalne objawy kryzysu w pierwszych dniach właściwego detoksu.

Na następnych stronach podaję przepis na 2 zupy: krupnik ryżowy i jaglany. Ugotujmy duży garnek, by zupy wystarczyło na dwa dni.

Krupnik jaglany

½ szklanki kaszy jaglanej*
2½ litra wrzątku
½ łyżeczki kminku
1 łyżeczka masła
por
cebula
2 ząbki czosnku
3 liście laurowe
5 ziaren ziela angielskiego
szczypta kurkumy
½ łyżeczki kozieradki
½ łyżeczki suszonego tymianku
¼ łyżeczki pieprzu
szczypta imbiru w proszku
szczypta suszonej bazylii
½ łyżeczki majeranku
szczypta chili
½ łyżeczki suszonego lubczyku
(lub gałązka świeżego)
gałązka naci selera
2 marchewki
2 pietruszki
¼ korzenia selera
2 ziemniaki
natka pietruszki
sól

Kaszę wsypać do garnka i prażyć, mieszając, aż zacznie wydzielać delikatny aromat. Następnie wypłukać ją na sitku pod bieżącą wodą i wsypać do wrzątku. Dodać kminek, masło, por pokrojony w talarki, cebulę pokrojoną w grubą kostkę, zmiażdżony czosnek. Gotować 10 minut.

Dodać liście laurowe, ziele angielskie, kurkumę, kozieradkę, tymianek, pieprz, imbir, bazylię, majeranek, chili, lubczyk, zmiażdżoną w dłoni gałązkę selera, obrane, drobno pokrojone (lub starte) marchew, pietruszkę, seler oraz 2 ziemniaki pokrojone w kostkę. Posolić. Gotować, aż ziemniaki będą miękkie. Podawać z dużą ilością natki pietruszki.

Jeśli wolimy rzadszą zupę, można pod koniec gotowania dolać wrzątku. Zupa przechowywana w lodówce gęstnieje, więc przed podgrzaniem porcji również można rozcieńczyć ją wodą.

* Podczas przygotowania do głodówki sokowej lub wodnej redukujemy ilość kaszy do ¼ szklanki na tę ilość wody.

Krupnik ryżowy

2½ litra wrzątku
szczypta kurkumy
½ łyżeczki kozieradki
½ łyżeczki tymianku suszonego
¼ łyżeczki ziaren kminku
1 łyżeczka masła
½ szklanki ryżu pełnoziarnistego lub basmati*
szczypta imbiru
2 liście laurowe
3 ziarna ziela angielskiego
szczypta pieprzu kajeńskiego
¼ łyżeczki pieprzu
szczypta bazylii
2 marchewki
1 pietruszka
¼ korzenia selera
2 ziemniaki
por
cebula
3 ząbki czosnku
koperek
sok z cytryny do smaku
sól morska

Do wrzątku dodać kurkumę, kozieradkę, tymianek, kminek, masło, ryż, imbir, liście laurowe, ziele angielskie, pieprz kajeński, pieprz, bazylię. Gotować, a kiedy ryż będzie miękki, dodać obrane i drobno pokrojone (lub starte) marchew, pietruszkę i seler, ziemniaki pokrojone w kostkę, kawałek pora, cebulę w całości, zmiażdżone ząbki czosnku. Dosolić do smaku. Gotować, aż ziemniaki będą miękkie. Doprawić sokiem z cytryny. Podawać z dużą ilością posiekanego koperku.

* Podczas przygotowania do głodówki redukujemy ilość ryżu do ¼ szklanki.

Przygotowanie psychiczne

Podjęcie decyzji i jej znaczenie

Czy widzimy różnicę między „spróbuję" lub „chciałbym spróbować" a „zrobię to"? Jeśli mówimy: „Spróbuję podejść do detoksu", jak to się różni od zdania: „Przeprowadzam detoks w kwietniu!"?

Wszystkie działania zaczynają się od myśli. W nich tkwi źródło decyzji. Wyobrażam sobie, że każdy z nas ma bardziej i mniej znaczące powody, dla których chce poddać się detoksowi.

Sposób myślenia o czymś ma ogromne znaczenie zarówno dla mocy decyzji, jak i realizacji podjętego zobowiązania.

Jeśli nie potrafimy podjąć decyzji, najczęstszą tego przyczyną jest obawa, że nie damy rady. Tym samym osłabiamy siebie i swoje możliwości. W zniwelowaniu tego lęku pomóc nam może wzmocnienie motywacji. Przeczytajmy uważnie wszystkie wypowiedzi zamieszczone w ramkach. Czy nie warto odmówić sobie pewnych rzeczy dla takich efektów? 2–3 tygodnie wyrzeczeń, by poczuć się znacznie lepiej, by dostrzec różnicę w wyglądzie, by lepiej spać, by poczuć swoją siłę? Nagrody są naprawdę wspaniałe. Doświadczyłam tego wielokrotnie i nie zrezygnowałabym z detoksu, bo wiem, że za każdym razem odmładza on moje ciało, wzmacnia mnie fizycznie i psychicznie.

Detoksowi może poddać się każdy. Tysiące zrobiło to i odniosło sukces. Dlaczego my nie mielibyśmy podołać? Dbajmy o to, by skierować myśli w dobrą stronę – w stronę celu, myślmy o tym, że detoks przeprowadzają osoby młode i starsze, zdrowe i chore, pracujące lub będące w trakcie urlopu, szczupłe i z nadwagą, i w każdym przypadku bez wyjątku przynosi on efekty!

Wyznaczmy datę ze sporym wyprzedzeniem, zupełnie jakbyśmy planowali urlop. Wpiszmy ją do kalendarza. Uruchomi to podświadomy proces przygotowywania się i utwierdzi decyzję.

Kierujmy myśli we właściwą stronę

Skupiajmy się na tym, co możemy, a nie na tym, czego nam nie wolno. To naprawdę ma ogromne znaczenie i powoduje, że przejdziemy przez detoks w poczuciu obfitości, a nie braku. Pozytywna motywacja jest moim zdaniem znacznie lepsza, chociażby dlatego że buduje w nas pozytywny nastrój, a nie uczucia lęku, obawy, strachu itd. Tak naprawdę wszystko ma służyć naszemu dobru, najlepszemu samopoczuciu i zdrowieniu, a nie odwrotnie.

To, jakimi myślami karmimy umysł i jaki stan emocji poprzez te myśli wspieramy, ma ogromne znaczenie.

Jeśli zależy nam na dobrym samopoczuciu i zdrowiu – skupiajmy się na nich. Kiedy przeprowadzamy detoks, z którym związane są różne ograniczenia – nie myślmy o ograniczeniach, ale o tym, co jest na liście rzeczy dozwolonych, i o tym, dlaczego to robimy, wtedy o wiele łatwiej przejdziemy przez oczyszczanie. Przyniesie to mnóstwo pozytywnych uczuć, a co za tym idzie dobre nastawienie psychiczne.

Zamiast widzieć wokół ludzi, którzy jedzą właśnie pachnący lunch, zaczniemy delektować się poczuciem lekkości i świeżości (które w trakcie detoksu pojawia się prawie zawsze, choć niekoniecznie w ciągu kilku pierwszych dni).

To, na czym skupiamy myśli, zależy wyłącznie od nas. Mamy nad tym kontrolę i kiedy zauważymy, że „poszybowały" w niewłaściwym kierunku, powodując dyskomfort, tęsknotę, poczucie, że się czegoś wyrzekamy, możemy przypomnieć sobie o celu detoksu i o dotychczasowych korzyściach (zwłaszcza jeśli będzie to moment, w którym doświadczamy już pierwszych korzyści lub robiliśmy detoks wcześniej).

Będzie nam znacznie łatwiej, jeśli uznamy czas detoksu za czas prostoty.

Polubmy prostotę

Wielokrotnie w trakcie wspólnego wirtualnego oczyszczania na Facebooku zadawano mi pytania: „Czy można jeść (i tu padały nazwy różnych produktów niewymienionych wśród dozwolonych)?".

A ja miałam ochotę zapytać: „A czy możecie wytrzymać 2 tygodnie bez jedzenia (nazwa produktu)?".

Jestem pewna, że w odpowiedzi usłyszałabym „tak".

Proponuję więc, byśmy ograniczyli się do produktów wymienionych na liście dozwolonych podczas detoksu lub ewentualnie tych, które pojawiają się jako środki zaradcze w szczególnych przypadkach (np. zbyt dużego osłabienia).

Skupianie się na tym, co by tu jeszcze można zjeść, nie jest dobre. Po pierwsze, koncentrujemy się na braku i odmawianiu sobie, zamiast na czerpaniu przyjemności z tego, co mamy. Po drugie, nasze myśli krążą wokół jedzenia, a to może wzmagać odczucie głodu w okresie oczyszczania, kiedy jedzenie nie jest tak energetyczne i siłą rzeczy na pewno nie będziemy tak najedzeni, jak na co dzień. Po trzecie, jeśli odciążymy umysł, będziemy mieli więcej czasu na odpoczynek, zabiegi pielęgnacyjne, czytanie książek czy cokolwiek innego, co będzie nam pomagało, a nie przeszkadzało.

Oczywiście trudno w pełni kontrolować własne myśli, jednak czym innym jest spojrzenie na awokado w sklepie i krótka myśl: „Zjem je po detoksie" (mija i zapominamy) aniżeli dywagacje: „Ciekawe, czy można podczas oczyszczania zjeść awokado?". Czujecie różnicę pomiędzy krótką myślą, którą odsuwamy czy też kwitujemy jednym zdaniem, a zastanawianiem się? To drugie pochłania uwagę, powoduje, że poświęcamy tej kwestii zbyt dużo czasu. Nie jest to również racjonalne, bo sami sprawiamy sobie przykrość.

Niejednokrotnie zdarzało się, że w trakcie czyjegoś detoksu odbywał się zjazd rodzinny albo przyjęcie służbowe. I doskonale sobie z tym radziliśmy, najczęściej ciesząc się spotkaniem, a nie skupiając na tym, że nie możemy spróbować ciastka. Ba – nawet czerpaliśmy z tego satysfakcję...

Tak więc wszystko jest kwestią odpowiedniego nastawienia psychicznego, które zależy tylko i wyłącznie od nas.

Równie ważne, a nawet ważniejsze, bo dotyczy całego detoksu, a nie kilku godzin na przyjęciu, jest nasze nastawienie do wszelkiego typu jedzenia i picia spoza listy tego, co dozwolone.

By nie poświęcać więcej uwagi tej kwestii, zaakceptujmy, że będzie to czas prostoty, także pod względem jedzenia.

Tak jest łatwiej. Znacznie przyjemniej jest mieć przed oczami listę produktów dozwolonych aniżeli tych, których na razie jeść nie wolno (to mogłoby wywoływać stres, a on przeszkadza w detoksie). Innymi słowy, postarajmy się nie szukać atrakcji, lecz cieszyć się tym, co mamy. Człowiek głodny delektuje się suchą kromką chleba. My delektujmy się prostymi potrawami z warzyw (albo sokami).

Dodatkową korzyścią będzie dostrzeżenie zalet prostoty. Nasze czasy charakteryzują nadmiar i zbyt duża różnorodność. Ta druga często sprawia, że trudno nam dokonać wyboru, bo coś jest lepsze od czegoś, ale coś innego ładniej wygląda, na co więc się zdecydować? Zapomnieliśmy o pięknie, jakie niesie ze sobą prostota, i wciąż chcemy więcej i bardziej różnorodnie, nie potrafiąc cieszyć się z drobiazgów.

Sztuka prostoty ma jeszcze większe znaczenie w odniesieniu do odżywiania. Im prościej i bardziej naturalnie, tym lepiej. Im mniej składników na opakowaniu produktu – tym lepiej. Im prostsze zestawienie w jednym posiłku – tym lepiej. Zostawmy sobie wykwintne dania na czas przyjęć i świąt, kawę na czas relaksu, by cieszyć się jej aromatem – wtedy przyjemność będzie większa, a korzyści dla samopoczucia ogromne.

Pamiętam, jak kiedyś, w czasach, gdy półki w sklepach świeciły pustkami, czekało się na święta. Później nigdy już tak nie „smakowały". Dziś tak samo jest z grzeszkami, które smakują doskonale, bo zdarzają się tylko od czasu do czasu i wtedy naprawdę się nimi delektuję, a taka chwila dla samej chwili staje się naprawdę warta grzeszku.

Czas detoksu uczy nas dostrzegania takich chwil. Nie znam ani jednej osoby, która po detoksie nie czerpałaby przyjemności z najprostszego jedzenia, które w trakcie oczyszczania było niedozwolone. Kto przeszedł przez detoks – na zawsze zapamięta pierwszy kęs chleba.

W trakcie oczyszczania połóżmy raczej nacisk na jakość jedzenia, a nie na różnorodność. Przygotujmy się do posiłku. Jedzmy na ładnej zastawie, powoli, delektując się każdym kęsem. Niech towarzyszy temu skromność, a jednocześnie wyrafinowanie – wtedy to będzie naprawdę miła chwila i nie będziemy szukali dodatkowych atrakcji. Kto tak nie robił, nie może wiedzieć, jak ogromne ma to znaczenie dla stanu ducha podczas detoksu. I jak wiele korzyści płynie z tego dla nastroju, lekkości czasu oczyszczania, które może nie być czasem wyrzeczenia, lecz czasem święta.

Podsumowując – jemy tylko produkty, które znajdziemy na liście dozwolonych, a o wszystkich innych na razie zapominamy. Pozwólmy sobie na pełne doświadczenie prostoty. Detoks nie jest czasem szukania atrakcji. Detoks to czas wytchnienia od konsumpcji i nadmiaru.

Oczyśćmy przedpole

Aby zapewnić sobie jak największy spokój podczas detoksu, pozałatwiajmy wszystkie zaległe sprawy. Wszystko jedno, czego one dotyczą. Czas przed detoksem jest najlepszym momentem, aby się z nimi uporać. Niekoniecznie muszą to być ważne rzeczy, bo zdarza się, że są to drobiazgi: niezapłacone rachunki, konieczność naprawy kranu, który przecieka, zaległa wizyta u stomatologa, wymiana oleju w samochodzie.

Czasem wypełnienie zaległych zobowiązań wpływa na naszą decyzję o podjęciu oczyszczania. Wreszcie zyskujemy przestrzeń, by zająć się czymś nowym. Planując detoks odpowiednio wcześniej, zyskujemy wystarczająco dużo czasu, aby przygotować się także pod tym kątem.

Niewątpliwą korzyścią będzie też ulga i radość, że nie mamy nic na głowie.

Polecam też zrobienie w mieszkaniu porządków bardziej dokładnych niż zwykle. Najczęściej takie porządki robimy przed świętami i siłą rzeczy kojarzą nam się one z czasem przyjemnym, odświętnym oraz dniami wolnymi od pracy. Przyznacie, że przynajmniej dla większości z nas są to przyjemne skojarzenia?

To, że przygotowujemy mieszkanie na czas detoksu, tak by wokół było czysto i pachnąco – wpływa na nasze pozytywne nastawienie. Poza tym jest po prostu milej, gdy kafelki w łazience i kuchni lśnią, a pościel pachnie świeżością.

Jeszcze lepiej, jeśli znajdziemy również czas na porządki w szafach, szafkach, na półkach i wyrzucenie (lub oddanie komuś) rzeczy, które już nam nie służą, a tylko zajmują miejsce i się kurzą.

Pozbywanie się starych rzeczy zwykle w sposób symboliczny przygotowuje nas na zmianę.

Poprzez takie oczyszczenie przestrzeni budujemy pozytywną aurę wokół detoksu. I słusznie, bo jest on czymś wyjątkowym.

Detoks jest jak zrobienie gruntownego sprzątania wewnątrz nas, wydalenie na zewnątrz różnych szkodliwych zanieczyszczeń i „zepsutych" komórek. Posprzątanie tego, co wokół nas, to wspaniały rytuał, na który będziemy czekać każdego roku, tak jak pod koniec zimy czekamy na wiosnę.

Dla mnie planowanie czasu detoksu i wszystkie działania związane z odpowiednim przygotowaniem się do niego są jak czekanie na coś dobrego, a sam detoks jest niczym święto. Ustalenie znacznie wcześniej daty, zmiana pościeli, sprzątanie, sporządzenie listy zakupów lub kupienie z wyprzedzeniem produktów, które się nie psują (np. herbatek ziołowych, oleju kokosowego do ciała itp.) wyniosły detoks do rangi wyjątkowego wydarzenia w moim życiu. Przyjemne przygotowania i zadbanie o czystość wokół rodzi oczekiwanie i przynosi radość. Dzięki temu o wiele lepiej niż kiedyś radzę sobie z odczuciem głodu, jakie pojawia się w pierwszych dniach detoksu, a samo oczyszczanie ma znacznie głębszy wymiar, aniżeli wyłącznie detoks ciała.

Zapamiętajmy, że odpowiednie przygotowanie psychiczne ma wpływ na przebieg detoksu i jego efekty. Powoduje zmniejszenie napięcia, nerwowości i będzie sprzyjało relaksowi, wyciszeniu.

Harmonogram dnia podczas przygotowania do detoksu

Warto już podczas przygotowania wpaść w odpowiedni rytm, jeśli chodzi o pory posiłków i dbanie o nawadnianie organizmu. Wiem, że wiele osób ma problem z rozplanowaniem dnia, więc przedstawiam harmonogram optymalny:

Po przebudzeniu, na czczo, wypijamy 2 szklanki ciepłej wody (może być z plasterkiem cytryny).
7.30 – kleik z siemienia lnianego
7.30–9.00 – śniadanie
11.00–12.30 – 2 szklanki (lub więcej) ciepłej wody, herbatki ziołowe
13.00–15.00 – obiad
17.00–18.30 – 2 szklanki (lub więcej) ciepłej wody, herbatki ziołowe
19.00 – kolacja.

Pory posiłków dostosowane są do czasu optymalnej pracy naszych narządów. Pora picia wody zawsze zaczyna się 2 godziny po zjedzeniu posiłku.

Wiedząc, o której wychodzimy z domu, kiedy jemy śniadanie, kiedy mamy przerwę obiadową, możemy sporządzić dokładny plan dostosowany do rozkładu dnia. Polecam, bo z doświadczenia wiem, iż wielu osobom ułatwia to przyzwyczajenie się do jedzenia o stałych porach i wypijania odpowiedniej ilości wody. Z reguły szybko przyzwyczajamy się do takiego rytmu, co jest bardzo korzystne dla organizmu.

Nie muszę chyba dodawać, że wodę możemy popijać, siedząc w pracy przy biurku czy wykonując jakąkolwiek inną pracę i mając butelkę pod ręką, lub podczas spaceru, krzątania się w domu czy ćwiczeń. Wystarczy tylko o niej pamiętać.

Etap 2 – oczyszczanie organizmu

Podczas detoksu ważne jest, by codziennie:

nawadniać się, ruszać, wysypiać się i wypoczywać, regularnie odwiedzać toaletę i praktykować wdzięczność.

Nawadnianie

O nawadnianiu już pisałam, teraz tylko jeszcze raz podkreślę, że jest ono zbyt ważne zarówno w czasie przygotowania, jak i samego detoksu, by je zaniedbać. Brak odpowiedniej ilości wody może oznaczać brak optymalnych efektów, jakie powinniśmy uzyskać. Lepiej zapomnieć o jedzeniu niż o piciu wody, choć wiem, że to pierwsze się nie zdarza, a to drugie zdarza się bardzo często.

Ruch

W trakcie oczyszczania ruszajmy się codziennie. Ruch wzmaga przepływ limfy, pobudza krążenie krwi i dotlenia organizm. Sprzyja dobremu trawieniu i eliminacji stresu, a także usuwaniu toksyn. Dodatkowo, kiedy krążenie jest dobre, nie marzniemy, nie tracimy też sił i kondycji. Uprawianie sportu (lub jakiekolwiek formy wysiłku fizycznego) podczas detoksu dodaje nam sił, podczas gdy leniwe, bierne spędzanie czasu osłabia organizm.

Forma ruchu jest dowolna. Najlepiej sprawdza się wysiłek wytrzymałościowy, np. jazda na rowerze, długi szybki marsz, pływanie – czyli dłużej trwające formy ruchu o średnim lub niskim natężeniu, przy którym tętno nie przekracza 120–140 uderzeń na minutę. Bez problemu też jednak możemy uprawiać sporty kondycyjne, w których tętno przekracza 140 uderzeń na minutę, zwłaszcza jeśli robiliśmy to regularnie przed detoksem. Możliwy jest także trening siłowy.

Wszystko zależy od formy, możliwości i tego, co nam sprawia największą przyjemność. Sport możemy uprawiać nawet podczas głodówki, ale wówczas celowe może być zmniejszenie jego intensywności. Niemniej i tak warto doprowadzać do tego, by zbliżyć się do granic swoich możliwości fizycznych przynajmniej jeden raz w trakcie ćwiczeń.

Organizm będzie czerpał ze swoich rezerw wewnętrznych, głównie z zapasów tłuszczu i trochę z rezerw białkowych. Pod warunkiem oczywiście, że byliśmy dobrze odżywieni przed głodówką.

Osoby, które z codziennym uprawianiem sportu są na bakier, mogą w trakcie detoksu uprawiać nordic walking lub po prostu chodzić na spacery.

Nie można jednak zaniedbać wysiłku fizycznego, bo ma on ogromne znaczenie dla dobrej detoksykacji i osiągnięcia maksymalnych efektów oczyszczania.

Wysypianie się i wypoczynek

To kolejny ważny element detoksu sprzyjający osiągnięciu równowagi. W czasie wypoczynku i snu organizm się odbudowuje, regeneruje i procesy przemiany materii zachodzą potem sprawniej i bardziej efektywnie.

Regeneruje się system nerwowy, organizm naprawia się poprzez regenerację i odnowę uszkodzonych komórek, wzmacnia się układ odpornościowy, odpoczywają i regenerują się mięśnie. Sen ma znaczenie również dla prawidłowej pracy hormonów i regeneracji wątroby, a to jest niezbędne, aby należycie oczyszczała ona krew. Ponadto wpływa na utrzymanie prawidłowego poziomu cukru we krwi, co ma znaczenie dla zachowania szczupłej sylwetki. Hormon wzrostu odpowiedzialny za naprawę, podziały (odnawianie) i wzrost komórek wydzielany jest głównie w trakcie głębokiego snu (tzw. fazy non-REM), dlatego gdy jesteśmy wyspani, mamy lepszy nastrój i zdecydowanie więcej energii. Jesteśmy bardziej efektywni w działaniu, a nasze procesy myślowe przebiegają sprawniej. Łatwiej radzimy sobie z problemami i jesteśmy mniej podatni na stres. Wszystko to sprzyja detoksykacji. Odnowa komórek, poprawa ich metabolizmu, mniej hormonu stresu, czyli kortyzolu, następnego dnia, kiedy jesteśmy wypoczęci, także są efektem detoksu i jeśli zarywamy noce, to efekty te zmniejszamy.

Mamy więc wiele ważnych powodów, aby się wysypiać. Pamiętajmy, że najgłębiej śpimy przed północą. Kto chodzi spać po północy, prawdopodobnie ma gorszy nastrój, odczuwa zmęczenie ciała, bardziej się stresuje, przemęcza umysł, w związku z czym ma problemy z pamięcią i koncentracją. Ma również większe szanse na nadwagę i problemy ze zdrowiem.

Najczęściej podczas detoksu i przez jakiś czas po nim organizm potrzebuje mniej snu i budzimy się bardziej wypoczęci – pod warunkiem że nie przegapimy optymalnej pory położenia się do łóżka. Kiedy ten moment przegapimy, możemy mieć problemy z zaśnięciem, a rano obudzimy się zmęczeni. Zgodnie z rytmem biologicznym większości z nas najlepiej kłaść się między 21.00 a 22.00. By szybko zasnąć, przed położeniem się spać nie powinniśmy oglądać emocjonujących programów, żywych dyskusji politycznych, surfować po internecie czy intensywnie trenować (wszystko to nas pobudza, zamiast wyciszać). Zasypianiu sprzyja natomiast spacer, czytanie książki, słuchanie spokojnej muzyki, ciepła, relaksująca kąpiel, czyli, krótko mówiąc, relaks. Głęboki sen jest niemożliwy, kiedy mamy zimne stopy. Trzeba o to zadbać, ułożyć przy stopach termofor albo rozgrzać je w ciepłej wodzie i włożyć ciepłe skarpetki, zwłaszcza że podczas detoksu bardziej marzniemy.

Czasem zdarza się, że przez pierwsze noce oczyszczania śpimy płytko. Nie pozostaje wtedy nic innego, jak zaakceptować to, wiedząc, że niedługo sytuacja się zmieni. Wykorzystajmy wtedy czas, zaparzmy sobie herbatkę ziołową i rozkoszujmy się nią w ciszy, kiedy wszyscy inni wokół śpią. To dobry czas na przemyślenia, refleksję, zatrzymanie.

Nie ma sensu próbować zasnąć na siłę. Godziny przed świtem lub noc mają niepowtarzalny urok, jeśli spędzamy je miło lub pożytecznie, zamiast przewracać się w łóżku z boku na bok.

Robię tak nie tylko podczas detoksu, ale też kiedy zdarzy mi się z jakiegoś powodu obudzić i w ciągu kilku minut nie udaje mi się zasnąć. Wstaję i rozkoszuję się otaczającym mnie spokojem. Czasem cichutko puszczam muzykę, czasem biorę książkę, czasem parzę rooibos. Zawsze są to niepowtarzalne chwile. Spróbujcie! Najprawdopodobniej rano nie będziecie zmęczeni bardziej niż zwykle, czyli przed oczyszczaniem. Zmęczenie i uczucie niewyspania pojawia się, gdy nie akceptujemy tego, że nie śpimy, kiedy zaczynamy się frustrować.

Regularne wypróżnianie

Niezmiernie ważne jest dbanie o codzienne wypróżnienie. Jeśli ktoś ma zaparcia – trzeba temu zaradzić.

Być może w trakcie przygotowania kwestia wypróżnień się ureguluje (przecież pijemy wodę, nasze jedzenie bogate jest w błonnik, codziennie pijemy kleik z siemienia lnianego). Gdyby jednak mimo to wciąż pojawiały się zaparcia – od ostatnich 2 dni przygotowania (czyli czasu na monodiecie oczyszczającej) musimy zrobić coś więcej, by minęły.

Podczas przygotowania można spróbować dołączyć do diety (jako suplement) porcję błonnika nierozpuszczalnego (więcej informacji znajdziecie w rozdziale: *Suplementy wspomagające eliminację toksyn, odbudowę układu pokarmowego i odbudowę organizmu*).

W trakcie detoksu i 2 dni monodiety oczyszczającej podczas przygotowania możemy uciec się do kilku sposobów, które wymieniam poniżej. Wybierzmy ten najbardziej dla nas komfortowy, ale jeśli nie zadziała, zastosujmy inny. W tym czasie ogromnie ważne jest, aby regularnie odwiedzać toaletę – przynajmniej raz dziennie, a najrzadziej raz na 2 dni – jeśli taki jest cykl pracy naszych jelit i układu trawiennego.

Jak radzić sobie z zaparciami:

- zrobić serię brzuszków, skłonów, skrętów tułowia
- wypić kleik z siemienia lnianego
- wypić na czczo sok z kiszonej (nie „kwaszonej" octem) kapusty (½–1 szklanki soku)
- zastosować czopek glicerynowy
- zrobić lewatywę – przybory do robienia wlewek kupimy w każdej aptece. Może być to gruszka do lewatywy lub znacznie wygodniejszy w zastosowaniu zestaw zawierający pojemnik na wodę i wężyk ze specjalną końcówką doodbytniczą (w sprzedaży są różne). Do produktów dołączona będzie instrukcja stosowania. Opisy są wystarczająco dokładne, dlatego je pominę.

UWAGA! Nie stosujcie środków przeczyszczających. Podrażniają i mogą uszkodzić błonę śluzową jelit, co w efekcie prowadzi do stanów zapalnych, a to podczas detoksu nie jest pożądane. Przez tych kilka dni odciążenia zależy nam na odbudowie śluzówki jelit, nie możemy więc jej podrażniać.

Praktykowanie wdzięczności

Ćwiczenie wdzięczności opisywałam w mojej pierwszej książce *Alkaliczny styl życia*. Nie mogę nie wspomnieć o nim tutaj, ponieważ wzmacnia ono efekty detoksu i jest bardzo pomocne w czasie jego trwania.

Wiem, że większość z nas nie docenia wdzięczności, możemy jednak spróbować wykonywać to ćwiczenie przez 3–4 dni? Codziennie poświęcimy tylko kilka minut i na pewno nie będzie to czas stracony.

Szczególnie ważne jest ćwiczenie wdzięczności podczas detoksu, ponieważ pomaga nam ono oczyścić umysł. Zaobserwujmy, jak będziemy się czuli po wykonaniu ćwiczenia. Jakie towarzyszą nam myśli i uczucia? Co się zmieniło? Jak czuliśmy się w trakcie wykonywania ćwiczenia?

Nie przywiązujemy należytej wagi do tego, na czym skupiamy myśli, a to przecież od nich zależy nasz nastrój, decyzje i działanie. Skupienie na wdzięczności oczyszcza umysł ze „śmieci" i tworzy przestrzeń dla konstruktywnych myśli.

To działa także w drugą stronę. Wdzięczność zmienia nasze uczucia i emocje na pozytywne. Gdybyśmy spróbowali przypomnieć sobie jakieś negatywne wydarzenie z przeszłości, to najpewniej związane są z nim określone emocje i uczucia. W ślad za nimi pojawia się w głowie wiele bombardujących nas myśli. Im bardziej emocjonujące było wydarzenie, które wspominamy, tym więcej o nim myślimy.

Próbujemy z całą mocą poprawiać warunki, w jakich żyjemy, ale nie dostrzegamy, że możemy poprawić dzisiejszy dzień i tę jedyną chwilę, którą tak naprawdę mamy. Jak? Poprzez kilkuminutową praktykę wdzięczności, bo to najprostszy sposób, i co najważniejsze – działa.

Przede wszystkim podziękujmy sobie samym za kolejny dzień detoksu. Potem pomyślmy o każdym miłym drobiazgu z dzisiejszego lub wczorajszego dnia. Czyjś uśmiech, czyjeś miłe słowo, piękną pogodę… Wszystko, cokolwiek było przyjemne.

Oto opis ćwiczenia z książki *Alkaliczny styl życia*: *Wystarczy wziąć głęboki oddech i przywołać w myślach różne rzeczy, za które jesteśmy wdzięczni, próbując jednocześnie doświadczać samego uczucia wdzięczności (z czasem dzieje się to na zawołanie). Mogą to być zupełnie proste rzeczy, jak obiad zjedzony w miłym towarzystwie, smaczna zupa, którą właśnie ugotowaliśmy, ładna pogoda, dobra noc, po której obudziliśmy się wypoczęci, miła rozmowa z kimś bliskim… Jeśli nasz umysł jest rozbiegany, czujemy się zestresowani i trudno nam się skupić nawet na te kilka minut, weźmy kartkę (lub jeszcze lepiej specjalnie do tego przeznaczony notatnik) i wypiszmy kilka takich rzeczy z minionego dnia. Najlepiej robić to każdego dnia wieczorem. Dodatkowym plusem będzie lepszy nastrój, który pozytywnie wpłynie na sen. Nie chodzi o fajerwerki, takie jak awanse, zakochanie, nagroda w pracy itp. One przecież zdarzają się rzadko (no, chyba że akurat się zdarzyły, czego wszystkim życzę). Chodzi o codzienne, miłe rzeczy, o których zwykle szybko zapominamy, na przykład to, że mimo korka nie spóźniliśmy się do pracy, że ktoś nam właśnie z ładnym uśmiechem podziękował, że zadzwoniła do nas koleżanka z pytaniem „jak się czujesz"? To są wszystko dobre powody do wdzięczności.*

Odżywianie się podczas detoksu

Ogólne wytyczne dotyczące jedzenia – detoks warzywno-owocowy i detoks jaglano-warzywny

- Podczas detoksu jedzmy wyłącznie produkty z listy produktów dozwolonych dla każdego rodzaju oczyszczania.
- Nie ma ograniczeń co do ilości zjadanych warzyw – można jeść do woli.
- Owoce jedzmy w umiarkowanej ilości, 1–3 sztuki dziennie (lub 1–3 filiżanki małych owoców).
- Warzywa i owoce można jeść surowe, kiszone, duszone, gotowane, pieczone, blanszowane, gotowane na parze, w postaci zup, soków rozcieńczanych ciepłą wodą (w proporcji na ¾ szklanki soku ¼ szklanki wody lub 1:1 czyli ½ szklanki soku i ½ szklanki wody), koktajli.
- O zakwasie z buraków pomyślmy wcześniej, ponieważ jego przygotowanie zajmuje 5 dni; może być przechowywany w lodówce, w szczelnie zakręconym słoiku, przez kilka tygodni, a nawet miesięcy.
- Bardzo pomocny w trakcie oczyszczania jest czerwony barszcz do popijania. Dlatego warto ugotować go dużo. Zabierajmy barszcz w termosie do pracy. Szybko poprawia samopoczucie, rozgrzewa, sprawia, że ochota na „coś dobrego" znika, a jego picie sprawia niesamowitą przyjemność, co docenia niemal każdy, kto przeprowadza detoks.
- Codziennie jedzmy (o dowolnej porze):

  a) porcję kiszonek (kapusta kiszona, ogórki kiszone lub zakwas buraczany)

b) minimum ząbek surowego czosnku dziennie lub kawałek startego chrzanu (można dodać już na talerzu do dowolnej surówki, dania, zupy).

- Dbajmy, by zawsze mieć w domu jeden posiłek gotowany, gotowy do odgrzania.
- Z powodzeniem możemy gotować na 2–3 dni, dzięki temu nie będziemy spędzać w kuchni zbyt dużo czasu.
- Jeśli pomiędzy posiłkami jesteśmy bardzo głodni, możemy zjeść przekąskę w postaci surowych warzyw, takich jak seler naciowy, pomidory, papryka, ogórki, rzodkiewki, kalarepa, marchewka, ogórki kiszone, kapusta kiszona.
- Każdy dzień zaczynamy od wypicia na czczo 1–2 szklanek ciepłej wody lub wody z plasterkiem cytryny.
- Nie wychodzimy z domu bez śniadania.
- Jeśli podczas detoksu jemy poza domem (bary, restauracje), wybierajmy surówki i sałatki, prosząc, by podano je bez dressingu (najczęściej w sosach do sałatek jest cukier). Możemy doprawić je sami solą, pieprzem, sokiem z cytryny, a w przypadku detoksu jaglano-warzywnego także oliwą z oliwek.

Program detoksu – harmonogram dnia, produkty dozwolone, menu, przepisy kulinarne

Podczas detoksu jemy wyłącznie produkty z listy produktów dozwolonych – znajdziecie je w tabelach przy opisie poszczególnych rodzajów detoksu. I nie zastanawiajcie się, proszę, czy możecie przekąsić coś spoza listy.

Przedstawiam gotowe menu, nie oznacza to jednak, że nie możecie go modyfikować.

- Być może zechcecie gotować na dwa dni lub będziecie mieli ochotę na potrawę przeznaczoną na inny dzień – możecie dokonać zamiany.
- Możecie zmienić kolejność dni lub zaproponowany posiłek zastąpić innym.
- Może przyjdą wam do głowy jakieś pomysły, a moje menu i przepisy posłużą tylko jako inspiracja.
- Nie musicie stosować przypraw, których nie lubicie.

Harmonogram dnia, produkty dozwolone i menu

10-dniowa dieta warzywno-owocowa

Harmonogram dnia

7.00 – 1–2 szklanki (250–500 ml) ciepłej wody (może być z plasterkiem cytryny)
8.00 – śniadanie
10.00 – szklanka ciepłej wody
11.00 – herbatki ziołowe, ewentualnie sok warzywno-owocowy
12.00 – szklanka ciepłej wody
13.00 – obiad
15.00 – szklanka ciepłej wody
16.00 – herbatki ziołowe, ewentualnie sok warzywny
17.00 – szklanka ciepłej wody
18.00 – szklanka ciepłej wody
19.00 – kolacja

Produkty dozwolone

Warzywa	Owoce	Zioła i przyprawy (świeże i suszone)
bakłażany botwina brokuły brukselka buraki cebula (różne rodzaje) cukinia cykoria dynia jarmuż kabaczki kalafior kalarepa kapusta biała kapusta czerwona kapusta kiszona kapusta pekińska kapusta włoska karczochy koper włoski (fenkuł) marchew ogórki kiszone ogórki świeże papryka patisony pietruszka pomidory por roszponka rukola rzepa rzodkiew rzodkiewka sałata (różne rodzaje) seler korzeniowy seler naciowy szczaw szparagi szpinak	cytryny granat grejpfruty kiwi jabłka jeżyny limonki maliny melony pomelo porzeczki białe porzeczki czarne porzeczki czerwone rabarbar wiśnie żurawina świeża	**świeże:** bazylia chrzan czosnek koperek korzeń chrzanu korzeń imbiru lubczyk melisa mięta natka pietruszki oregano rozmaryn szałwia szczypiorek tymianek **suszone:** anyż bazylia chili cynamon gałka muszkatołowa imbir kminek kozieradka kurkuma liście laurowe lubczyk majeranek papryka czerwona pieprz (różne rodzaje) pulpa pomidorowa bez cukru przecier pomidorowy (passata) bez cukru i konserwantów rozmaryn sól (morska i himalajska) szałwia tymianek ziele angielskie **inne:** ocet jabłkowy

Menu (numery stron z przepisami podane są w nawiasach)

dzień 1.	***śniadanie*** sok z marchwi surówka marchew i jabłko (222) zakwas buraczany (239) warzywa gotowane na parze (208) ½ grejpfruta ***obiad*** kapusta pekińska ze szczypiorkiem i koperkiem (194) warzywa gotowane na parze (208) surówka z kiszonych ogórków, jabłka i selera naciowego (218) ***kolacja*** zupa z pieczonej pietruszki i pora (180) świeże surowe warzywa sezonowe	***śniadanie*** koktajl z selera naciowego i szpinaku (230) sałatka z pieczonej papryki (213) zakwas buraczany (239) surówka marchew i seler (222) ***obiad*** aromatyczna zupa kapuściana (181) warzywa gotowane na parze (208) surówka z kiszonych ogórków, jabłka i selera naciowego (218) ***kolacja*** zupa krem z marchwi, papryki i pomidorów (182) świeże surowe warzywa sezonowe	dzień 2.
dzień 3.	***śniadanie*** koktajl z selera naciowego i szpinaku (230) kanapeczki warzywne (228) kubek czerwonego barszczu (178) ***obiad*** pieczone buraki z jabłkiem i imbirem (197) warzywa gotowane na parze (208) surówka z kapusty kiszonej (217) surówka marchew i kalarepa (222) ***kolacja*** gotowana kapusta kiszona (195) świeże surowe warzywa sezonowe	***śniadanie*** koktajl ze szpinaku i melona (234) warzywa gotowane na parze (208) surówka marchew i rzodkiew (222) zakwas buraczany (239) ***obiad*** warzywa duszone z natką pietruszki (198) sałatka z pieczonych buraków (215) surówka z kiszonych ogórków, jabłka i selera naciowego (218) ***kolacja*** zupa z dyni, marchewki i kolendry (183) świeże surowe warzywa sezonowe	dzień 4.
dzień 5.	***śniadanie*** sok z marchwi pasta z pieczonej dyni i papryki (225) kubek czerwonego barszczu (178) surówka marchew i seler (222) jabłko ***obiad*** leczo z brukselką (199) warzywa gotowane na parze (208) surówka z kapusty kiszonej (217) surówka marchew i rzepa (222) ***kolacja*** aromatyczna zupa warzywna (184) świeże surowe warzywa sezonowe	***śniadanie*** koktajl z pieczonych buraków (229) surówka marchew, seler i jabłko (222) zakwas buraczany (239) ¼ pomelo ***obiad*** leczo (200) warzywa gotowane na parze (208) kiszonka jednodniowa z ogórków gruntowych (214) surówka z selera i grejpfruta (219) ***kolacja*** aksamitna zupa krem z kiszonych ogórków i dyni (185) świeże surowe warzywa sezonowe	dzień 6.

dzień 7.	***śniadanie*** koktajl z natki pietruszki i kiwi (232) sałatka z pieczonej papryki – 2 wersja (213) zakwas buraczany (239) surówka marchew i jabłko (222) ***obiad*** pieczona papryka i dynia hokkaido z zielonymi warzywami liściastymi (201) surówka z kapusty kiszonej (217) kubek czerwonego barszczu (178) ***kolacja*** zielona zupa ze szpinakiem (186) świeże surowe warzywa sezonowe	***śniadanie*** sok z marchwi warzywa gotowane na parze (208) surówka marchew i kalarepa (222) zakwas buraczany (239) jabłka pieczone z cynamonem (227) ***obiad*** cukinia faszerowana warzywami korzeniowymi (202) surówka z kiszonych ogórków, jabłka i selera naciowego (218) surówka z młodej kapusty (221) ***kolacja*** kremowa zupa z cukinii i brokułu (187) świeże surowe warzywa sezonowe	dzień 8.
dzień 9.	***śniadanie*** koktajl orzeźwiający z ogórka (231) warzywa gotowane na parze (208) surówka marchew i rzepa (222) zakwas buraczany (239) ***obiad*** dynia faszerowana szpinakiem (204) surówka z buraków i brukselki (216) surówka z kapusty kiszonej (217) ***kolacja*** cebulowa zupa krem (188) świeże surowe warzywa sezonowe	***śniadanie*** koktajl pomidorowo-selerowy z bazylią (235) pasta z pieczonego bakłażana i papryki (226) zakwas buraczany (239) ***obiad*** gulasz z kalafiora (205) warzywa gotowane na parze (208) kiszonka jednodniowa z ogórków gruntowych (214) surówka z cukinii i pora (220) ***kolacja*** aromatyczny gulasz z marchwi, papryki i fenkułu (206) świeże surowe warzywa sezonowe	dzień 10.

10-dniowa dieta jaglano-warzywna

Harmonogram dnia

7.00 – 1–2 szklanki (250–500 ml) ciepłej wody (może być z plasterkiem cytryny)
8.00 – kleik z siemienia lnianego, śniadanie
10.00 – szklanka ciepłej wody
11.00 – herbatki ziołowe, ewentualnie sok warzywno-owocowy
12.00 – szklanka ciepłej wody
13.00 – obiad
15.00 – szklanka ciepłej wody
16.00 – herbatki ziołowe, ewentualnie sok warzywny
17.00 – szklanka ciepłej wody
18.00 – szklanka ciepłej wody
19.00 – kolacja

Produkty dozwolone

Warzywa	Owoce	Zioła i przyprawy	Pozostałe produkty
bakłażany botwina brokuły brukselka buraki cebula (różne rodzaje) cukinia cykoria dynia jarmuż kabaczki kalafior kalarepa kapusta biała kapusta czerwona	arbuzy awokado banany niedojrzałe borówki amerykańskie cytryny czereśnie granaty grejpfruty gruszki kiwi jabłka jeżyny limonki maliny	**świeże:** bazylia chrzan czosnek koperek korzeń chrzanu korzeń imbiru lubczyk melisa mięta natka pietruszki oregano rozmaryn szałwia szczypiorek tymianek	**kasze:** kasza gryczana kasza jaglana **tłuszcze:** olej lniany olej rzepakowy oliwa z oliwek **inne:** kiełki nasion i zbóż ocet jabłkowy (niewielkie ilości) masło klarowane lub olej kokosowy (niewielkie ilości)

<table>
<tr>
<td>kapusta kiszona
kapusta pekińska
kapusta włoska
karczochy
koper włoski (fenkuł)
marchew
ogórki kiszone
ogórki świeże
papryka
patisony
pietruszka
pomidory
por
roszponka
rukola
rzepa
rzodkiew
rzodkiewka
sałata (różne rodzaje)
seler korzeniowy
seler naciowy
szczaw
szparagi
szpinak</td>
<td>mandarynki
mango
melony
nektarynki
pomelo
pomarańcze
porzeczki białe
porzeczki czarne
porzeczki czerwone
rabarbar
śliwki
truskawki
winogrona białe
winogrona różowe
wiśnie
żurawina świeża</td>
<td>suszone:
anyż
bazylia
chili
cynamon
gałka muszkatołowa
imbir
kminek
kozieradka
kurkuma
liście laurowe
lubczyk
majeranek
papryka czerwona
pieprz (różne rodzaje)
pulpa pomidorowa bez cukru
przecier pomidorowy (passata) bez cukru i konserwantów
rozmaryn
sól (morska i himalajska)
szałwia
tymianek
ziele angielskie</td>
<td></td>
</tr>
</table>

Menu (numery stron z przepisami podane są w nawiasach)

dzień 1.	***śniadanie*** koktajl z pieczonych buraków (229) surówka marchew, seler i jabłko (222) zakwas buraczany (239) ***obiad*** kasza jaglana ze szpinakiem (209) warzywa gotowane na parze (208) kiszonka jednodniowa z ogórków gruntowych (214) surówka z selera i grejpfruta (219) ***kolacja*** zupa z pieczonej pietruszki i pora (180) świeże surowe warzywa sezonowe	***śniadanie*** sok z marchwi kanapeczki warzywne (228) sałatka z pieczonej papryki (213) kubek czerwonego barszczu (178) ½ grejpfruta ***obiad*** pieczone buraki z jabłkiem i imbirem – zupa krem (197) warzywa duszone z natką pietruszki (198) surówka z kiszonych ogórków, jabłka i selera naciowego (218) ***kolacja*** aromatyczna zupa kapuściana (181) świeże surowe warzywa sezonowe	dzień 2.
dzień 3.	***śniadanie*** koktajl ze szpinaku i melona (234) śniadaniowa zupa jaglana z jabłkiem (193) zakwas buraczany (239) ***obiad*** rozgrzewająca kasza gryczana (210) warzywa gotowane na parze (208) sałatka z pieczonych buraków (215) surówka z kapusty kiszonej (217) ***kolacja*** zupa krem z marchwi, papryki i pomidorów (182) świeże surowe warzywa sezonowe	***śniadanie*** koktajl z natki pietruszki i kiwi (232) warzywa gotowane na parze (208) kubek czerwonego barszczu (178) surówka marchew i seler (222) ***obiad*** zupa krem z kalafiora i pora (189) leczo podane z kaszą (200) kiszonka jednodniowa z ogórków gruntowych (214) surówka marchew i rzepa (222) ***kolacja*** zupa z dyni, marchewki i kolendry (183) świeże surowe warzywa sezonowe	dzień 4.
dzień 5.	***śniadanie*** sok z marchwi pasta z pieczonej dyni i papryki (225) surówka marchew i rzodkiew (222) kubek czerwonego barszczu (178) ***obiad*** pieczona papryka i dynia hokkaido z zielonymi warzywami liściastymi (201) warzywa gotowane na parze (208) surówka z kapusty kiszonej (217) ***kolacja*** aromatyczna zupa warzywna (184) świeże surowe warzywa sezonowe	***śniadanie*** koktajl z jarmużu i bazylii (233) warzywa gotowane na parze (208) zakwas buraczany (239) surówka marchew i jabłko (222) ***obiad*** aromatyczna zupa pomidorowa z bazylią (191) cukinia faszerowana warzywami korzeniowymi podana z kaszą (202) surówka z kapusty kiszonej (217) ***kolacja*** aksamitna zupa krem z kiszonych ogórków i dyni (185) świeże surowe warzywa sezonowe	dzień 6.

<table>
<tr><td>dzień 7.</td><td>śniadanie
sok z marchwi
kasza jaglana z pieczonym jabłkiem (212)
surówka marchew i kalarepa (222)
zakwas buraczany (239)
obiad
dynia faszerowana szpinakiem podana z kaszą (204)
warzywa gotowane na parze (208)
surówka z buraków i brukselki (216)
kiszonka jednodniowa z ogórków gruntowych (214)
kolacja
zielona zupa ze szpinakiem (186)
świeże surowe warzywa sezonowe</td><td>śniadanie
sok z marchwi
sałatka z pieczonej papryki 2. wersja (213)
jabłka pieczone z cynamonem (227)
zakwas buraczany (239)
obiad
zupa krem z cukinii i pora (190)
gulasz z kalafiora (205)
surówka z kiszonych ogórków, jabłka i selera naciowego (218)
kolacja
kremowa zupa z cukinii i brokułu (187)
świeże surowe warzywa sezonowe</td><td>dzień 8.</td></tr>
<tr><td>dzień 9.</td><td>śniadanie
koktajl orzeźwiający z ogórka (231)
sałatka jaglano-warzywna (223)
zakwas buraczany (239)
jabłko
obiad
aromatyczny gulasz z marchewki, selera, papryki, fenkułu podany z kaszą (207)
kiszonka jednodniowa z ogórków gruntowych (214)
surówka z cukinii i pora (220)
kolacja
cebulowa zupa krem (188)
świeże surowe warzywa sezonowe</td><td>śniadanie
koktajl pomidorowo-selerowy z bazylią (235)
pasta z pieczonego bakłażana i papryki (226)
zakwas buraczany (239)
obiad
papryka zapiekana z kaszą jaglaną i cukinią (211)
surówka z kiszonych ogórków, jabłka i selera naciowego (218)
surówka z młodej kapusty (221)
kolacja
zupa krem z kalafiora i pora (189)
świeże surowe warzywa sezonowe</td><td>dzień 10.</td></tr>
</table>

Głodówka wodna lub sokowa

Podczas głodówki wodnej soki zastępujemy wodą.

Harmonogram dnia

7.00 – szklanka (250 ml) ciepłej wody (może być z plasterkiem cytryny)
8.00 – ¾ szklanki soku uzupełnionego ciepłą wodą tak, by dopełnić szklankę
9.00 – herbata ziołowa
10.00 – szklanka ciepłej wody
11.00 – ¾ szklanki soku uzupełnionego ciepłą wodą tak, by dopełnić szklankę
12.00 – szklanka ciepłej wody
13.00 – ¾ szklanki soku uzupełnionego ciepłą wodą tak, by dopełnić szklankę
14.00 – herbata ziołowa
15.00 – szklanka ciepłej wody
16.00 – ¾ szklanki soku uzupełnionego ciepłą wodą tak, by dopełnić szklankę
17.00 – szklanka ciepłej wody
18.00 – szklanka ciepłej wody
19.00 – ¾ szklanki soku uzupełnionego ciepłą wodą tak, by dopełnić szklankę

Produkty dozwolone

Soki możemy przygotować prawie ze wszystkich warzyw i owoców. Najlepsze są: marchew, buraki, seler korzeniowy i naciowy, kapusta, brokuły, warzywa zielone liściaste, kiełki, ogórki, pomidory, zielone świeże zioła, takie jak natka pietruszki, mniszek lekarski, bazylia, owoce, a zwłaszcza jabłka, gruszki, cytryny, limonki, grejpfruty.

Dodatkowe uwagi

- Proponuję na każdy dzień przyrządzić dwa rodzaje (nie więcej) soku. Świeżo przygotowany sok nadaje się do spożycia przez dobę, a jeśli robiony jest w wyciskarce i przechowywany w lodówce, zachowuje świeżość nawet przez dwa dni. Możemy więc przygotować go na zapas.
- W menu podane są 2 rodzaje soków każdego dnia, jeden na przedpołudnie, drugi na godziny popołudniowe. Soki na popołudnie przygotowujemy przeważnie z warzyw, a do tych porannych dodajemy również owoce.
- Możemy korzystać z tzw. soków jednodniowych dostępnych w wielu sklepach spożywczych (niepasteryzowanych, bez dodatku cukru, naturalnych).
- Możemy pić też soki np. tylko z marchewki, tylko z buraka, tylko z grejpfruta itd.
- W ciągu dnia możemy pić także porcję soku z kiszonej kapusty lub zakwas buraczany i zielony proszek rozrobiony z wodą, np. młody jęczmień czy trawę pszeniczną. Do zielonego proszku można dodać dla smaku trochę soku z cytryny.
- W przepisach dominuje sok z marchwi ze względu na to, że jest łagodny i ma wyjątkowo cenne właściwości opisane w rozdziale *Pokarmy, napoje i napary wspomagające eliminację toksyn i budowanie przyjaznej flory bakteryjnej jelit*.

Menu

Przepisy na soki znajdziecie na stronach 237 i 238.

dzień 1.
***Przedpołudnie:* sok 1.** – marchew, jabłko ***Popołudnie:* sok 6.** – marchew, seler naciowy, natka, cytryna
dzień 2.
***Przedpołudnie:* sok 2.** – marchew, burak, jabłko ***Popołudnie:* sok 7.** – marchew, jarmuż, seler naciowy
dzień 3.
***Przedpołudnie:* sok 3.** – seler naciowy, jabłko, kiwi, szpinak ***Popołudnie:* sok 8.** – marchew, burak, ogórek, seler korzeniowy
dzień 4.
***Przedpołudnie:* sok 4.** – biała kapusta, jarmuż, bazylia, gruszka, kiwi ***Popołudnie:* sok 9.** – pomidory, kiełki lucerny, seler, czosnek, bazylia
dzień 5.
***Przedpołudnie:* sok 5.** – burak, grejpfrut, limonka, cytryna ***Popołudnie:* sok 10.** – marchew, biała kapusta, natka pietruszki, czosnek

Przepisy kulinarne

Około połowy z proponowanych w dalszej części przepisów opracowała Edyta Skorupska, doradca żywieniowy, specjalistka psychodietetyki, a także pasjonatka pysznej zdrowej kuchni i fotografii kulinarnej oraz autorka bloga www.przyzielonymstole.blogspot.com. Do odwiedzenia jej bloga serdecznie zachęcam, zwłaszcza jeśli szukacie inspiracji, by gotować zdrowe potrawy. Znajdziecie tam wiele propozycji, które można wykorzystać w przygotowaniu do detoksu.

ZUPY

Detoks jaglano-warzywny: do zupy na talerzu dolewamy łyżeczkę oleju lub oliwy z oliwek.

Czerwony barszcz do popijania

szczypta tymianku
¼ łyżeczki kurkumy
2 łyżeczki majeranku
1 łyżeczka kminku (ziarenek lub mielonego)
1 kg buraków
2 marchewki
2 pietruszki
kawałek selera
2 cebule
5 ząbków czosnku
1 por
¼ łyżeczki suszonego imbiru

1 łyżeczka kozieradki
3 liście laurowe
5 ziaren ziela angielskiego
szczypta pieprzu kajeńskiego
szczypta suszonej bazylii
natka pietruszki
sok z ¼ cytryny
czarny pieprz
sól morska
zakwas buraczany
2 dodatkowe ząbki czosnku (opcjonalnie)

Do 3 litrów wrzącej wody dodać tymianek, kurkumę, majeranek, kminek, buraki w plasterkach, pozostałe warzywa obrane i pokrojone w dużą kostkę, zmiażdżone ząbki czosnku i pozostałe przyprawy (imbir, kozieradka, liście laurowe, ziele angielskie, pieprz kajeński, bazylię) oraz zgnieciony pęczek natki. Gotować 25 minut. Dodać sok z cytryny, zakwas, pieprz i sól do smaku, ewentualnie dodatkowe 2 zmiażdżone ząbki czosnku. Kiedy barszcz wystygnie, przecedzić i trzymać w zakręconym słoiku lub butelce w lodówce. Popijać gorący.

Zupa z pieczonej pietruszki i pora

500 g pietruszki
2 pory (tylko biała część)
5 ząbków czosnku
1 łyżeczka soli morskiej
pieprz
Do posypania zupy:
natka pietruszki, por pokrojony, czarnuszka

Piekarnik rozgrzać do 180°C. Pietruszkę pokroić w kostkę, por pokroić w plasterki, ząbki czosnku obrać, wszystko wymieszać i ułożyć na blasze wyłożonej papierem do pieczenia. Posypać odrobiną soli i piec przez 30 minut*. Po tym czasie przełożyć warzywa do garnka, zalać 1½ litra ciepłej wody, posolić i gotować przez 15 minut. Następnie zupę zmiksować na krem i doprawić solą i pieprzem. Podawać posypaną obficie posiekaną natką pietruszki, porem pokrojonym w cienkie plasterki i czarnuszką.

* Opcjonalnie: zamiast piec warzywa, możemy je tylko ugotować.

Aromatyczna zupa kapuściana

½ główki białej kapusty
por (biała część)
2 pietruszki
3 marchewki
cebula
szczypta tymianku
szczypta kurkumy
szczypta bazylii
½ łyżeczki suszonego lubczyku
½ łyżeczki ziaren kminku
½ łyżeczki imbiru
½ łyżeczki kozieradki
1 łyżeczka majeranku
2 liście laurowe
3 ziarna ziela angielskiego
szczypta pieprzu kajeńskiego
2 ząbki czosnku
sól morska
3 łyżki pulpy pomidorowej lub koncentrat (do smaku)
pęczek natki pietruszki, pęczek koperku

Na 2 litry wrzątku wrzucić wszystkie suszone przyprawy (oprócz soli). Dodać obrane i pokrojone w plasterki marchewkę, pietruszkę, por, poszatkowaną kapustę i zmiażdżone ząbki czosnku. Gotować, aż warzywa będą miękkie (około 20 minut). Dodać: cebulę pokrojoną w kostkę i uprażoną na suchej patelni (w trakcie prażenia przez cały czas mieszać), sól do smaku, zgnieciony w dłoni pęczek natki, pulpę pomidorową i gotować 5–6 minut. Na koniec dodać duży pęczek posiekanego koperku.

Zupa krem z marchwi, papryki i pomidorów

1 duża cebula
1 czerwona papryka
1 świeża czerwona pikantna papryczka
3 ząbki czosnku
5 świeżych pomidorów (lub pulpa pomidorowa ze słoika)
750 g marchwi
½ łyżeczki mielonego pieprzu
½ łyżeczki kurkumy
szczypta pieprzu kajeńskiego
1 łyżeczka suszonego rozmarynu
sól morska
pieprz
natka pietruszki

Cebulę i umytą wydrążoną paprykę oraz wydrążoną ostrą papryczkę pokroić w paski, wrzucić na suche dno garnka i ciągle mieszając, prażyć, aż lekko się zrumienią. Warzywa odsunąć na bok tak, by dodać przeciśnięty przez praskę czosnek, i chwilę go mieszać, dopóki nie zacznie wydzielać aromatu, a następnie połączyć z warzywami. Dodać pokrojone w dużą kostkę pomidory, wymieszać. Zalać ½ litra gorącej wody i wsypać pozostałe przyprawy oraz obraną i pokrojoną w plastry marchew. Gotować przez 20 minut, po czym zmiksować w blenderze. Jeśli zupa jest za gęsta, rozcieńczyć gorącą przegotowaną wodą i mieszać blenderem na niskich obrotach przez 3 sekundy. Podawać posypaną posiekaną natką pietruszki.

Zupa z dyni, marchewki i kolendry

1 kg dyni o zwartym miąższu
1 marchewka
2 cebule
1 łyżeczka kolendry suszonej
sól morska
pieprz
do posypania zupy: natka pietruszki lub świeża kolendra

Do garnka o grubym dnie wlać ½ szklanki wody. Dodać kolendrę i pokrojoną w kostkę cebulę. Gotować przez 5 minut. Dodać obrane i pokrojone w kostkę dynię oraz marchew i gotować przez kolejne 5 minut, mieszając. Po tym czasie dolać tyle wody, aby zakrywała dynię. Gotować do miękkości. Doprawić solą i świeżo mielonym pieprzem. Zmiksować i podawać posypaną posiekaną świeżą kolendrą lub natką pietruszki.

Aromatyczna zupa warzywna

szczypta tymianku
¼ łyżeczki kurkumy
¼ ziaren kminku
½ łyżeczki suszonego imbiru
1 łyżeczka kozieradki
2 liście laurowe
4 ziarna ziela angielskiego
szczypta pieprzu kajeńskiego
½ łyżeczki bazylii
1 cebula
¼ selera
1 marchew
1 pietruszka
1 por (biała część)
1 ząbek czosnku
1 duża garść brukselki
½ średniego kalafiora
sól morska
sok z cytryny
pęczek koperku
pęczek natki pietruszki

Na 2 litry wrzątku wrzucić wszystkie suszone przyprawy (oprócz soli). Dodać pokrojone w kostkę cebulę i seler, obrane i pokrojone w plasterki marchew, pietruszkę i por, zmiażdżony ząbek czosnku, brukselkę oraz podzielony na różyczki kalafior. Gotować, aż warzywa będą miękkie (około 20 minut). Doprawić solą i sokiem z cytryny. Podawać z dużą ilością posiekanej natki i/lub koperku.

Aksamitna zupa krem z kiszonych ogórków i dyni

4 duże kiszone ogórki
1 duża cebula
1 dynia (ok. 1 szklanki miąższu)
3 ząbki czosnku
3 liście laurowe
2 ziarna ziela angielskiego
2 szczypty mielonego kminku
sól
pieprz

Do garnka o grubym dnie wlać 1 litr wody i dodać liście laurowe, ziele angielskie, kminek oraz obrane i pokrojone w kostkę ogórki, cebulę, dynię i pokrojony w plasterki czosnek. Gotować wszystko przez 20 minut, po czym wyjąć listki laurowe i ziele angielskie, doprawić solą i zmiksować zupę. Podawać posypaną mielonym kminkiem i świeżo zmielonym pieprzem.

Zielona zupa ze szpinakiem

150 g szpinaku
1 por (tylko biała część)
2 łodygi selera naciowego
1 marchewka
1 pietruszka
2 cebule
sok wyciśnięty z połowy cytryny
skórka otarta z połowy niewoskowanej cytryny
2 listki laurowe
gałka muszkatołowa
2 ziarna ziela angielskiego
sól morska
pieprz

Obrane por, seler, marchew i pietruszkę pokroić w plasterki. Cebulę pokroić w kostkę. Wszystkie warzywa (oprócz szpinaku) włożyć do garnka, zalać wodą (tylko tyle, aby warzywa były zakryte). Dodać ziele angielskie, liście laurowe i gotować przez 20 minut. Po tym czasie do warzyw dodać szpinak, sok i otartą skórkę z cytryny. Gotować jeszcze 3 minuty. Z zupy wyjąć listki i ziele angielskie, doprawić do smaku gałką, solą, pieprzem i zmiksować na krem.

Kremowa zupa z cukinii i brokułu

1 średni brokuł
1 średnia cukinia
1 duża cebula
3 ząbki czosnku
½ łyżeczki tymianku
½ łyżeczki oregano
1 łyżeczka bazylii
1 płaska łyżeczka soli morskiej
do posypania zupy:
koperek, natka pietruszki, jarmuż

Brokuł podzielić na różyczki. Cukinię pokroić w plasterki, cebulę w kostkę. Czosnek posiekać. Wszystkie warzywa włożyć do garnka, dodać czosnek, tymianek, oregano, bazylię, sól, zalać 3 szklankami wody i gotować 20 minut pod przykryciem. Po ugotowaniu zupę zmiksować na gładki krem. Można podawać ją z cieniutko pokrojonym jarmużem, z natką pietruszki lub koperkiem.

Cebulowa zupa krem

1 kg cebuli
1 marchewka
1 pietruszka
½ małego selera
1 ząbek czosnku
3 liście laurowe
3 ziarna ziela angielskiego
1 łyżka majeranku
1 łyżeczka soli morskiej
świeżo mielony pieprz
gałka muszkatołowa
natka pietruszki do posypania zupy

Obrane cebulę, marchew, pietruszkę pokroić w plasterki. Seler pokroić w kostkę. Czosnek zmiażdżyć. Wszystkie składniki (oprócz natki) włożyć do garnka i zalać 1½ szklanki wody. Gotować przez 20 minut pod przykryciem, po czym wyjąć listki laurowe i ziele angielskie. Doprawić świeżo zmielonym pieprzem, gałką muszkatołową i zmiksować. Jeśli zupa będzie za gęsta, dodać jeszcze trochę wody. Podawać posypaną obficie natką pietruszki.

Zupa krem z kalafiora i pora

1 średni kalafior
1 duży por
1 marchewka
1 pietruszka
1 łyżeczka soli morskiej
pieprz
czarnuszka
kilka łyżek posiekanego pora i natka do dekoracji

Kalafior podzielić na różyczki. Obrane por, marchew i pietruszkę pokroić w plastry. Wszystkie składniki (oprócz czarnuszki, natki i pora do dekoracji) włożyć do garnka. Zalać 2 szklankami wody, dodać sól, pieprz i gotować pod przykryciem przez 20 minut, po czym zmiksować zupę na krem. Jeśli będzie zbyt gęsta, dodać jeszcze trochę wody. Podawać posypaną natką, porem i czarnuszką.

Zupa krem z cukinii i pora

2 duże cukinie
1 duży por (biała część)
¼ dużego korzenia selera
1 łyżeczka kozieradki
szczypta kurkumy
½ łyżeczki tymianku
½ łyżeczki pieprzu (lub więcej)
sól morska
3 ząbki czosnku
pęczek koperku
sok z ogórków kiszonych (opcjonalnie)

Cukinię umyć, pokroić w półplastry. Por umyć i pokroić w krążki. Seler obrać, umyć i pokroić w kostkę. Warzywa włożyć do garnka, zalać 2½ szklanki zimnej wody, dodać kozieradkę, kurkumę, tymianek i pieprz. Gotować przez 15 minut. Po ugotowaniu dodać przeciśnięty przez praskę czosnek i sól do smaku. Zmiksować w blenderze na krem. Jeśli zupa będzie za gęsta, dolać gorącej przegotowanej wody i miksować przez 3 sekundy. Zupę podawać suto posypaną posiekanym koperkiem. Krem można też nieco zakwasić sokiem z kiszonych ogórków.

Aromatyczna zupa pomidorowa z bazylią i selerem naciowym

2 duże pomidory
1 łodyga selera naciowego
1 cukinia
2 marchewki
1 pietruszka
1 por (biała część)
1 cebula
½ selera
2 liście laurowe
3 ziarna ziela angielskiego
½ łyżeczki suszonego imbiru
szczypta pieprzu kajeńskiego
½ łyżeczki kurkumy
1 łyżeczka oregano
½ łyżeczki pieprzu ziołowego
koncentrat pomidorowy (do smaku)
2 ząbki czosnku
sok z cytryny (do smaku)
sól morska (do smaku)
pęczek bazylii

Do 1 litra wody dodać obrane i pokrojone w plasterki marchew, pietruszkę, por i pokrojone w kostkę cebulę i seler. Dodać liście laurowe i ziele angielskie. Gotować do miękkości (około 20 minut). Usunąć ziele angielskie i liście laurowe, a resztę zmiksować.

Do osobnego garnka wlać wodę do wysokości 2 cm. Dodać sparzone, obrane ze skórki i pokrojone w kostkę pomidory. Dodać przyprawy: imbir, pieprz kajeński, kurkumę, oregano.

Gotować przez kilka minut i połączyć z wywarem warzywnym. Dodać koncentrat pomidorowy (może być również zagęszczony przecier z pomidorów), cukinię pokrojoną w kostkę, przeciśnięty przez praskę czosnek, doprawić sokiem z cytryny i solą i gotować 3–5 minut (tak, by cukinia lekko zmiękła). Podawać z pokrojonym w cieniutkie plasterki selerem naciowym i dużą ilością posiekanej bazylii.

Śniadaniowa zupa jaglana z jabłkiem*
(detoks jaglano-warzywny)

4 płaskie łyżki kaszy jaglanej
1 jabłko*
¼ łyżeczki cynamonu
¼ łyżeczki suszonego imbiru
szczypta kurkumy
szczypta soli morskiej

Na dno garnka wsypać kaszę jaglaną i mieszając, prażyć przez minutę, dwie, aż zacznie wydzielać aromat. Przepłukać kaszę bieżącą zimną wodą (na sitku lub wlewając 2–3 razy wodę do garnka i odlewając). Do wypłukanej kaszy wlać 2 szklanki wody. Dodać przyprawy i gotować na małym ogniu około 30 minut. Pod koniec gotowania dodać obrane, pokrojone w kostkę jabłko, gotować razem 15 sekund.

* Zamiast jabłka można dodać inne owoce.

DANIA Z WARZYW

Detoks jaglano-warzywny: warzywa dusimy na łyżeczce masła klarowanego lub oleju kokosowego, a do gotowania potrawy dodajemy dodatkowo 1–2 łyżki oliwy z oliwek lub innego oleju. Opcjonalnie możemy skropić oliwą danie już na talerzu. Dania podajemy z kaszą jaglaną lub gryczaną ugotowaną na sypko.

Kapusta pekińska ze szczypiorkiem i koperkiem

2 główki kapusty pekińskiej*
2 marchewki
2 cebule
5 ząbków czosnku
250 ml soku pomidorowego lub przecieru pomidorowego bez cukru
2 liście laurowe
2 ziarna ziela angielskiego
1 pęczek szczypiorku
1 pęczek koperku
1 łyżeczka słodkiej papryki
sól morska, pieprz ziołowy

Do garnka o grubym dnie wlać szklankę wody. Dodać ziele angielskie, liście laurowe, czosnek pokrojony w plasterki, cebulę pokrojoną w drobną kostkę oraz obrane i pokrojone w plastry marchewkę i kapustę pekińską. Dolać sok pomidorowy i gotować wszystko pod przykryciem przez 20 minut (aż kapusta będzie miękka). Na koniec dodać posiekane szczypiorek i koperek oraz łyżeczkę słodkiej papryki. Doprawić solą i pieprzem.

* Zamiast kapusty pekińskiej można użyć młodej białej kapusty.

Gotowana kapusta kiszona

500 g kapusty kiszonej
2 duże cebule
2 duże marchewki
1 duża pietruszka
500 ml gęstego soku pomidorowego lub passaty pomidorowej bez cukru
1 łyżeczka kminku
3 liście laurowe
3 ziarna ziela angielskiego

Do garnka o grubym dnie wlać ½ szklanki wody, dodać ziele angielskie, liście laurowe i kminek, cebulę pokrojoną w kostkę i gotować 5 minut. Kapustę kiszoną wypłukać na sicie (by nie była zbyt kwaśna) i drobno pokroić. Do garnka włożyć kapustę, obrane i starte na dużych oczkach marchew i pietruszkę, dolać sok pomidorowy i gotować pod przykryciem na małym ogniu, aż kapusta będzie miękka.

Gotowana kapusta kiszona – wersja aromatyczna

½ średniej główki białej kapusty
500 g kapusty kiszonej
2 duże cebule
3 liście laurowe
4 ziarna ziela angielskiego
2 średnie marchewki
1 pietruszka
¼ selera
4 ząbki czosnku
½ łyżeczki kurkumy
½ łyżeczki suszonego imbiru
1 łyżeczka majeranku
¼ łyżeczki tymianku
½ łyżeczki pieprzu
sól morska

Cebulę pokroić w kostkę i podprażyć, cały czas mieszając w garnku o grubym dnie, bez tłuszczu. Podlać 4 łyżkami wody i poddusić 3 minuty. Dodać liście laurowe, ziele angielskie, obrane i pokrojone w drobną kosteczkę marchew, pietruszkę, seler i poszatkowaną białą kapustę. Zalać wodą do ¾ wysokości garnka i dusić 20 minut, parę razy mieszając.

W drugim garnku udusić, podlewając ½ szklanki wody, posiekaną kapustę kiszoną. Zmieszać obydwie kapusty, dodać zmiażdżony czosnek, suszone zioła i przyprawy, dosolić do smaku, wymieszać i dusić razem jeszcze 10 minut.

Pieczone buraki z jabłkiem i imbirem*

8 niedużych buraków
1 gałązka świeżego rozmarynu
2 cm świeżego imbiru (lub mniej)
1 jabłko
sok z cytryny
pęczek natki pietruszki (opcjonalnie)

Buraki dokładnie umyć, zawinąć w folię aluminiową lub papier do pieczenia i piec na blasze w temperaturze 200°C około godziny. Kiedy wystygną, obrać je ze skórki i pokroić w dużą kostkę (ok. 2 cm).

Na dno garnka wlać 1–2 łyżki wody, włożyć rozmaryn, dodać obrany i starty na tarce imbir i buraki i dusić pod przykryciem na małym ogniu około 2 minut.

W tym czasie obrane, pokrojone w kostkę jabłko uprażyć na suchej patelni. Wyjąć rozmaryn z buraków, dodać uprażone jabłko, wymieszać i skropić sokiem z cytryny. Na talerzu można posypać drobno posiekaną natką.

Detoks jaglano-warzywny: zamiast jabłka można dodać gruszkę.

* Tę potrawę można zamienić w zupę krem. Wystarczy razem z jabłkiem dolać ¾ (lub więcej) szklanki gorącej wody. Gotować razem przez minutę, a następnie zmiksować w blenderze.

Warzywa duszone z natką pietruszki

400 g marchewki
400 g pietruszki
2 cebule
3 papryki
duży pęczek natki pietruszki
2 liście laurowe
2 ziarna ziela angielskiego
1 płaska łyżeczka soli morskiej (lub do smaku)
1 płaska łyżeczka tymianku
1 płaska łyżeczka bazylii
2 ząbki czosnku

Marchew, pietruszkę, cebulę i paprykę pokroić w kostkę. Włożyć do garnka, zalać 1½ szklanki wody*, dodać liście laurowe, ziele angielskie, bazylię, tymianek i dusić pod przykryciem do miękkości. Na koniec dodać posiekaną natkę pietruszki, przeciśnięty przez praskę czosnek, sól i gotować jeszcze przez 5 minut.

* Zamiast szklanki wody w sezonie można dodać 2 duże pomidory, sparzone, obrane ze skórki i pokrojone w kostkę.

Leczo z brukselką

1 średnia cukinia
3 papryki
½ kg brukselki
4 pomidory
2 małe cebule
5 ząbków czosnku
1 łyżeczka soli morskiej
1 łyżka bazylii
słodka czerwona papryka
pieprz

Cukinię i paprykę pokroić w paski. Brukselki poprzekrawać na pół. Pomidory sparzyć, obrać ze skórki i pokroić na ćwiartki. Cebulę również pokroić na ćwiartki, a czosnek w plasterki. Wszystkie warzywa włożyć do garnka o grubym dnie, zalać ½ szklanki wody i dusić na małym ogniu do miękkości. Na koniec doprawić słodką papryką, solą i świeżo mielonym pieprzem i bazylią.

Leczo

2 duże cebule
4 papryki
2 średnie cukinie
4 pomidory
½ łyżeczki kurkumy
½ łyżeczki tymianku
½ łyżeczki bazylii
4 ząbki czosnku
sól morska
pęczek natki pietruszki
pęczek świeżej bazylii

Cebulę pokroić w kostkę, wrzucić do garnka i prażyć, mieszając, aż się lekko zrumieni. Podlać wodą tak, by przykrywała dno, ale nie zakrywała całej cebuli. Dusić 3 minuty, uzupełniając wodę (1–2 razy). Dodać paprykę pokrojoną w grubą kostkę (ok. 2–3 cm), kurkumę, tymianek, bazylię oraz pomidory (jeśli są świeże, trzeba je sparzyć, obrać ze skórki i pokroić w drobną kostkę) i dusić przez 5 minut. Dodać umytą cukinię pokrojoną w plastry. Dusić razem przez 2 minuty. Dodać przeciśnięty przez praskę czosnek, sól i dusić jeszcze 3 minuty. Podawać posypane obficie posiekaną natką pietruszki lub świeżą bazylią.

Pieczona papryka i dynia hokkaido z zielonymi warzywami liściastymi

6 papryk
1 mała dynia hokkaido
2 garści ulubionych warzyw liściastych (jarmuż, szpinak, sałata, roszponka, rukola)
1 czerwona cebula
sól morska
pieprz
gałka muszkatołowa

Rozgrzać piekarnik do 200°C. Blachę wyłożyć papierem do pieczenia i ułożyć na niej umyte papryki i dynię przekrojoną w poprzek (bez usuwania pestek). Warzywa piec przez 30 minut (aż dynia będzie miękka). Paprykę, jeszcze gorącą, włożyć do foliowego woreczka i zawiązać go na 10 minut. Po tym czasie paprykę wyjąć, ostudzić, zdjąć z niej skórkę i usunąć nasiona. Z dyni usunąć pestki i pokroić ją w kostkę (dynię zjadamy ze skórką). Paprykę pokroić w paski, cebulę w kostkę. Warzywa liściaste drobno pokroić. Wszystkie warzywa wymieszać w misce. Doprawić solą, świeżo mielonym pieprzem i odrobiną gałki muszkatołowej.

Cukinia faszerowana warzywami korzeniowymi w aromatycznym sosie pomidorowym z bazylią i czosnkiem

2 cukinie
1 seler
1 duża pietruszka
2 duże marchewki
1 zielona papryka
natka pietruszki
sól morska

Sos:
1 słoiczek przecieru pomidorowego
1 łyżeczka suszonej bazylii albo garść listków świeżej
½ łyżeczki soli
3 duże ząbki czosnku
1 łyżeczka słodkiej papryki

Seler obrać, umyć i przekroić na pół. Pietruszkę i marchew obrać, umyć i przekroić wzdłuż. Warzywa włożyć do garnka i wlać ¼ szklanki wody. Dusić do miękkości (do gotowania przyda się garnek z grubym dnem i szczelną przykrywką). Przez pierwsze 5 minut gotować na dużym ogniu, a na kolejne 20 minut zmniejszyć ogień. Po ugotowaniu warzywa ostudzić, obrać ze skórki i zetrzeć na tarce. Dodać zieloną paprykę pokrojoną w drobną kostkę i wymieszać.

Gdy warzywa się gotują, przygotować aromatyczny sos pomidorowy: do miski włożyć przecier pomidorowy, bazylię (jeśli jest świeża, wcześniej drobno posiekać), słodką paprykę, sól i czosnek przeciśnięty przez praskę. Wlać ½ szklanki wody i dokładnie wymieszać.

Trzy czwarte sosu dodać do startych warzyw i dokładnie wymieszać.

Piekarnik rozgrzać do 180°C. Do żaroodpornego naczynia albo na blachę wyłożoną papierem do pieczenia wyłożyć cukinię przekrojoną wzdłuż i pozbawioną pestek (należy wydrążyć ją łyżeczką, aby w środku było miejsce na farsz). Delikatnie posolić i napełnić warzywami. Na wierzchu rozsmarować pozostały sos pomidorowy. Zapiekać przez 40 minut. Po upieczeniu posypać posiekaną natką pietruszki. Cukinia doskonale smakuje na ciepło oraz jako dodatek do zielonej sałaty (na zimno, pokrojona w plastry).

Dynia faszerowana szpinakiem

1 średnia dynia hokkaido

500 g szpinaku

2 cebule

3 ząbki czosnku (lub więcej)

gałka muszkatołowa

sól

pieprz

Piekarnik rozgrzać do 180°C. Na blasze wyłożonej papierem do pieczenia ułożyć umytą i przekrojoną w poprzek dynię. Piec przez 30 minut (albo aż będzie miękka). Po wyjęciu dyni z piekarnika usunąć z niej pestki, posolić i nafaszerować ją ciepłym szpinakiem.

Przygotowanie szpinaku: do garnka wlać 5 łyżek wody, dodać pokrojoną w kostkę cebulę i dusić przez 3 minuty. Dodać pokrojony w paski szpinak. Gotować przez 10 minut. Na koniec dodać 3 lub więcej ząbków czosnku przeciśniętego przez praskę. Doprawić gałką, solą i świeżo mielonym pieprzem.

Gulasz z kalafiora

1 średni kalafior
3 czerwone papryki
10 rzodkiewek
2 duże cebule
1 cm świeżego imbiru
½ łyżeczki soli morskiej
1 płaska łyżeczka słodkiej czerwonej papryki

Do garnka z grubym dnem wlać 5 łyżek wody, dodać obrany i starty na tarce imbir, cebulę pokrojoną w kostkę, paprykę pokrojoną w kostkę, rzodkiewki przekrojone na 4 części i kalafior podzielony na małe różyczki. Dusić wszystko przez 5 minut, mieszając. Dosypać sól i słodką paprykę, dolać ¼ szklanki wody, zmniejszyć ogień i gotować pod przykryciem 10 minut (albo do momentu, aż kalafior będzie prawie miękki). Na koniec posolić do smaku.

Aromatyczny gulasz z marchwi, papryki i fenkułu

2 średnie marchewki
1 czerwona papryka
1 fenkuł
1 duża cebula
3 ząbki czosnku
szczypta kurkumy
sól morska
pieprz
pęczek natki pietruszki

Marchew obrać i pokroić w cieniutkie słupki. Cebulę i fenkuł pokroić w półplastry, a paprykę w dużą kostkę. Do garnka o grubym dnie wrzucić marchew i cebulę. Ciągle mieszając, smażyć przez około pół minuty. Dodać fenkuł i paprykę i smażyć przez kolejne pół minuty, nie przestając mieszać. Dodać ¼ szklanki wody, czosnek przeciśnięty przez praskę, kurkumę i dusić przez 15 minut na małym ogniu. Jeśli będzie trzeba, dodać wody. Doprawić solą i świeżo mielonym pieprzem, wymieszać i dusić jeszcze przez 3 minuty (aż warzywa będą miękkie). Podawać posypany dużą ilością posiekanej natki.

Aromatyczny gulasz z marchewki, selera, papryki, fenkułu

2 średnie marchewki
1 średniej wielkości seler
1 fenkuł
1 zielona papryka
1 duża cebula
1 czubata łyżeczka słodkiej czerwonej papryki
½ łyżeczki sproszkowanej kozieradki
2 liście laurowe
3 ziarna ziela angielskiego
szczypta pieprzu kajeńskiego
¼ łyżeczki kurkumy
¼ łyżeczki suszonego imbiru
½ łyżeczki mielonego pieprzu
1 cała główka czosnku
sól morska
natka pietruszki i/lub koperek

Marchew i seler obrać i pokroić w słupki, a cebulę, paprykę i fenkuł w dużą kostkę. Warzywa włożyć do garnka, dodać wszystkie przyprawy. Główkę czosnku, nieobraną i w całości, umyć i dodać do warzyw. Wlać 1½ szklanki gorącej wody. Gotować na małym ogniu około 25 minut. Po tym czasie wyjąć główkę czosnku, wycisnąć miąższ z ząbków, dodać do warzyw, doprawić solą, uzupełnić wodę (jeśli potrzeba) i dusić jeszcze przez 5 minut. Gulasz podawać posypany posiekaną natką i/lub koperkiem z surówką z kiszonej kapusty (s. 217).

Warzywa gotowane na parze

Możemy ugotować jedno z wymienionych warzyw lub dowolną ich mieszankę:

kalafior (podzielony na różyczki), **brokuł** (podzielony na różyczki), **marchew** (obrana, pokrojona w cienkie paski obieraczką do warzyw), **cukinia** (pokrojona w plastry grubości 1 cm lub w cienkie paski obieraczką do warzyw), **seler korzeniowy** (obrany, pokrojony w cienkie półplasterki), **patisony** (w całości lub przekrojone na plastry), **pietruszka** (obrana, pokrojona w cienkie paski obieraczką do warzyw), **brukselka** (pokrojona na połówki), **szparagi** (w całości lub przekrojone wzdłuż na pół albo na paski), **zielone warzywa liściaste** (szpinak, jarmuż), **por** (rozdzielone płatki lub pokrojony w plasterki).

Warzywa ugotować na parze do miękkości. Podawać oprószone solą, pieprzem, ziołami suszonymi lub posiekanymi świeżymi ziołami.

Można też zrobić dressing i polać nim warzywa:
¼ szklanki wody i do smaku odrobina octu jabłkowego lub soku z cytryny, sól, pieprz, przeciśnięty przez praskę czosnek i dowolne zioła suszone lub świeże siekane (koperek, natka pietruszki, tymianek, bazylia, inne). Składniki wymieszać, można je też zmiksować w blenderze.

Detoks jaglano-warzywny: do dressingu dodać oliwy z oliwek.

Kasza jaglana ze szpinakiem (detoks jaglano-warzywny)

1 szklanka kaszy jaglanej
paczka (250 g) świeżego szpinaku
1 liść laurowy
szczypta kurkumy
szczypta sproszkowanego imbiru
1 łyżeczka masła klarowanego
5 ząbków czosnku
pieprz
sól morska do smaku

Kaszę jaglaną ugotować według przepisu podstawowego (s. 241), lecz z dodatkiem liścia laurowego, kurkumy i imbiru. W garnku o grubym dnie na klarowanym maśle przesmażyć przeciśnięty przez praskę czosnek do momentu, aż zacznie wydzielać silny aromat. Dodać szpinak, pieprz, wymieszać i dusić około 10 minut. W trakcie duszenia jeszcze raz zamieszać. Z ugotowanej kaszy wyjąć liść laurowy i dodać ją do szpinaku. Wymieszać i dusić razem około 2 minut.

Rozgrzewająca kasza gryczana (detoks jaglano-warzywny)

1 szklanka kaszy gryczanej
1 łyżeczka masła klarowanego
1 duża cebula
1 por (biała część)
2 ząbki czosnku
¼ łyżeczki kurkumy
¼ łyżeczki pieprzu
¼ łyżeczki sproszkowanego imbiru
sól do smaku
1 liść laurowy
natka pietruszki (opcjonalnie)

W garnku, na rozgrzanym maśle klarowanym, zeszklić pokrojoną w kostkę cebulę. Dodać por pokrojony w talarki, przeciśnięty przez praskę czosnek i mieszać razem do chwili, aż czosnek zacznie wydzielać silny aromat. Wsypać kaszę gryczaną, dodać przyprawy, sól i wymieszać. Wrzucić liść laurowy, zalać 2 szklankami wody, przykryć i doprowadzić do wrzenia. Gotować na małym ogniu około 8 minut. Wyłączyć ogień i pozostawić pod przykryciem na 10 minut. Kaszę podawać posypaną posiekaną natką pietruszki.

Papryka zapiekana z kaszą jaglaną i cukinią (detoks jaglano-warzywny)

2 papryki
1½ szklanki ugotowanej kaszy jaglanej
1 średnia cukinia
2 szalotki
2 ząbki czosnku
1 duży pomidor
szczypta kurkumy
szczypta tymianku
szczypta bazylii
szczypta oregano
sól morska do smaku
1 łyżka oliwy z oliwek

Paprykę umyć, przekroić na pół i usunąć pestki. W misce wymieszać kaszę jaglaną, pokrojoną w kosteczkę cukinię, posiekaną szalotkę, przeciśnięty przez praskę czosnek. Pomidor sparzyć, obrać ze skórki, pokroić w kostkę i dodać do miski. Wsypać przyprawy, dodać oliwę i dobrze wymieszać. Nafaszerować paprykę, położyć na blasze wyłożonej papierem do pieczenia, przykryć od góry folią aluminiową i wstawić do rozgrzanego do 200°C piekarnika. Zapiekać przez około 30 minut.

Kasza jaglana z pieczonym jabłkiem (detoks jaglano-warzywny)

1 szklanka ugotowanej kaszy jaglanej
1 jabłko
cynamon

Jabłko umyć, przekroić na pół, usunąć gniazda nasienne, obsypać dobrze cynamonem, ułożyć na blasze wyłożonej papierem do pieczenia, przykryć delikatnie od góry folią aluminiową i piec w temperaturze 200°C 10–15 minut (jabłko nie może się rozpaść, ma być lekko twardawe). Kiedy jabłko nieco przestygnie, pokroić je w grubą kostkę i wymieszać w misce z kaszą jaglaną.

SAŁATKI

Detoks jaglano-warzywny: sałatki doprawiamy oliwą z oliwek albo olejem rzepakowym lub lnianym.

Sałatka z pieczonej papryki

4 czerwone papryki
½ łyżeczki suszonego tymianku
2 ząbki czosnku
sok z połowy cytryny
sól morska (do smaku),
pęczek świeżej bazylii

Rozgrzać piekarnik do 200°C. Blachę wyłożyć papierem do pieczenia i ułożyć na niej umyte papryki. Piec przez około 30 minut (aż do zrumienienia i pierwszych spękań skórki). Jeszcze gorącą włożyć do foliowego woreczka i zawiązać go na 10 minut, po czym wyjąć, ostudzić, zdjąć z niej skórkę i usunąć nasiona. Pokroić w paski.

Czosnek przecisnąć przez praskę, wymieszać z tymiankiem, sokiem z cytryny i 2 łyżkami wody. Polać paprykę sosem. Posolić do smaku. Podawać z dużą ilością świeżej posiekanej bazylii.

Inna wersja sałatki

4 czerwone papryki
1 garść roszponki, 1 garść sałaty
1 mała garść rukoli (opcjonalnie)

Przygotowaną paprykę pokroić w kostkę. Umytą sałatę porwać na małe kawałki. Połączyć z papryką, roszponką, rukolą i wymieszać z sosem. Posolić do smaku.

Kiszonka jednodniowa z ogórków gruntowych

1½ kg ogórków
1 płaska łyżka soli

Ogórki umyć i pokroić w cienkie plasterki wzdłuż. Włożyć do miski, dodać sól i delikatnie ugniatać przez minutę. Przełożyć ogórki do garnka, nakryć talerzykiem i przycisnąć słoikiem z wodą. Po 4 godzinach odlać wodę z ogórków i przełożyć je do słoika. Przechowywać w lodówce.

Sałatka z pieczonych buraków

8 niedużych buraków
4 ząbki czosnku
1 łyżeczka tymianku
sól morska do smaku
sok z cytryny do smaku
pęczek natki pietruszki

Buraki umyć, zawinąć w folię aluminiową lub papier do pieczenia i piec na blasze w temperaturze 200°C około 1 godziny. Kiedy wystygną, obrać je ze skórki i pokroić w dużą kostkę (kawałki ok. 1½ cm).

Czosnek obrać, pokroić w plasterki i uprażyć na złoty kolor na suchej patelni. W misce wymieszać buraki z czosnkiem, solą, tymiankiem i sokiem z cytryny. Podawać obficie posypane posiekaną natką pietruszki.

Wersja sałatki na ciepło

Pokrojone buraki wrzucić do garnka, dodać sól, tymianek, przeciśnięty przez praskę ząbek czosnku i podgrzać, mieszając.

Pozostałe 3 ząbki czosnku pokrojone w plasterki uprażyć na złoty kolor na suchej patelni. Wymieszać z sałatką. Skropić sokiem z cytryny. Buraki obficie posypać posiekaną natką pietruszki.

Surówka z buraków i brukselki

8 małych buraków
10 brukselek
1 czerwona cebula
2 ogórki kiszone
sól morska do smaku
pieprz do smaku
sok z cytryny do smaku

Buraki ugotować na parze, wystudzić, obrać i pokroić w kostkę. Cebulę pokroić w drobną kostkę, brukselkę w plasterki, ogórki w kostkę. Warzywa wymieszać w misce i doprawić solą, pieprzem i odrobiną soku z cytryny.

Surówka z kapusty kiszonej

½ kg kiszonej kapusty
1 duża czerwona cebula
2 średnie marchewki
1 duże jabłko
kminek mielony
sól morska
pieprz

Kapustę pokroić (jeśli jest zbyt kwaśna, wcześniej przepłukać i odcisnąć). Cebulę pokroić w kostkę, marchew i jabłko zetrzeć na tarce o dużych oczkach. Wszystkie składniki wymieszać w misce i doprawić kminkiem, solą i pieprzem. Sałatkę można przechowywać w lodówce w słoiku przez 3 dni.

Surówka z kiszonych ogórków, jabłka i selera naciowego

6 dużych kiszonych ogórków
2 jabłka
1 duża czerwona cebula
2 łodygi selera naciowego
sól
świeżo zmielony pieprz

Ogórki, jabłka i cebulę pokroić w kostkę, a seler w plasterki. Wszystkie składniki sałatki wymieszać w misce. Doprawić solą i świeżo mielonym pieprzem.

Surówka z selera i grejpfruta

1 średni seler
1 duża marchewka
2 jabłka
1 grejpfrut
szczypta soli

Seler, marchew i jabłka obrać i zetrzeć na tarce o dużych oczkach. Grejpfrut podzielić na cząstki (sam miąższ, bez skórek). Wszystkie składniki sałatki wymieszać w misce. Doprawić solą.

Surówka z cukinii i pora

2 małe cukinie
1 por (tylko biała część)
½ płaskiej łyżeczki soli morskiej
sok z cytryny do smaku

Cukinię umyć i pokroić wzdłuż w cienkie plasterki (najlepiej obieraczką do warzyw). Warto pamiętać, że im mniejsza cukinia, tym mniej ma pestek, i taka jest lepsza. Por pokroić w plasterki. Cukinię i pora wymieszać w misce. Doprawić solą i sokiem z cytryny.

Surówka z młodej kapusty

1 główka młodej kapusty
2 marchewki
1 duże jabłko
1 duża cebula
1 płaska łyżeczka soli morskiej

Kapustę drobno posiekać, włożyć do miski, dodać sól i przez chwilę ugniatać rękami. Kapusta może nie być młoda, ale trzeba ją wtedy jeszcze drobniej posiekać i nieco dłużej ugniatać. Marchew i jabłko zetrzeć na tarce o dużych oczkach. Cebulę pokroić w kostkę. Wszystkie warzywa wymieszać w misce.

Surówki z marchwią

Detoks jaglano-warzywny: surówki doprawiamy dodatkowo olejem rzepakowym lub lnianym.

marchew i jabłko: 3 średnie marchewki, 1 jabłko, sok z ¼ cytryny, sól morska do smaku

marchew, seler i jabłko: 2 średnie marchewki, ¼ selera, 1 jabłko, sok z ¼ cytryny, sól morska do smaku

marchew i seler: 3 średnie marchewki, ½ selera, sok z ¼ cytryny, sól morska do smaku, pieprz, 2 cm korzenia chrzanu

marchew i rzepa: 3 średnie marchewki, ½ rzepy, sok z ¼ cytryny, sól morska do smaku, pieprz, 2 cm korzenia chrzanu

marchew i rzodkiew: 3 średnie marchewki, ½ rzodkwi, sok z ¼ cytryny, sól morska do smaku, 2 cm korzenia chrzanu

marchew i kalarepa: 3 średnie marchewki, 1 nieduża kalarepa, sok z ¼ cytryny, sól morska do smaku, 2 cm korzenia chrzanu

Warzywa umyć i obrać. Zetrzeć na tarce o dużych oczkach (z wyjątkiem chrzanu, który trzeba zetrzeć na tarce o najmniejszych oczkach). Dodać przyprawy, sok z cytryny i wymieszać.

Sałatka jaglano-warzywna (detoks jaglano-warzywny)

½ szklanki kaszy jaglanej
2 marchewki
1 papryka czerwona
1 papryka zielona
1 czerwona cebula
½ łyżeczki kuminu (kminu rzymskiego) lub do smaku
sól morska (do smaku)
pieprz (do smaku)
szczypta pieprzu kajeńskiego
1 pęczek natki pietruszki
1 szklanka białych winogron
garść rodzynek

Sos:
¼ szklanki oliwy z oliwek
sok z 1 cytryny
2 ząbki czosnku
1½ cm świeżego imbiru

Kaszę jaglaną ugotować na sypko (przepis s. 241). Rodzynki zalać wrzącą wodą i zostawić na 5 minut.

Obrać i zetrzeć marchew na tarce o najdrobniejszych oczkach. Paprykę umyć, usunąć pestki i pokroić w drobną kosteczkę. Cebulę pokroić w drobną kostkę. Wymieszać ugotowaną kaszę, pokrojone i starte warzywa oraz odsączone rodzynki. Dodać kumin, sól, świeżo zmielony pieprz czarny, pieprz kajeński, posiekaną natkę pietruszki, umyte winogrona przekrojone na pół i wymieszać.

Przygotować sos: oliwę, sok z cytryny, przeciśnięte ząbki czosnku i starty na tarce imbir – wszystkie składniki wrzucić do słoika, zakręcić i energicznie potrząsać, aż składniki się połączą. Polać sałatkę sosem. Sałatkę można przechowywać w lodówce przez kilka dni.

PASTY

Detoks jaglano-warzywny: podczas miksowania pasty dodać łyżkę oliwy z oliwek, a przed podaniem skropić dodatkowo oliwą.

Pasta z pieczonej dyni i papryki

3 czerwone papryki
½ małej dyni hokkaido
2 ząbki czosnku
sól morska do smaku
pieprz do smaku

Rozgrzać piekarnik do 200°C. Blachę wyłożyć papierem do pieczenia i ułożyć na niej umyte papryki i dynię przekrojoną w poprzek (bez usuwania pestek). Warzywa piec przez 30 minut (aż dynia będzie miękka). Paprykę, jeszcze gorącą, włożyć do foliowego woreczka i zawiązać go na 10 minut. Po tym czasie paprykę wyjąć, ostudzić, zdjąć skórkę i usunąć nasiona. Z dyni wyjąć pestki, wystudzić i pokroić w kostkę (dynię zjadamy ze skórką). Czosnek przecisnąć przez praskę. Zmiksować dynię, paprykę i czosnek na pastę. Doprawić do smaku solą i świeżo mielonym pieprzem.

Pastę podawać ze świeżymi warzywami sezonowymi (seler naciowy, rzodkiewki, papryka, ogórki).

Pasta z pieczonego bakłażana i papryki

2 nieduże bakłażany
3 czerwone papryki
1 nieduża cebula
2 ząbki czosnku
szczypta tymianku
szczypta pieprzu kajeńskiego
sok z ½ cytryny
sól do smaku
pieprz do smaku
natka pietruszki
cykoria i/lub chrupiące warzywa

Rozgrzać piekarnik do 200°C. Blachę wyłożyć papierem do pieczenia i ułożyć na niej obraną i przekrojoną na pół cebulę, umyte papryki i ponacinane nożem wzdłuż w kilku miejscach bakłażany (nacięcia trzeba zrobić co 2 cm). Warzywa piec przez 30 minut. Paprykę, jeszcze gorącą, włożyć do foliowego woreczka i zawiązać go na 10 minut. Po tym czasie paprykę wyjąć, ostudzić, zdjąć z niej skórkę i usunąć nasiona. Bakłażana, jeszcze gorącego, obrać ze skórki. Warzywa włożyć do blendera. Dodać przeciśnięty przez praskę czosnek, tymianek, pieprz kajeński, sok z cytryny i zmiksować. Na koniec doprawić solą i świeżo mielonym pieprzem.

Podawać pastę na łódkach cykorii posypaną posiekaną natką lub z chrupiącymi warzywami (np. selerem naciowym, papryką, ogórkami, kalarepą i rzodkwią) pokrojonymi w słupki.

INNE PRZEPISY

Jabłka pieczone z cynamonem

2 jabłka (lub więcej)
cynamon

Jabłka umyć, odciąć górną część z ogonkiem (plaster około 1 cm). Z dolnej części wydrążyć gniazdo nasienne. Wydrążone wnętrze jabłka posypać cynamonem. Przykryć odciętą górną częścią. Położyć na blasze wyłożonej papierem do pieczenia i piec w temperaturze 200°C do momentu, aż skórka lekko się zmarszczy.

Kanapeczki warzywne

kalarepa
pomidor
ogórek kiszony
tymianek suszony
sól morska
pieprz
koperek

Pomidor, ogórek, obraną kalarepę pokroić w cienkie plasterki. Na plasterku kalarepy położyć plaster pomidora i ogórka. Posypać suszonym tymiankiem, świeżo zmielonym pieprzem i solą. Całość oprószyć posiekanym drobno koperkiem.

Koktajl z pieczonych buraków

3 małe buraki
1 jabłko
gałązka świeżej mięty
1 cm świeżego imbiru
szczypta cynamonu
sok z połowy cytryny

Buraki umyć, zawinąć w folię aluminiową lub papier do pieczenia i piec na blasze w temperaturze 200°C około godziny. Kiedy wystygną, obrać je ze skórki i pokroić. Wrzucić do blendera buraki, umyte, pokrojone jabłko (bez gniazda nasiennego), obrany, pokrojony w plasterki imbir, cynamon, sok z cytryny. Dodać ½ szklanki wody i zmiksować. Jeśli koktajl będzie za gęsty, dolać wody i mieszać przez 3 sekundy na wolnych obrotach.

Detoks jaglano-warzywny: podczas miksowania koktajlu dodać łyżeczkę oliwy z oliwek.

Koktajl z selera naciowego i szpinaku

2 łodygi selera naciowego
duża garść szpinaku
1 kiwi
1 jabłko

Składniki umyć. Seler pokroić, kiwi obrać i przekroić na pół, jabłko przekroić na 4 części i usunąć gniazdo nasienne. Wrzucić wszystko do blendera, dolać 1½ szklanki wody i zmiksować.

Detoks jaglano-warzywny: podczas miksowania koktajlu dodać łyżeczkę oliwy z oliwek.

Koktajl orzeźwiający z ogórka

1 ogórek gruntowy
1 limonka
2 cm korzenia imbiru
garść roszponki

Ogórek, limonkę, imbir obrać i pokroić. Z limonki usunąć pestki. Roszponkę umyć. Składniki wrzucić do blendera, dolać 1½ szklanki wody i zmiksować.

Detoks jaglano-warzywny: podczas miksowania koktajlu dodać łyżeczkę oliwy z oliwek.

Koktajl z natki pietruszki i kiwi

½ pęczka natki
2 kiwi
½ cytryny
1 jabłko

Natkę umyć. Kiwi i cytrynę obrać i pokroić. Z cytryny usunąć pestki. Jabłko umyć, przekroić na 4 części i wydrążyć gniazdo nasienne. Wszystkie składniki wrzucić do blendera, dolać 1½ szklanki wody i zmiksować.

Detoks jaglano-warzywny: podczas miksowania koktajlu dodać łyżeczkę oliwy z oliwek.

Koktajl z jarmużu i bazylii

1 duża garść jarmużu
2 gałązki bazylii
1 kiwi
1 jabłko

Jarmuż i bazylię umyć. Kiwi obrać i pokroić. Gruszkę umyć, przekroić na 4 części i usunąć gniazdo nasienne. Składniki wrzucić do blendera, dolać 1½ szklanki wody i zmiksować.

Detoks jaglano-warzywny: podczas miksowania koktajlu dodać 1 łyżeczkę oliwy z oliwek. Zamiast jabłka można użyć gruszki.

Koktajl ze szpinaku i melona

duża garść szpinaku
1½ szklanki miąższu żółtego melona
10 listków mięty
1 łodyga selera naciowego
1 kiwi
1 plaster cytryny

Szpinak i miętę umyć. Seler umyć i pokroić. Kiwi obrać i pokroić. Plaster cytryny ma być bez skórki. Składniki wrzucić do blendera, dolać 1½ szklanki wody i zmiksować.

Detoks jaglano-warzywny: podczas miksowania koktajlu dodać 1 łyżeczkę oliwy z oliwek.

Koktajl pomidorowo-selerowy z bazylią

1 duży mięsisty pomidor
2 łodygi selera naciowego
1½ limonki
3 gałązki bazylii
2 ząbki czosnku
szczypta chili
szczypta kurkumy
3 szczypty soli morskiej
1 szklanka soku pomidorowego bez cukru

Pomidor i seler umyć i pokroić. Limonkę obrać, pokroić i usunąć pestki. Bazylię umyć. Czosnek obrać i przecisnąć przez praskę. Wszystkie składniki wrzucić do blendera, dolać 1½ szklanki wody i zmiksować.

Detoks jaglano-warzywny: podczas miksowania koktajlu dodać 1 łyżeczkę oliwy z oliwek.

SOKI

Uwagi:

Przed wyciskaniem soku warzywa należy umyć, obrać i pokroić na części, które mieszczą się do wyciskarki bądź sokowirówki.

Podane soki są przykładowe. Możemy robić dokładnie takie, możemy też wykorzystać warzywa i owoce, które mamy akurat w domu.

Soki możemy przygotowywać do wypicia od razu, w 1–2 porcjach, lub na zapas – wtedy trzeba zwiększyć proporcjonalnie ilość każdego ze składników. Soki na zapas możemy przygotować w wyciskarce – zachowują świeżość znacznie dłużej niż te wyciskane w sokowirówce.

By sok jeszcze dłużej zachował świeżość i nie utleniał się, możemy do niego dodać sok z cytryny (ilość zależna od ilości soku – na 1 litr wystarczy sok z połowy cytryny). Zatrzymanie procesu utleniania jest widoczne, kiedy skrapiamy sokiem przekrojone jabłko lub miąższ awokado (owoce nie zmieniają koloru).

Ilość soku w podanych zestawach zależna jest od soczystości warzyw i owoców oraz od naszego urządzenia – niektóre wyciskają sok bardzo dokładnie, pozostawiając suchą miazgę, inne nie. W związku z tym być może trzeba będzie zwiększyć proporcjonalnie ilość produktów.

Jeśli nie mamy wyciskarki ani sokowirówki, do przygotowania soku możemy wykorzystać blender (choć nie każdy blender poradzi sobie z twardymi warzywami). Kroimy wtedy warzywa i owoce na kawałki takiej wielkości, z jaką radzi sobie nasz blender, i miksujemy na miazgę. Dodajemy ½–1 szklanki wody i mieszamy w blenderze na średnich obrotach przez 3 sekundy. Przelewamy na gęste sitko ułożone na garnku. Można docisnąć łyżką, można też pozostałą po odsączeniu miazgę przecisnąć dodatkowo przez gazę.

Sok 1. – 4 duże marchewki, 1 jabłko

Sok 2. – 3 duże marchewki, 1 burak, 1 jabłko

Sok 3. – 4 łodygi selera naciowego, 2 jabłka, 1 kiwi, garść szpinaku

Sok 4. – ¼ średniej główki białej kapusty, 2 garście jarmużu, 4 gałązki bazylii, 1 gruszka, 1 kiwi

Sok 5. – 3 buraki, 1 grejpfrut, 1 limonka, ½ cytryny

Sok 6. – 3 duże marchewki, 2 łodygi selera naciowego, pęczek natki pietruszki, pół cytryny

Sok 7. – 3 duże marchewki, 3 liście jarmużu, 1 łodyga selera naciowego

Sok 8. – 2 duże marchewki, 1 burak, ½ ogórka, 1 plaster selera korzeniowego

Sok 9. – 4 pomidory, 1 opakowanie kiełków lucerny, 2 łodygi selera naciowego, ząbek czosnku, gałązka bazylii

Sok 10. – 3 marchewki, ¼ średniej główki białej kapusty, 5 gałązek natki pietruszki, ząbek czosnku

POZOSTAŁE PRZYDATNE PRZEPISY

Zakwas buraczany

1 kg buraków
8 ząbków czosnku
5 ziaren ziela angielskiego, 3 liście laurowe
2½ łyżki soli morskiej*, 1 łyżeczka kminku
korzeń chrzanu (opcjonalnie)
kromka razowego chleba na zakwasie**

2½ litra wody z solą zagotować, a następnie wystudzić. Buraki umyć, obrać, pokroić w plastry i ułożyć w słoju lub naczyniu ceramicznym. Dodać przyprawy. Zalać przegotowaną wodą (buraki powinny być zakryte). Położyć na wierzchu kromkę chleba, przykryć ściereczką i odstawić na 5–7 dni w ciepłe miejsce. Po 2 dniach usunąć chleb i drewnianą łyżką zebrać pianę. W trakcie kolejnych dni sprawdzać zakwas i jeśli pojawia się piana, białe plamki itp., trzeba je usunąć. Zakwas jest gotowy, gdy da się wyczuć jego wyraźny kwaśny zapach. Należy go wtedy przecedzić, przelać do butelek lub słoików i trzymać w lodówce.

Buraki z zakwasu można wykorzystać do gotowania barszczu.

* Można dodać mniej i spróbować – zakwas nie może być za słony.

** Gdy nie jesteśmy pewni, czy chleb jest upieczony na naturalnym zakwasie (często stosowane są zakwasy z butelek lub z proszku), nie dodajemy go. Zamiast niego można dodać łyżkę soku z kiszonych ogórków lub kiszonej kapusty.

Kleik z siemienia lnianego

1 łyżka siemienia lnianego w ziarenkach
sól morska lub himalajska (opcjonalnie)

Siemię lniane mielić przez 3–6 sekund w młynku do kawy (im dłuższy czas mielenia, tym siemię bardziej miałkie). Zalać 1 szklanką gorącej wody. Wypić, gdy trochę przestygnie.

Osoby, które nie lubią śluzowatej konsystencji kleiku, mogą zalać siemię gorącą wodą, dopełnić szklankę chłodną i od razu wypić. Lepiej jednak, jeśli siemię postoi kilkanaście minut.

Zmielone siemię lniane można też zalać gorącą wodą wieczorem (tak, aby woda przykryła siemię ok. 2 cm powyżej jego powierzchni). Rano uzupełnić ciepłą wodą.

Kleik można doprawić solą.

Kasza jaglana na sypko

1 szklanka kaszy jaglanej*
sól morska do smaku

Kaszę wsypać do garnka o grubym dnie i prażyć, ciągle mieszając, aż zacznie wydzielać aromat. Przepłukać kaszę na sicie pod bieżącą wodą bądź wlewając 2–3 razy wodę do garnka, a następnie odlewając ją (woda powinna być klarowna). Do garnka z wypłukaną kaszą wlać 2 szklanki zimnej wody*, dodać sól. Zagotować na dużym ogniu, a następnie zmniejszyć ogień, przykryć i gotować około 10 minut. Kaszy jaglanej w trakcie gotowania nie można mieszać.

* Kaszę jaglaną na sypko gotujemy w proporcji 1:2, czyli na 1 miarkę kaszy używamy 2 miarek wody.

Kasza gryczana na sypko

1 szklanka kaszy gryczanej*
sól morska do smaku

Kaszę wypłukać na sicie pod bieżącą wodą, wsypać do garnka i zalać 2 szklankami zimnej wody. Zagotować na dużym ogniu, a następnie przykryć garnek i gotować około 6 minut na bardzo małym ogniu. Wyłączyć gaz i pozostawić kaszę pod przykryciem na 8 minut.

* Kaszę gryczaną na sypko gotujemy w proporcji 1:2, czyli na 1 miarkę kaszy używamy 2 miarek wody.

Kapusta kiszona w słoiku

1 duża główka kapusty
sól morska (1 łyżeczka na 1 kg kapusty)
1 marchew (opcjonalnie)
1 łyżeczka kminku (opcjonalnie)

Kapustę poszatkować, marchew zetrzeć na tarce o dużych oczkach. Posolić w misce, dodać kminek, wymieszać dłońmi i odstawić na kilka godzin (aby puściła sok). Przełożyć do słoików, mocno ugniatając. Na wierzch wlać sok z kapusty. Słoik przykryć ściereczką i trzymać w temperaturze pokojowej. Po 3–5 dniach (trzeba spróbować, czy kapusta wystarczająco się ukisiła) zakręcić słoiki i postawić w chłodnym ciemnym miejscu (może być lodówka).

Kiszonka jednodniowa

Możemy ja zrobić z: brukwi, kalarepy, rzodkwi, kapusty, marchewki, ogórków, cukinii

¾ kg wybranych warzyw
½ płaskiej łyżki soli morskiej

Warzywa obrać, umyć i pokroić w cieniutkie plasterki. Jeśli warzywa są podłużne, pokroić je wzdłuż. Włożyć do miski, dodać sól i delikatnie ugniatać przez minutę. Przełożyć do garnka, nakryć talerzykiem i przycisnąć słoikiem z wodą. Po 4–6 godzinach odlać wodę z kiszonki i przełożyć warzywa do słoika. Przechowywać w lodówce. Kiszonkę możemy przechowywać przez kilka dni.

Napar z natki pietruszki

5 gałązek natki pietruszki
sok z cytryny do smaku
miód do smaku (opcjonalnie)

Natkę pietruszki posiekać, wsypać do ½ szklanki wody, doprowadzić do wrzenia, po czym gotować na wolnym ogniu 10–15 minut. Następnie odstawić na 5 minut i przecedzić. Doprawić do smaku sokiem z cytryny i ewentualnie miodem (podczas detoksu miodu używamy tylko w szczególnych przypadkach).

Herbatka z imbiru

5 plasterków świeżego obranego imbiru

Imbir zmiażdżyć nożem. Gotować w ½ szklanki wody przez 3–5 minut. Przecedzić. Herbatkę możemy popijać samą lub z dodatkiem cytryny czy odrobiny miodu. Możemy też zalać nią dowolną herbatkę ziołową, przygotowaną według przepisu podanego na opakowaniu.

Orzeźwiający napój detoksykujący

12 listków świeżej mięty
1 średni ogórek
1 cytryna
4 cm korzenia imbiru

Miętę, obrany ze skórki i pokrojony w plasterki ogórek, cytrynę i imbir zalać 1½ litra wody i zostawić na noc. Napój ma bardzo orzeźwiający smak.

Jeśli ogórek i cytryna pochodzą z upraw ekologicznych, nie trzeba ich obierać – wystarczy dobrze umyć w ciepłej wodzie.

Rozgrzewająca herbatka ziołowa

1 łyżka suszonych kwiatów lipy
1 łyżka liści i owocu maliny
szczypta suszonego imbiru
nasionka z 1 łuski kardamonu
szczypta anyżu
szczypta cynamonu
szczypta gałki muszkatołowej
4 goździki
2 szklanki wody

Wszystkie składniki doprowadzić do wrzenia i gotować przez 2 minuty. Zdjąć z gazu, przykryć i odstawić na 5–10 minut. Przecedzić.

Jeśli nie lubicie smaku którejś z wymienionych w przepisie przypraw, pomińcie ją.

Herbatka na poprawę samopoczucia idealna na detoks

10 g anyżu gwiaździstego
10 g nasion kolendry
5 g nasion kopru włoskiego
5 g ziaren kminku
5 g kory cynamonu

Składniki zmielić w młynku do kawy. 1 łyżeczkę zmielonych nasion zalać szklanką wody, doprowadzić do wrzenia i gotować przez kilka sekund. Zdjąć z ognia, dodać torebkę herbaty rooibos, parzyć przez 5 minut, a następnie przecedzić.

Pozostałą mieszankę przesypać do szczelnie zakręcanego słoiczka.

Właściwości naparu: wspomaga usuwanie toksyn z organizmu; ułatwia trawienie i wspomaga układ pokarmowy; oczyszcza jelita; przeciwdziała dolegliwościom ze strony przewodu pokarmowego. Jest korzystna dla żołądka, nerek, jelit, wątroby i śledziony. Ma także działanie przeciwgrzybicze i hamuje rozwój bakterii oraz wirusów. Ponadto ma właściwości przeciwskurczowe. Działa też relaksująco i nasennie.

Polecam tę herbatkę, kiedy odczuwacie zmęczenie, nic Wam się nie chce i macie zły nastrój, obniżony poziom energii witalnej lub czujecie się osłabieni.

Rozgrzewające właściwości herbatki są zbawienne, gdy marzniecie lub jesteście wychłodzeni i macie zimne stopy i dłonie. Napar wzmacnia i pomaga przy przeziębieniach. Dodaje energii, relaksuje i rozjaśnia umysł.

Herbatka oczyszczająca z nadmiaru śluzu*

2 czubate łyżki nasion lnu
2 czubate łyżki kopru włoskiego
2 czubate łyżki kozieradki (w ziarenkach)
1 płaska łyżka korzenia lukrecji

Wszystkie składniki wymieszać w słoiku (będą na zapas). Pełną łyżkę mieszanki zalać 1½ szklanki wody i gotować na małym ogniu około pół godziny. Przecedzić i popijać między posiłkami 2–3 razy dziennie (zaparzona porcja wystarcza na cały dzień).

* Jeśli mamy nadmiar śluzu w organizmie, herbatkę tę możemy stosować przez cały okres detoksu i przygotowania (także w trakcie głodówek). Pijemy do 4 tygodni. O nadmiarze śluzu świadczą najczęściej śluzowate wydzieliny (z nosa, pochwy), język pokryty grubym nalotem, częste przeziębianie się. Najczęściej nadmiar śluzu w organizmie powstaje wskutek zbyt dużej ilości mięsa, nabiału i białej mąki w diecie.

Zupa warzywna pomocna przy zaparciach

2 średnie marchewki
1 średni ziemniak (ziemniak wyjątkowo)
1 średnia pietruszka
1½ cm plastra selera

Warzywa obrać, pokroić w dużą kostkę, zalać wodą i gotować około 20–25 minut. Kiedy będą miękkie, zmiksować.

Zupę gotujemy bez przypraw i zjadamy jako śniadanie każdego ranka, do momentu ustąpienia zaparć. Jeśli zaparcia są uporczywe, zupę można zjeść także na kolejny posiłek. Ponieważ zawiera ona ziemniaki, których podczas detoksu jeść nie wolno (duża zawartość skrobi), jemy ją wyłącznie wtedy, kiedy doskwierają nam zaparcia.

Dziękuję za to oczyszczanie, energii mam tyle że łoł, kawa odstawiona bez żalu... i ból w kościach zniknął. Czy to możliwe?

*

Powiedziałabym, że czuję się świetnie, i jestem nowym głodówkowym fanem. Od około 5 lat na dłoni miałam swędzącą wysypkę, która zaczynała się w chłodniejszych dniach października i trwała do wiosny. Właśnie zniknęła. Skóra super, rewelka.

*

Mój detoks teraz przebiega cudnie, bez dni kryzysowych, bólu głowy. I po raz pierwszy nie marznę. Mąż zachwyca się moją cerą, mówi że promienieję.

*

Moja waga spada, co bardzo mnie cieszy... cera jaśniejsza, ciało jędrniejsze, żyć nie umierać.

*

Jestem bardzo zadowolona, że przeszłam detoks. Nauczyłam się jeść regularnie, dużo pić, czuję się pełna energii, wstaję rano wyspana, a to, że przy okazji schudłam, też mnie cieszy.

*

Nigdy nie stosowałam żadnych diet i nie wytrzymywałam dłużej niż dwa dni w postanowieniu, że będę się zdrowo odżywiać. Potem brakowało mi zapału i pomysłów. Teraz czuję się na siłach, żeby żyć alkalicznie.

Etap 3 – prawidłowe zakończenie detoksu

Jak zakończyć detoks i czego nie wolno robić

Prawidłowe zakończenie detoksu jest równie ważne jak sam detoks. Powrót do pełnowartościowego jedzenia musi odbywać się stopniowo, w przeciwnym wypadku możemy narazić się na bóle brzucha, złe samopoczucie, niestrawność i inne dolegliwości.

Podczas kończenia detoksu obowiązuje kilka żelaznych zasad.

1. Po każdym rodzaju detoksu jeszcze przez tydzień nie jedzmy pokarmów ciężkostrawnych, fast foodów, mięsa, potraw smażonych, mleka, nabiału, wyrobów z białej mąki, cukru i żywności przetworzonej. Nie pijmy alkoholu. W pierwszych 3 dniach po detoksie nie pijmy też kawy i czarnej herbaty.
2. Nie przejadajmy się; wystarczą nam teraz mniejsze porcje i tego się trzymajmy.
3. Dni odbudowy (czyli inaczej dni stopniowego powrotu do pełnowartościowego odżywiania) powinny trwać około 30 procent (jedną trzecią) czasu trwania detoksu, a w przypadku głodówki nawet 40 procent. W naszym przypadku, uwzględniając 2 dni wprowadzające na monodiecie z zupą (to też detoks!), detoks warzywno-owocowy i jaglano-warzywny trwały 12 dni, czyli dni odbudowy powinny trwać 4 dni. Głodówka – zakładając, że trwała 5 dni plus 2 dni wprowadzenia na monodiecie, czyli 7 dni. W zaokrągleniu czas odbudowy powinien trwać 3 dni.

❹ Zasada włączania innych grup pokarmów w czasie odbudowy jest taka, że stopniowo dołączamy pokarmy z detoksu łagodniejszego (o mniejszym stopniu trudności), jednak na początku w niewielkiej ilości. W praktyce oznacza to, że w okresie odbudowy:

- po głodówce sokowej lub wodnej: na początku włączamy pokarmy z detoksu warzywno-owocowego, czyli inne płyny, warzywa oraz owoce surowe i gotowane, następnie dodajemy kasze, kiełki, trochę tłuszczu i dopiero potem inne pokarmy.
- po detoksie warzywno-owocowym: na początku włączamy kaszę lub ryż, trochę tłuszczu, kiełki, a potem dopiero rośliny strączkowe, pozostałe produkty pełnoziarniste, orzechy, nasiona, a na końcu jajka, ryby.
- po detoksie jaglano-warzywnym na początku włączamy inne produkty pełnoziarniste, rośliny strączkowe, a następnie orzechy, nasiona, jajka, ryby.

W tabelce poniżej wymienione są grupy produktów uszeregowane od najbardziej oczyszczających po odbudowujące. W dniach odbudowy kolejne grupy pokarmów powinny być dołączane właśnie w takiej kolejności.

Grupa	Produkty
I	woda, soki warzywne, soki owocowe, herbatki ziołowe
II	warzywa i owoce, zioła i przyprawy
III	kiełki, kasza jaglana, kasza gryczana
IV	inne zboża (ryż, pozostałe kasze, pieczywo pełnoziarniste), rośliny strączkowe
V	orzechy, nasiona
VI	kefir, jogurt, jajka, ryby, sery kozie, owcze, twarogowe

Dni odbudowy i prawidłowy powrót do pełnowartościowego odżywiania

Głodówka

1. dzień odbudowy

Rano kończymy post i jemy np. gotowane jabłko lub gotowaną marchewkę. Możemy wypić też kubek czerwonego barszczu lub bulionu wege (odlanego podczas gotowania zupy warzywnej).

Po południu możemy wypić zielony koktajl, zjeść sałatkę, surówkę, warzywa gotowane na parze lub zupę (z potraw zaproponowanych na detoks warzywno-owocowy).

2. dzień odbudowy

Przed południem możemy zjeść dowolną potrawę z potraw zaproponowanych na detoks warzywno-owocowy.

Można włączyć kiełki, zupę jaglaną, którą jedliśmy przez 2 dni przed głodówką, potrawy warzywne z kaszą jaglaną, trochę tłuszczu, np. oliwę z oliwek.

3. dzień odbudowy

Do warzyw, owoców, kiełków, kaszy jaglanej możemy dołączyć inne zboża (ryż, kromkę pełnoziarnistego chleba, inne kasze), rośliny strączkowe, niewielką ilość nasion i orzechów (np. kilka migdałów lub łyżka uprażonych pestek dyni).

Od 4. dnia po zakończeniu głodówki możemy włączyć pozostałe produkty (z grupy szóstej).

Detoks warzywno-owocowy

1. i 2. dzień odbudowy

Proponuję 2-dniową monodietę stosowaną przed początkiem detoksu (zupa jaglana lub ryżowa). Jest to łagodne i proste zakończenie oczyszczania. Jeśli ktoś nie ma ochoty na zupę, można zjeść dowolną potrawę z menu detoksu, uzupełnioną o kasze, kiełki i odrobinę tłuszczu NNKT.

3. dzień odbudowy
Dołączamy inne zboża i kasze oraz rośliny strączkowe.

4. dzień odbudowy
Wzbogacamy menu o niewielką ilość orzechów i nasion.

Od 5. dnia po zakończeniu detoksu warzywno-owocowego możemy włączyć pozostałe produkty (z grupy szóstej).

Detoks jaglano-warzywny

1. i 2. dzień odbudowy
Do diety włączamy inne zboża i kasze (których nie było w detoksie) oraz rośliny strączkowe.

3. i 4. dzień odbudowy
Możemy jeść niewielkie ilości orzechów i nasion.

Od 5. dnia po zakończeniu detoksu jaglano-warzywnego możemy włączyć pozostałe produkty (z grupy szóstej).

Po upływie 7 dni od zakończenia detoksu możemy jeść mięso i drób oraz tłuszcze inne niż oleje NNKT.

Kiedy detoks był dłuższy – mięso, drób i inne ciężkostrawne potrawy możemy włączyć po zakończeniu czasu odbudowy (30 procent czasu trwania detoksu).

Nadszedł czas na małe podsumowanie detoksu. Po raz pierwszy udało mi się przejść coś takiego od początku do końca. Sama nie wierzę!

Co zauważyłam?

- *6 kilogramów mniej*
- *mniejszy apetyt (zero ochoty na słodycze)*
- *lepszy sen bez budzenia się w nocy*
- *nauczyłam się, że po detoksie 3 posiłki dziennie naprawdę wystarczą i nawet przekąski nie są mi specjalnie potrzebne*
- *oczy stały się bardziej błyszczące, a gałki bielsze*
- *nalot na języku mniejszy lub nie ma go wcale*
- *co do wzdęć, to nie ustąpiły całkowicie, ale są znacznie mniejsze*
- *mój układ trawienny dużo lepiej sobie radzi z tym, co zjadam*
- *chce mi się dbać o siebie i uważniej dobieram skład posiłków*
- *cera ładniejsza, opuchlizna zeszła z twarzy i z całego ciała*
- *alergie raczej nie ustąpiły wszystkie, ale nie dokuczają aż tak (1 tabletka na tydzień)*
- *jestem spokojniejsza i bardziej skoncentrowana na tym, co robię*
- *woda, woda i jeszcze raz woda.*

To ona sama w sobie jest antidotum na wiele dolegliwości.

Powtórzę detoks na 100 procent na wiosnę, bo naprawdę warto. To uczy pokory i przekraczania własnych możliwości.

6.

WSPOMAGANIE EFEKTÓW DETOKSU

Wspomaganie eliminacji toksyn podczas oczyszczania

Wspomniane wcześniej ruch, nawadnianie, wysypianie się i relaks, dbanie o codzienne wypróżnienia oraz codzienna praktyka wdzięczności budująca dobry nastrój i dystans do siebie i problemów to obowiązkowe elementy dobrze prowadzonego detoksu.

Możemy jednak zrobić jeszcze więcej, by wspomóc eliminację toksyn i/lub poprawić nasze samopoczucie.

Zamiana kosmetyków na naturalne środki pielęgnujące

W kosmetykach znajdują się różne związki chemiczne, które przedostają się do organizmu. Możemy zostawić niewielką ilość kremu do twarzy (najlepiej taki, który nie blokuje porów i pozwala skórze oddychać), a inne kosmetyki zastąpić środkami naturalnymi.

➲ „Zwykłe" mydło zastąpić mydłem naturalnym.

➲ Dezodorant możemy zastąpić oliwą magnezową (inaczej olejek magnezowy). Można ją kupić w internecie. Jest to roztwór wodny chlorku magnezu i mimo nazwy „oliwa" nie jest tłusty, więc nie musimy się obawiać, że zabrudzimy ubranie. Oliwa magnezowa nie dość, że nie blokuje porów pod pachami tak jak antyperspiranty (wraz z potem uwalniane są z organizmu toksyny), to jeszcze uzupełnia niedobory magnezu.

Nie każdy może sobie pozwolić na rezygnację z dezodorantów ze względu na ostry zapach potu – jest on tym bardziej intensywny, im więcej jest toksyn w organizmie. Jednak kiedy, wraz z oczyszczeniem organizmu, zapach się zmieni, warto zastąpić dezodorant taką oliwą. Używam jej od dłuższego czasu i działa doskonale.

➲ Jeśli macie suchą skórę, w roli balsamu do ciała doskonale sprawdzi się oliwa z oliwek lub olej kokosowy. Produkty korzystne dla organizmu są również korzystne dla ciała, a w dodatku dość tanie. Możemy również używać oleju z awokado lub słodkich migdałów, jednak są one droższe. Podczas pierwszych dni detoksu skóra ma tendencję do wysychania, więc nacieranie jej olejem będzie bardzo korzystne. Nie martwmy się jednak, jest to efekt przejściowy, a po detoksie skóra jest odmłodzona, odzyskuje elastyczność i jest lepiej nawilżona. Jak używać olejów? Można to zrobić na kilka sposobów.

- Przed kąpielą lub prysznicem wetrzeć w ciało olej. Częściowo zostanie on wchłonięty w skórę i będzie się wchłaniał także podczas ciepłej kąpieli (pory się rozszerzają).
- Wziąć ciepły prysznic lub kąpiel. W wilgotną, rozgrzaną skórę wetrzeć olej. Spłukać ciepłą wodą i dopiero wtedy wytrzeć się ręcznikiem. Uwaga – niewchłonięty olej zostanie na ręczniku, dlatego trzeba mieć pod ręką specjalnie do tego przeznaczony, najlepiej ciemny ręcznik.
- Jeśli mamy więcej czasu, po wtarciu oleju, zamiast spłukiwać go i się wycierać, włóżmy długi ciepły szlafrok i posiedźmy lub poleżmy przez 20 minut. W tym czasie olej zostanie wchłonięty, a skóra wyschnie.
- Doskonałym pomysłem jest użycie oleju w saunie. Przed wejściem do sauny natrzyjmy się olejem. By nie zatłuścić siedzeń w saunie, owińmy się dużym ręcznikiem. Olej, który się nie wchłonie, spłuczemy po saunie pod prysznicem.

Ten zabieg znakomicie wygładza skórę. Jeśli chcemy, żeby był jeszcze bardziej efektywny, przed wtarciem oleju możemy wykonać suchy masaż skóry szorstką rękawicą.

UWAGA! Oleje można stosować również na włosy (zamiast odżywek). Pół godziny przed myciem włosów należy wetrzeć olej w skórę głowy. Daje to naprawdę dobre efekty, widoczne już po jednym zabiegu.

➲ Kosmetyki kolorowe. Podczas detoksu najlepiej zrezygnować z nich całkowicie. Jednak jeśli nie wyobrażacie sobie wyjścia z domu bez makijażu, postarajcie się ograniczyć go do minimum – odrobina podkładu położona nie na całą twarz, a tylko na brodę, nos, czoło i pod oczy. Po powrocie do domu natychmiast usuńcie podkład, ponieważ zatyka on pory i skóra nie może oddychać oraz wydalać toksyn. Dodatkowo gromadzi się na nim kurz, łój, co razem tworzy nieprzyjazną dla skóry powłokę.

Masaże

Wydalanie toksyn usprawniają masaże. Warto skorzystać z masażu u profesjonalisty, ale nie każdy z nas ma taką możliwość.

Najprościej jest zatem wykonać masaż samodzielnie (automasaż). Jest wtedy dostępny codziennie, nic nie kosztuje, a potrzebny czas to kilka dodatkowych minut przed kąpielą. Jak to zrobić?

– Przed kąpielą lub prysznicem masować ciało suchą szczotką lub szorstką rękawicą (w drogeriach można kupić różnego rodzaju szczotki przeznaczone do tego celu). Masaż wykonujemy ruchami posuwistymi lub niewielkimi ruchami okrężnymi ku sercu, czyli od stóp, przez łydki, uda, pośladki; od dłoni przez przedramiona, ramiona; w przypadku głowy od czubka głowy w dół przez twarz, obszar za uszami, kark, w stronę pach itd. Taki kierunek wykonywania masażu jest korzystny, ponieważ jest zgodny z anatomicznym kierunkiem przepływu limfy i krwi. Zaczynamy od tyłu prawej nogi, potem kolej na przód. Następnie masujemy tak samo lewą nogę. Potem pośladki, a następnie bardzo łagodnie i delikatnie ruchami okrężnymi brzuch.

UWAGA! Brzuch masujemy, zaczynając od prawego dołu biodrowego, w górę po prawej stronie do żeber (okrężnica wstępująca). Następnie przesuwamy rękę w poprzek brzucha do lewego podżebrza (okrężnica poprzeczna) i dalej, w dół, po lewej stronie boku brzucha (okrężnica zstępująca) i do środka brzucha nad kością łonową. Odrywamy rękę lub zmniejszamy nacisk, przesuwając ją ponownie do początku, czyli do prawego dołu biodrowego, i powtarzamy całą sekwencję. Taki ruch jest zgodny z przepływem mas pokarmu, mas kałowych i gazów jelitowych, wspomagamy więc pracę jelit. Bardzo ważne jest, aby nie wykonywać masażu brzucha w przeciwną stronę!

Taki masaż brzucha możemy stosować, gdy męczą nas zaparcia.

Następnie masujemy prawą i lewą rękę od dłoni do barku.

Po takim masażu, nim weźmiemy kąpiel, warto jeszcze wetrzeć w ciało olej roślinny, który powinien szybko się wchłonąć.

– Dobrym sposobem na wykonanie masażu jest naturalny peeling. Robimy go pod prysznicem. Do peelingu możemy wykorzystać zmieloną kawę, zmieloną fasolę adzuki, sól morską (przy korzystaniu z soli uwaga na ranki na ciele). Mieszamy je z oliwą lub olejem w proporcji 2:1 (na 2 łyżki kawy, fasoli lub soli dodajemy 1 łyżkę oliwy). Bierzemy papkę na dłoń i niedużymi kolistymi ruchami masujemy ciało w kolejności i kierunku jak w powyższym punkcie. Doskonała do peelingu jest oliwa z oliwek zmieszana z sokiem z cytryny (na ¼ szklanki oliwy używamy soku z ¼ cytryny).

Oddychanie świeżym powietrzem

Sprzyja dobremu samopoczuciu, oczyszczaniu, dotlenieniu mózgu i komórek organizmu. Oprócz codziennego ruchu na świeżym powietrzu zadbajmy o świeżość powietrza w pomieszczeniu, w którym przebywamy. Najlepiej wietrzmy je kilka razy w ciągu dnia, otwierając szeroko okno na 3–5 minut. Jeśli to możliwe, śpijmy przy otwartym oknie.

Bardzo korzystne jest również pogłębione oddychanie. Wspomaga oczyszczanie z toksyn i pracę układu limfatycznego. Usuwa nadmiar dwutlenku węgla z krwi, a tym samym zmniejsza zakwaszenie.

Pogłębione oddychanie jest jak hiperwentylacja i czasem może zakręcić nam się w głowie, nie należy więc z nim przesadzać. Na początek kilka pogłębionych oddechów wystarczy. Najlepiej wykonać je na świeżym powietrzu albo przynajmniej przy otwartym oknie. Pozycja jest dowolna – możemy stać, siedzieć bądź leżeć – a jedyne, na co należy zwrócić uwagę, to prosty kręgosłup.

Proponuję dwa bardzo proste ćwiczenia. Pierwsze z nich możemy zrobić wszędzie i niemalże w każdym momencie.

Ćwiczenie 1.

Stajemy przy otwartym oknie (można siedzieć), prostujemy kręgosłup. Zaczynamy od wypuszczenia powietrza przez lekko rozchylone usta z cichym, niemalże bezgłośnym „haaaaa" (nie wypowiadamy „haaaaaa" głosem, tylko uzyskujemy ten efekt, wydychając głośno powietrze).

Następnie powoli nabieramy powietrza, jak najwięcej, wdychamy je przez nos, rozszerzając klatkę piersiową. A potem wypuszczamy powoli, z cichym dźwiękiem „haaaaa" przez lekko rozchylone usta. Powtarzamy to kilka razy, np. 10 (można więcej, trzeba jednak uważać, bo, jak wspomniałam, hiperwentylacja może spowodować zawroty głowy).

Ćwiczenie 2.

To pogłębione oddychanie z zatrzymaniem powietrza. Wykonujemy je, mierząc długość wdechu, zatrzymania powietrza i wydechu. Na początku możemy wykonywać ćwiczenie, leżąc i układając delikatnie dłonie na brzuchu (by czuć, jak unosi się przepona). Potem w dowolnej pozycji z wyprostowanym kręgosłupem.

Robimy wdech, kierując wdychane powietrze najpierw do brzucha (brzuch powinien się lekko unieść), a następnie do klatki piersiowej (klatka powinna się uwypuklić, rozszerzyć). Zatrzymujemy powietrze, a następnie wydychamy je najpierw z brzucha (brzuch się zapada), a potem z klatki piersiowej (klatka się kurczy). Znowu wstrzymujemy oddech. Rytm liczenia całego oddechu jest następujący (liczymy w myślach w niezmiennym tempie):

wdech, dwa, trzy cztery
wstrzymaj, dwa, trzy, cztery
wydech, dwa, trzy, cztery, pięć, sześć, siedem, osiem
wstrzymaj, wstrzymaj

Powtarzamy kilkakrotnie (podobnie jak w ćwiczeniu poprzednim możemy wykonać na początek 10 takich oddechów).

UWAGA! Wykonując pogłębione oddychanie, trzeba czuć się swobodnie – nie napinać się i nie robić niczego na siłę (np. nie przytrzymywać powietrza ani nie wypuszczać go tylko po to, by doliczyć do końca). Oddech ma być swobodny, płynny, a nie urywany. Jeśli poczujemy, że wdech, wydech bądź zatrzymanie powietrza powinny być krótsze, bo rytm liczenia nam nie odpowiada i sztucznie wydłużamy fazy oddechu, poddajmy się temu. Niech oddech będzie głęboki, lecz naturalny. To ważne! Z czasem jego fazy możemy wydłużyć zgodnie z wyżej proponowanym rytmem liczenia.

Osoby zainteresowane ćwiczeniami oddechowymi i wykorzystaniem ich czy to podczas detoksu, czy jako codzienny rytuał dla dodania sobie energii, wyciszenia bądź innych celów, niech zajrzą na koniec książki – podaję tam pozycję, z którą warto się zapoznać, ponieważ w przystępny sposób przedstawia różne techniki i ćwiczenia oddechowe.

Korzystanie z sauny

Jeśli nie mamy problemów z krążeniem, podczas detoksu możemy korzystać z sauny. Pocenie się wspomaga wydalanie toksyn z organizmu. Polecam jednak korzystanie z sauny infrared (na podczerwień) lub z sauny mokrej (parowej) – temperatura w nich jest niższa niż w tradycyjnej saunie, dzięki czemu układ krążenia nie jest tak bardzo obciążony. Jeśli mamy dostęp tylko do sauny suchej, ograniczmy przebywanie w niej do najwyżej dwóch sesji, każda maksymalnie po 10 minut. Po opuszczeniu sauny opłuczmy najpierw twarz zimną wodą.

Stosowanie ciepłych okładów na brzuch i wątrobę

Do tego celu przyda się termofor. Ciepłe okłady wspomagają ukrwienie i pracę wątroby oraz odtruwanie organizmu. Mogą też znacznie poprawić samopoczucie.

Termofor wypełniony gorącą wodą można zabrać na noc do łóżka i przyłożyć do brzucha. Można też zrobić sobie gorący okład w ciągu dnia, przeznaczając na to 30 minut i traktując ten czas jak relaks. Warto wtedy zrobić okład wilgotny. Napełnijmy termofor gorącą wodą. Weźmy dwa nieduże bawełniane ręczniki. Jeden z nich zmoczmy w gorącej wodzie, wyciśnijmy i połóżmy na brzuchu. Na wilgotnym ręczniku umieśćmy termofor, a na wierzchu suchy ręcznik. Przykryjmy się ciepłym kocem, zamknijmy oczy i relaksujmy się przez 30–40 minut.

Zabiegi wodne, choć zapomniane, mają dużą moc oddziaływania na organizm i są skuteczne. Mają też podstawy naukowe i dadzą się wyjaśnić w kategoriach fizjologicznych mechanizmów regulacyjnych. Osoby zainteresowane tym tematem zachęcam do zapoznania się z metodami hydroterapii Kneippa. Na końcu książki znajdziecie dwie pozycje opisujące szereg praktycznych zastosowań hydroterapii. Niektóre z prostych zabiegów „wodnych" miałam okazję stosować w różnych okolicznościach i zwykle ich skuteczność mnie zadziwiała, zwłaszcza że były bardzo proste.

Jestem miesiąc po zakończeniu detoksu, na kuracji antygrzybiczej. Najbardziej wyraźna zmiana to poprawa stanu skóry i włosów – nie pamiętam, żebym kiedykolwiek miała tak gładką i nieprzesuszającą się skórę i włosy niesprawiające żadnych kłopotów! Wzrosła moja odporność – nie chorowałam wcześniej, lecz przemęczenie, przemarznięcie czy przebywanie z chorymi ludźmi skutkowało na ogół niegroźną infekcją. Teraz mimo przeciążenia, wielokrotnego i silnego przemarznięcia i zagrypionych koleżanek w pracy – nic a nic (odpukuję!). Nie mam nalotu na języku, a drobiny żółtej wydzieliny przy odkrztuszaniu są mniejsze i wyraźnie rozrzedzone.
Trzymam dietę alkaliczną, bez cukru i białej mąki, z przewagą kasz, warzyw i produktów naturalnych, takich jak nasiona czy orzechy.

7.

CO ZROBIĆ, BY WZMOCNIĆ EFEKTY OCZYSZCZANIA PO KURACJI

Detoks i co dalej – eliminacja „głównych sprawców" gromadzenia toksyn

Z doświadczenia wiem, że osoby, które konsekwentnie przejdą program przygotowania i detoksu, zmieniają sposób życia. Zaczynają dzień od picia szklanki lub dwóch wody, jedzą więcej warzyw, piją zielone koktajle, unikają żywności przetworzonej, ograniczają ilość spożywanego nabiału i mięsa, unikają cukru. Zdarza się, że rezygnują też z kawy. Najczęściej dzieje się to samo z siebie, bo podczas detoksu znacznie zwiększa się świadomość, zarówno odżywiania, jak i własnego ciała, wiemy, jak reagujemy na określone grupy pokarmów, a także poznajemy swoje emocje.

By podsumować to, co warto kontynuować po detoksie – lub powiedzmy raczej, między pierwszym a kolejnym oczyszczaniem, bo mam nadzieję, że pierwszy detoks będzie, jak u większości z nas, początkiem systematycznego oczyszczania ciała z toksyn, początkiem nowej drogi w dbaniu o siebie – podaję w punktach to, co najważniejsze:

- dbanie o nawadnianie i zaczynanie każdego dnia od picia na czczo wody alkalicznej lub wody z plasterkiem cytryny

- jedzenie zapewniające równowagę kwasowo-zasadową, naturalne, alkaliczne zgodnie z zasadą 70/30 (70 procent wagowo żywności alkalicznej, 30 procent żywności zakwaszającej)
- jedzenie jak najczęściej żywności bogatej w chlorofil
- jedzenie produktów lokalnych, sezonowych
- unikanie żywności wysoko przetworzonej
- unikanie cukru, zwłaszcza fruktozy (również ukrytego w gotowej żywności, nawet w wędlinach)
- unikanie wyrobów z białej mąki
- ograniczenie spożycia mięsa i nabiału
- doskonalenie własnych sposobów radzenia sobie ze stresem
- wysypianie się i dbanie o relaks
- umiarkowany ruch, szczególnie na świeżym powietrzu (w tym korzystanie z kąpieli słonecznych).

Dzień odciążający raz w tygodniu

Wiele osób już w trakcie przeprowadzania detoksu dochodzi do wniosku, że po jego zakończeniu będą robiły sobie jeden dzień minidetoksu. To doskonały pomysł. I wcale nie taki nowy, bo postne dni mają w tradycji religijnej żydzi, chrześcijanie, muzułmanie… Post „religijny" polega na całkowitym powstrzymaniu się od jedzenia przez określony czas lub niejedzeniu mięsa i tłuszczu, czasami też jajek i mleka (oraz innych mlecznych pokarmów). Dozwolone bywa zatem jedzenie prostych kasz, warzyw, owoców. To przecież nic innego, jak tylko forma diety alkalicznej albo detoksykacyjnej. Możemy odrzucić ideologię, lecz nie to, że takie posty służą zdrowiu.

Taki dzień pozwala odpocząć naszemu układowi pokarmowemu, regeneruje siły, daje możliwość wydalenia zgromadzonych resztek, wpływa na sprawne usuwanie toksyn i pomaga uniezależnić się od cukru. Wyostrzy zmysły i korzystnie wpłynie na nasz umysł. Umocni też efekty detoksu, poprawi parametry krwi, pracę serca, wątroby, jelit, mózgu i innych narządów. Pomoże też zachować szczupłą sylwetkę, a osobom z nadwagą – sukcesywnie chudnąć. Wpłynie na witalność, poprawę odporności i wzmocnienie ochrony przed chorobami. Unormuje poziom glukozy, cholesterolu, trójglicerydów. Będzie też działaniem odmładzającym, sprzyjającym dłuższemu zachowaniu młodości, urody, naprawie i odnowie komórek.

Taki systematycznie robiony dzień odciążający sprawi także, że zmieni się nasze podejście do odżywiania, oraz pomoże coraz lepiej czuć swoje ciało i jego potrzeby. W dłuższej perspektywie pomaga zmienić nawyki lub jest impulsem wyzwalającym potrzebę takich zmian (podobnie jak detoks).

Dzień odciążający raz w tygodniu to same korzyści. Jedyne, co możemy stracić, to waga.

Świadomość, że jest to tylko jeden dzień, powoduje, iż jest to proste do zrealizowania. Dzień mija bardzo szybko, a pozostaje ogromna satysfakcja.

Polecam wprowadzenie takiego dnia (a nawet dwóch w tygodniu) nie tylko osobom, które przeprowadziły detoks, ale każdemu, kto nie ma przeciwwskazań związanych z chorobą.

Jak może wyglądać dzień odciążający

Do dnia odciążającego nie trzeba się specjalnie przygotowywać. Wystarczy zadbać o to, aby poprzedniego dnia wieczorem zjeść ostatni posiłek najpóźniej o godzinie 19.00.

Następnego dnia możemy:

- zrobić sobie jeden dzień taki jak w detoksie warzywno-owocowym lub jaglano-warzywnym, zjadając 3 nieduże posiłki w ciągu dnia
- zjeść 3 inne lekkie posiłki (nieduże porcje) z wykluczeniem mięsa i nabiału
- zrobić sobie dzień monodiety, jedząc zupę z kaszy jaglanej lub krupnik ryżowy
- jeść przez cały dzień, w trzech niedużych porcjach, wyłącznie kaszę jaglaną doprawioną przyprawami, ziołami i dobrej jakości olejem roślinnym lub oliwą z oliwek.

A jeśli ktoś z nas ma wprawę, może pójść krok dalej i:

- przez cały dzień jeść tylko sałatki z surowych warzyw doprawione dobrym olejem, ziołami i przyprawami
- przez cały dzień jeść tylko surowe warzywa
- przez cały dzień jeść tylko surowe owoce
- przez cały dzień pić tylko zielone koktajle
- nie jeść wcale, lecz pić przez cały dzień tylko soki warzywne lub warzywno-owocowe.

Oczywiście pomiędzy posiłkami pić wodę oraz herbatki ziołowe.

Niech to będzie dzień mniej intensywny niż pozostałe dni w tygodniu i w miarę możliwości zawsze ten sam, np. piątek. Kto chce zrzucić kilka kilogramów, może robić sobie dzień odciążający 2 razy w tygodniu.

8.
JEDZENIE, NAPOJE I NAPARY WSPOMAGAJĄCE ELIMINACJĘ TOKSYN I BUDOWANIE PRZYJAZNEJ FLORY BAKTERYJNEJ JELIT

Herbatki ziołowe i inne

Poniżej zamieściłam listę herbat ziołowych i innych oraz przyprawy nadające się do parzenia herbatek, które możecie pić w trakcie przygotowania i oczyszczania. Przy każdej propozycji wymieniam tylko niektóre ich właściwości, te najistotniejsze w czasie detoksu.

Oczywiście nie da się pić wszystkich herbatek naraz, zwłaszcza że podstawowym napojem powinna być woda, wybierzmy więc kilka takich, które uznamy za najbardziej potrzebne dla organizmu, i popijajmy na zmianę. Tłustym drukiem wyróżniłam zioła, na które warto zwrócić szczególną uwagę.

Anyż

Reguluje i wspomaga procesy trawienne. Zmniejsza wzdęcia i gazy. Przeciwdziała niestrawności i zgadze. Działa moczopędnie.

Arcydzięgiel

Poprawia pracę żołądka, jelit i wątroby. Niweluje wzdęcia i korzystnie działa na śluzówkę układu pokarmowego. Wspomaga wydalanie toksyn przez nerki. Przyspiesza przemianę materii i przeciwdziała zaburzeniom procesów trawiennych. Reguluje perystaltykę jelit. Ma właściwości grzybobójcze.

Babka wąskolistna

Oczyszcza krew, żołądek i płuca. Reguluje procesy trawienne. Jest też korzystna w przypadku uszkodzeń śluzówki żołądka.

Bez czarny (owoce i kwiaty)

Wspomaga usuwanie toksyn i ubocznych produktów przemiany materii. Odtruwa organizm. Ma lekkie działanie żółciopędne i właściwości rozpuszczające kamienie nerkowe oraz żółciowe. Działa moczopędnie i napotnie. Łagodzi stany zapalne żołądka oraz przeciwdziała zaparciom.

Bratek (fiołek trójbarwny)

Oczyszcza organizm z toksyn i przyspiesza przemianę materii. Ma działanie moczopędne. Sprzyja eliminacji toksyn z organizmu i oczyszcza krew. Reguluje przemianę materii.

Dziurawiec zwyczajny

Poprawia trawienie. Łagodzi dolegliwości przewodu pokarmowego oraz stany zapalne żołądka i jelit. Działa moczopędnie i przeciwdziała gromadzeniu się płynów w organizmie. Usprawnia eliminację toksyn.

Hibiskus

Ułatwia trawienie. Wspomaga pracę wątroby. Działa oczyszczająco na przewody moczowe. Przeciwdziała problemom żołądkowym.

Imbir

Wspomaga eliminację toksyn. Jest bardzo korzystny dla pracy żołądka i jelit. Przeciwdziała niestrawności, nudnościom i wymiotom. Wspomaga trawienie i perystaltykę jelit. Działa ochronnie na wątrobę. Pobudza wydzielanie soków żołądkowych.

Jeżówka purpurowa

Ma właściwości przeciwgrzybicze. Oczyszcza krew. Działa napotnie.

Koper włoski (nasiona)

Pomaga pozbyć się z organizmu toksyn i gnijących pozostałości z jelit. Przyspiesza trawienie. Przeciwdziała wzdęciom, gazom, zaparciom, zgadze i bólom żołądka. Działa korzystnie na układ pokarmowy. Wspomaga układ moczowy. Ma działanie napotne i moczopędne. Przyspiesza metabolizm i wspomaga trawienie tłuszczów. Wpływa też na lepsze dotlenienie komórek.

Lawenda lekarska

Sprzyja wydzielaniu żółci i soków trawiennych. Zapobiega wzdęciom, gazom, nudnościom i niestrawności. Wspomaga perystaltykę jelit. Ma też działanie moczopędne i napotne.

Łagodzi bóle głowy i dobrze wpływa na sen. Wspomaga oczyszczanie z toksyn.

Lukrecja (korzeń)

Zapobiega powstawaniu wrzodów jelit i żołądka. Chroni śluzówkę przewodu pokarmowego. Wspomaga pracę wątroby. Działa żółciopędnie i moczopędnie.

Łopian większy

Wspomaga wydalanie produktów przemiany materii i toksyn. Oczyszcza krew. Ma działanie żółciopędne. Poprawia przemianę materii. Hamuje rozrost grzybów. Przeciwdziała też tworzeniu się kamieni nerkowych i żółciowych. Pobudza trawienie i wspomaga pracę wątroby. Wspomaga pracę nerek. Przeciwdziała niestrawności i zaparciom. Dobrze wpływa na florę bakteryjną jelit. Łagodzi stany zapalne przewodu pokarmowego i chroni śluzówkę żołądka i jelit.

Macierzanka

Oczyszcza organizm. Działa ochronnie na układ pokarmowy. Pomaga się wyciszyć i zrelaksować. Pobudza wydzielanie soku żołądkowego i reguluje trawienie. Przeciwdziała wzdęciom i procesom nadmiernej fermentacji.

Melisa lekarska

Poprawia przyswajanie składników pokarmowych. Przeciwdziała niestrawności i ma działanie tonizujące dla żołądka i jelit oraz wzmacniające układ trawienny. Wspomaga trawienie. Zapobiega też wzdęciom i nadmiernej fermentacji pokarmów. Zmniejsza bóle głowy i rozluźnia, wpływa także korzystnie na wątrobę.

Mięta pieprzowa

Wspomaga pracę żołądka i wątroby, pobudzając wydzielanie soków żołądkowych i żółci. Reguluje perystaltykę jelit oraz procesy trawienne. Ułatwia trawienie tłuszczów. Zapobiega zastojom żółci. Przeciwdziała wzdęciom, gazom, bólom brzucha. Korzystnie wpływa na przewody żółciowe, pęcherzyk żółciowy i wątrobę. Reguluje procesy fermentacji w jelitach, przeciwdziała niestrawności i mdłościom. Poprawia krążenie krwi.

Mniszek lekarski

Ma silne właściwości oczyszczające, wspomaga usuwanie toksyn z organizmu. Oczyszcza krew. Wspomaga wydzielanie soków żołądkowych i trawienie. Ułatwia przepływ żółci i ma działanie drenujące dla wątroby i przewodów żółciowych. Przeciwdziała też powstawaniu kamieni żółciowych. Zapobiega procesom gnilnym, fermentacyjnym i zaparciom. Wspomaga pracę wątroby.

Pietruszka (natka)

Oczyszcza krew. Działa moczopędnie i pomaga pozbyć się nadmiaru wody z organizmu, przeciwdziałając obrzękom. Wspomaga usuwanie szkodliwych produktów przemiany materii i innych toksyn. Ponadto działa żółciopędnie. Odtruwa wątrobę i wspomaga jej pracę. Działa oczyszczająco na skórę. Oczyszcza drogi moczowe i nerki. Zapobiega też wzdęciom i zaparciom. Dodatkowo działa antygrzybiczo.

Pokrzywa

Oczyszcza organizm z toksyn, w tym ze złogów kwasu moczowego. Oczyszcza przewody żółciowe i poprawia pracę pęcherzyka żółciowego oraz wątroby. Odtruwa organizm. Jest korzystna dla przemiany materii. Wzmacnia żołądek.

Przeciwdziała wzdęciom. Wspomaga wytwarzanie enzymów i przemianę materii.

Poziomka (liście, owoce)

Wspomaga trawienie. Odtruwa organizm, oczyszcza krew i reguluje przemianę materii. Przeciwdziała niestrawności i działa moczopędnie.

Rooibos

Jest pomocny przy bólach brzucha i problemach żołądkowych. Wspomaga metabolizm i układ trawienny. Działa kojąco na układ nerwowy, uspokaja, poprawia nastrój i wpływa na dobry sen. Łagodzi też napięcie i bóle głowy.

Rumianek

Wspomaga prawidłową perystaltykę jelit. Przeciwdziała wzdęciom i dolegliwościom żołądkowym. Poprawia trawienie. Łagodzi napięcia i bóle brzucha oraz bóle głowy. Dobrze działa na błony śluzowe i wspomaga gojenie wrzodów oraz stanów zapalnych żołądka.

Skrzyp polny

Oczyszcza z toksyn. Działa moczopędnie i napotnie. Pobudza przemianę materii. Redukuje cellulit i opuchlizny. Jest korzystny przy wrzodach. Przeciwdziała odkładaniu się tłuszczów w naczyniach krwionośnych. Oczyszcza przewody moczowe i wzmacnia błony śluzowe.

Szałwia lekarska

Ma działanie żółciopędne. Przeciwdziała procesom fermentacji, wzdęciom i gazom. Wzmacnia żołądek i wątrobę. Oczyszcza krew i płuca.

Przygotowując napary, możemy wzbogacać ich smak cynamonem, goździkami, wanilią, skórką z cytrusów, kardamonem, imbirem, anyżem, lukrecją lub zgniecioną gałązką świeżej mięty, melisy, bazylii.

Możemy też popijać inne herbatki, np. lipę, czerwoną koniczynę, trawę cytrynową, liście i kwiat maliny, owoc dzikiej róży, aronię, jabłko, owoce leśne, mieszanki ziołowe lub inne. Nie wymieniłam ich powyżej, ponieważ moja lista uwzględnia te najbardziej wspomagające procesy trawienia i detoksykacji, choć podczas detoksu możemy pić każdą herbatkę ziołową lub owocową.

Probiotyki w jedzeniu: kiszonki, produkty fermentacji mlekowej

To, że nasze zdrowie, samopoczucie i uroda mają początek w jelitach, już wiemy. Ich kondycja zależy m.in. od tego, czy są w nich przyjazne dla nas bakterie, czyli stanu flory bakteryjnej jelit.

Kondycja flory zależy oczywiście od tego, co jemy. Odpowiednio się odżywiając, możemy wspierać namnażanie dobrych dla jelit bakterii.

W waszym menu powinny się więc znaleźć:

- kiszonki (kiszona kapusta, ogórki kiszone, zakwas buraczany, inne kiszone warzywa)
- produkty fermentacji mlekowej: jogurt naturalny (fermentacja za pomocą bakterii), kefir (fermentacja mieszana za pomocą bakterii i drożdży), ajran (fermentacja za pomocą specjalnych szczepów bakterii z rejonu Bałkanów i Turcji)
- naturalny zakwas chlebowy.

Zawierają one np. bakterie kwasu mlekowego, zaliczamy je do grupy tzw. probiotyków, czyli wyselekcjonowanych bakterii (głównie gatunki *Lactobacillus*, *Bifidobacterium*, ale różnych szczepów, więc nawet jogurty naturalne mogą różnie smakować) korzystnie działających na przewód pokarmowy.

Ich spożywanie:

- ma dobroczynne działanie na procesy trawienne, perystaltykę i mikroflorę jelit
- pomaga wyeliminować zaparcia
- podnosi odporność
- zwiększa wchłanianie składników odżywczych
- wpływa na oczyszczanie organizmu z toksyn i odtruwanie wątroby
- reguluje przemianę materii
- przeciwdziała przenikaniu toksyn z jelit do krwi poprzez uszczelnianie bariery jelit
- przeciwdziała gazom, wzdęciom i zaparciom
- ma działanie antygrzybicze (wypierając konkurencyjne grzyby z walki o pokarm i miejsce w jelitach)
- przeciwdziała alergiom
- łagodzi stany zapalne jelit
- ma właściwości antybakteryjne i antywirusowe
- przeciwdziała wrzodom żołądka
- pozytywnie wpływa na samopoczucie i niweluje skutki stresu
- poprawia wygląd skóry i przeciwdziała wypryskom.

Ponadto probiotyki są konieczne do prawidłowej syntezy niektórych witamin. Wpływają na normalizację ciśnienia i poziomu cholesterolu. Są korzystne dla stawów, regulują pracę hormonów płciowych. Wzmacniają i regulują układ odpornościowy, możemy więc nawet mówić o ich korzystnym pośrednim działaniu przeciwnowotworowym. Doskonale wpływają na urodę – przeciwdziałają powstawaniu zmarszczek.

Warto więc jadać kiszonki, podkreślam jednak, że chodzi o kiszonki fermentowane naturalnie, a nie produkty zakwaszone octem jabłkowym lub winnym (nie ma w nich tylu tak dobrych bakterii).

Probiotyki potrzebują prebiotyków

Probiotyki potrzebują pożywki, która stymuluje ich namnażanie. Tą pożywką są tzw. prebiotyki, które same w sobie nie zawierają bakterii, lecz wpływają korzystnie na ich rozwój we florze jelitowej. Chemicznie prebiotykami są np. inulina, oligofruktany, ale też błonnik (celuloza, hemiceluloza, ligniny). A ponieważ występują one w roślinach (w różnych ilościach), możemy niektóre z pokarmów roślinnych uznać za lepsze prebiotyki od innych. I tak do prebiotyków należą m.in. cykoria (najwięcej inuliny), czosnek, cebula, por, szparagi, karczochy, pomidory, banany, siemię lniane, rośliny strączkowe, jęczmień, owies, otręby, pełnoziarnista mąka i inne.

Oczywiście probiotyki i prebiotyki powinny gościć w naszej kuchni jak najczęściej, a nie tylko w czasie detoksu. Kiedy z ich pomocą odbudujemy fizjologiczną florę bakteryjną jelit, nasze zdrowie i samopoczucie zdecydowanie się poprawi i niestraszne nam będą okresy, kiedy wszyscy wokół smarkają, kichają i kaszlą.

Do jedzenia żywności probiotycznej trzeba się przyzwyczaić

Bywa tak, że kiedy ktoś zaczyna jeść kiszonki albo pić kefir, pojawiają się gazy, zaburzenia żołądkowo-jelitowe, zaparcia, biegunki lub inny dyskomfort w brzuchu. Wtedy można np. zacząć jadać porcję lub dwie takiej żywności co 2.–3. dzień, a dopiero kiedy organizm się przyzwyczai – codziennie.

Co oznacza porcja? Np. jeden ogórek kiszony, miseczka kapusty kiszonej (łyżka lub dwie) lub innych kiszonych warzyw, pół szklanki kefiru. Warto wiedzieć, jak rozumieć porcję korzystnie wpływającą na nasze zdrowie, bo w czasach dobrobytu porcje wszystkiego, co jemy, z reguły znacznie przewyższają ilości, jakich potrzebuje nasz organizm. Warto jednak wiedzieć, że w przypadku żywności probiotycznej nie da się niczego przedawkować, więc jeśli mamy ochotę na więcej, to nie ma żadnych przeciwwskazań, wręcz przeciwnie, nie musimy się tu ograniczać.

Zielone warzywa – chlorofil

Chlorofil zawarty w zielonych roślinach, poza wieloma innymi walorami dla zdrowia, wspomaga wyprowadzanie z organizmu pozostałości po lekach i innych toksyn. Dotlenia krew, a przez to i wszystkie narządy. Oczyszcza krew, przewód pokarmowy, jelita i wątrobę. Doskonale alkalizuje organizm. Ponadto wiąże się w jelitach z metalami ciężkimi, dzięki czemu łatwiej mogą zostać one usunięte z organizmu. Przeciwdziała również rozwojowi niefizjologicznych bakterii i grzybów w układzie pokarmowym, przez co sprzyja namnażaniu się korzystnej flory bakteryjnej w jelitach. Niweluje również nieprzyjemny oddech i zapach ciała. Chlorofil wspomaga odnowę i regenerację tkanek, buduje krew i wspomaga pracę wątroby, ma też dobroczynne działanie przy takich dolegliwościach i chorobach układu trawiennego, jak wrzody, stany zapalne jelit i błony śluzowej żołądka. Centralnym składnikiem chlorofilu jest atom magnezu, tak więc jedząc zielone, „chlorofilowe" części roślin, dostarczamy sobie także dużych ilości wysoce przyswajalnego magnezu.

Dlatego warto podczas przygotowania do oczyszczania i w trakcie detoksu pamiętać o zielonych koktajlach. Rośliny w koktajlach są surowe, niepoddane obróbce termicznej, a co się z tym wiąże, nie tracą cennych wartości, a jednocześnie, dzięki zmiksowaniu, są lekkostrawne. W głodówce sokowej możemy z zielonych roślin wyciskać sok.

Błonnik pokarmowy w żywności

Właściwie większość żywności, jaką spożywamy w trakcie przygotowania oraz detoksu (wyjątkiem jest głodówka), jak i większość żywności alkalizującej (zalecanej do jedzenia na co dzień w 70–80 procent wagowej ilości całości pokarmu) zawiera dużo błonnika. Jest to bowiem część struktury roślin określana inaczej jako włókna pokarmowe lub substancje balastowe.

Błonnik jest niestrawną częścią pokarmu (nie rozkładają go ludzkie enzymy trawienne), dlatego nie jest przyswajany. Jest to celuloza, hemiceluloza i ligniny będące składnikiem każdej rośliny. Mimo że niewchłaniany, jest bardzo ważny dla prawidłowego funkcjonowania i zdrowia układu pokarmowego, a w konsekwencji całego naszego organizmu.

Błonnik czyści nasze jelita jak szczoteczka, pobudza ich perystaltykę i ułatwia wydalanie niestrawionych resztek pokarmu. Wpływa na formowanie, rozluźnienie i zmiękczenie stolca. Dzięki błonnikowi w jelitach zachowana jest wilgotność. Poza tym błonnik wiąże chwilowo lub na stałe niektóre tłuszcze (np. cholesterol pokarmowy, trójglicerydy) i cukry proste, dzięki czemu przedostają się one do krwi stopniowo lub są wydalane z kałem. To dlatego węglowodany złożone, przemieszane w porcji pokarmu z błonnikiem, nie powodują skoków insuliny tak jak oczyszczone, rafinowane węglowodany proste, łatwo i szybko przyswajane. Naukowcy wykazali, że jedzenie pokarmów zawierających błonnik zmniejsza ryzyko wielu chorób cywilizacyjnych, m.in. niedokrwienia serca, miażdżycy tętnic, cukrzycy, otyłości.

Błonnik wspomaga również usuwanie z organizmu toksyn, metali ciężkich, kwasów, a także bardzo szkodliwych substancji, jak np. azotany i azotyny (wykorzystywane w przetwórstwie mięsnym i nawożeniu upraw), których związki pochodne (nitrozaminy) są silnie rakotwórcze.

Jedną z ważniejszych przyczyn nieprawidłowej pracy jelit jest niedostateczna ilość błonnika w naszej codziennej diecie.

Przy jego wystarczającej ilości nie powinniśmy mieć problemu z zaparciami, ale należy pamiętać o tym, by pić odpowiednio dużo wody!

Jak wspominałam, błonnik jest prebiotykiem i wspomaga namnażanie się w jelitach dobrych bakterii dostarczanych wraz z jedzeniem probiotycznym.

Błonnik zawierają przede wszystkim warzywa, owoce, kasze, nasiona, rośliny strączkowe, soja, pełne ziarna, naturalne płatki zbożowe, niełuskany ryż.

Jeżeli ktoś jadł pożywienie ubogie w błonnik, początek przejścia na pożywienie z wysoką zawartością błonnika może spowodować takie dolegliwości, jak wzdęcia, gazy czy zaparcia. To stan przejściowy. Kiedy organizm się przyzwyczai, problemy powinny ustąpić.

Dobrym rozwiązaniem jest też obróbka termiczna warzyw i ich rozdrabnianie (zupy typu krem, zielone koktajle), które czynią pokarm (w tym błonnik) lżejszym dla naszego układu pokarmowego. No i oczywiście należy bardzo dokładnie gryźć. Stosowanie pokarmów w lżejszej formie poleca się też zwykle osobom mającym ostre stany zapalne układu pokarmowego lub choroby wrzodowe albo problemy z uzębieniem.

Zioła i przyprawy

Oprócz walorów aromatyczno-smakowych mają też wiele walorów prozdrowotnych i wspomagających działanie układu pokarmowego. Zapobiegają procesom gnilnym. Korzystnie wpływają na trawienie, stymulują wydzielanie soków żołądkowych i ułatwiają przyswajanie składników odżywczych z pokarmu. Pobudzają przemianę materii, wydzielanie żółci oraz poprawiają perystaltykę jelit. Przeciwdziałają niestrawności, wzdęciom, zaparciom, gazom, bólom brzucha. Niwelują dolegliwości układu pokarmowego i dobroczynnie wpływają na pracę żołądka, wątroby, pęcherzyka żółciowego oraz jelit. Przyczyniają się do lepszego odtruwania organizmu, oczyszczania krwi, żołądka i jelit.

Poza tym zioła i przyprawy, zawarte w nich olejki eteryczne, flawonoidy (przeciwutleniacze), substancje gorzkie, garbniki, minerały wspaniale działają na cały organizm, chroniąc go przed chorobami, odmładzając, wspomagając pracę narządów i układów. Kuchnia bez ziół i przypraw traci nie tylko smak, ale również dodatkowe walory ważne dla zdrowia. Listę ziół i przypraw znajdziecie w tabelkach produktów dozwolonych podczas detoksu.

Soki warzywne i warzywno-owocowe

Możemy popijać je zarówno w trakcie przygotowania, jak i podczas detoksu. Należy jedynie pamiętać, by sok pić na czczo, czyli zachowując odpowiedni odstęp czasu po posiłku (najlepiej nie mniej niż 3 godziny). Czas trawienia soków to zaledwie 15–30 minut. Możemy sok potraktować jako przekąskę między posiłkami lub wypić porcję przed śniadaniem czy innym głównym posiłkiem jako aperitif – dając mu chociaż te 20 minut na strawienie. Soki alkalizują organizm i dostarczają dużej ilości witamin oraz minerałów. Działają uzdrawiająco na komórki i sprzyjają eliminacji toksyn.

Choć wszystkie soki warzywne lub warzywno-owocowe są cenne i możemy je pić w trakcie przygotowania i podczas różnych rodzajów detoksu, w tym oczywiście głodówki sokowej, na szczególną uwagę zasługuje sok z marchwi i soki z warzyw bogatych w chlorofil (z zielonych części roślin). O zaletach chlorofilu i jego znaczeniu przy odtruwaniu organizmu już pisałam, sok z marchwi natomiast jest łagodny i w trakcie oczyszczania najlepiej, gdy stanowi bazę większości soków. Ma cenne właściwości prozdrowotne i detoksykujące:

- wspomaga działanie układu limfatycznego
- oczyszcza wątrobę i wspomaga jej regenerację
- oczyszcza cały organizm
- pozytywnie wpływa na florę bakteryjną jelit
- wspomaga pracę nerek
- łagodzi podrażnienia układu pokarmowego
- niweluje problemy z trawieniem i wspomaga pracę układu trawiennego
- chroni oczy, dobrze wpływa na włosy, paznokcie, skórę i jej elastyczność, stymuluje produkcję kolagenu, łagodzi alergie skórne, wzmacnia układ odpornościowy, obniża poziom cholesterolu i chroni przed chorobami.

Ponadto cenne ze względu na swoje właściwości detoksykujące są również soki z buraków, warzyw kapustowatych i brokułów. Korzystnie wpływają one na przepływ żółci i odtru-

Przetrwałam 4 dni bez jedzenia i wiecie co? Wcale nie było tak źle, a dzisiejszy pierwszy posiłek smakował nieziemsko. Podsumowując, schudłam 9 kilogramów. Wyeliminowałam całkowicie białą mąkę, cukier biały, mleko, alkohol i kawę. Jadłam bardzo dużo zielonych sałatek. Nauczyłam się pić minimum 2 litry wody dziennie, a zawsze miałam z tym problem. Bardzo długo cierpiałam na migreny wyłączające mnie całkowicie z normalnego funkcjonowania, a teraz? Teraz mąż się ze mnie śmieje, że „nic nie jem", a podskakuję jak skowronek. Ale naprawdę czuję się o niebo lepiej. Już baaardzo długo nie miałam migreny. Na początku nie było kolorowo, bolała mnie głowa, jednak to szybko minęło… Teraz jest wspaniale, już na pewno nie wrócę do poprzedniego sposobu odżywiania. Teraz tylko chciałabym wiedzieć więcej, i więcej – to wciąga.

wanie wątroby. Oczyszczają układ pokarmowy i cały organizm. Sok z buraków oczyszcza układ krwionośny, zwiększa przyswajanie tlenu przez komórki i dotlenia serce.

Suplementy wspomagające eliminację toksyn, odbudowę układu pokarmowego i odbudowę organizmu

Często słyszę pytanie, czy w trakcie oczyszczania można przyjmować suplementy. Tak, lecz zależy jakie. Jeżeli są to suplementy sztuczne, chemiczne, to nie. Ale jeżeli naturalne (pochodzące z roślin, ziół) – tak. Niektóre z nich mogą wręcz wspomóc nasz organizm w procesie oczyszczania. Do takich należą:

Suplementy bogate w chlorofil

Można je zażywać także podczas oczyszczania, by wzmocnić jego efekty; są to np. lucerna, młody jęczmień, trawa pszeniczna, algi ze słodkich wód (spirulina i chlorella), inne sproszkowane trawy, liście, warzywa zielone. Preparaty te wspomagają też usuwanie z organizmu metali ciężkich.

Warto je także stosować w okresach, kiedy jadamy mniej liściastych, zielonych warzyw.

Probiotyki

W postaci suplementów najczęściej spotykamy dwa rodzaje bakterii: *Lactobacillus* i *Bifidibacteria*. Pierwsze z nich w trakcie procesów fermentacji węglowodanów produkują kwas mlekowy i częściej występują w jelicie cienkim. *Bifidobacterium* natomiast to bakterie częściej występujące w jelicie grubym. Oba szczepy stanowią przeważającą część flory bakteryjnej jelit, dlatego większość suplementów zawiera te właśnie rodzaje bakterii. Korzystną formą suplementów są synbiotyki – łączą w sobie zarówno probiotyki, jak i prebiotyki.

Suplementami probiotyków (lub synbiotyków) warto się wspomóc, jeśli kuracja oczyszczająca to:

- głodówka
- oczyszczanie z udziałem suplementów powodujących gruntowne wydalanie złogów z jelita grubego i cienkiego
- kuracja antypasożytnicza.

Dobrze jest wtedy przyjmować probiotyki przez kilka tygodni po oczyszczaniu (jedno opakowanie).

Także wtedy, gdy:

- poddajemy się zabiegom hydrokolonoterapii lub robimy lewatywy
- mamy przerost grzybów candida
- jesteśmy na diecie przeciwgrzybiczej
- mamy grzybicę pochwy lub paznokci u rąk i stóp
- mamy nawracające infekcje miejsc intymnych (dot. kobiet)
- mamy obniżoną odporność, często się przeziębiamy i łapiemy infekcje
- zażywaliśmy antybiotyki
- mamy alergie pokarmowe
- miewamy skurcze w okolicach brzucha
- borykamy się z problemami trawiennymi
- mamy zaparcia lub naprzemiennie zaparcia i biegunki
- nasze odżywianie przed detoksem było ubogie w warzywa i owoce, a obfite w mięso.

Enzymy roślinne

Enzymy inicjują reakcje chemiczne i uczestniczą w wielu procesach metabolicznych, zarówno anabolicznych (wzrostowych, budujących, tworzących, wymagających dostarczenia energii), jak i katabolicznych (związanych z rozkładem, wytwarzających energię). Enzymy niezbędne są do trawienia pokarmów.

Nasz organizm sam wytwarza enzymy, lecz wspomagany jest także enzymami, które znajdziemy w pożywieniu (kiełki, surowe warzywa i owoce, świeże soki) i suplementach enzymów roślinnych.

Z tych ostatnich warto skorzystać w okresach, kiedy jemy niewiele surowych roślin oraz kiedy nasze trawienie nie przebiega prawidłowo, w wyniku czego cierpimy na różne dolegliwości. W przypadku dolegliwości szczególnie warto uzupełnić enzymy, gdy mamy lub często miewamy:

- suchą lub łuszczącą się skórę
- przesuszone, łamliwe włosy
- stolec źle uformowany bądź błyszczący lub o bardzo nieprzyjemnym zapachu
- śluz w stolcu
- objawy niestrawności po posiłku: gazy, wzdęcia, zgaga, odbijanie
- odczucie pełności w brzuchu
- objawy ostrej niestrawności: bóle brzucha, biegunka, nudności i wymioty
- uczucie zmęczenia po posiłku
- na przemian biegunki i zaparcia
- nietolerancje pokarmowe
- trądzik.

Błonnik

Zalety błonnika już znacie. Wspomnę tylko, że błonnik może być rozpuszczalny w wodzie (zawierają go przede wszystkim warzywa i owoce) lub nierozpuszczalny (znajdziemy go najwięcej w pełnoziarnistych produktach zbożowych, ale też w warzywach i orzechach). Obydwie formy błonnika są nam potrzebne, ale to ten drugi przyspiesza wędrówkę treści pokarmowej przez jelita. Możemy zatem wspomóc się suplementacją błonnika, jeśli mamy zaparcia lub kiedy to co jemy nie zawiera go zbyt dużo. Jeśli chodzi o detoks, możemy zadbać o dostarczenie organizmowi suplementów błonnika podczas przygotowania.

Jego źródłem mogą być otręby pszenne, otręby owsiane, siemię lniane lub babka płesznik. Na początku ½ łyżki wybranego produktu dodajemy do soku, wody, koktajlu, zupy. Kiedy organizm się przyzwyczai, zwiększmy tę ilość (maksymalnie do 3 łyżek dziennie) i obserwujmy siebie. Odpowiednia ilość to taka, która poprawi perystaltykę jelit. Oczywiście pamiętajmy, że jeśli nie będziemy pić wystarczającej ilości wody, skutek może być odwrotny.

Inne suplementy

Warto sprawdzić, czy nasz organizm zaopatrywany jest w odpowiednią ilość witamin i tzw. makro- i mikroelementów. Najlepiej skonsultować się w tej sprawie z lekarzem. W Polsce oficjalnie nie ma takiej specjalności lekarskiej, ale nauka medyczna zajmująca się tą dziedziną nosi nazwę bromatologii. Zajmuje się ona wartością odżywczą żywności w szerokim pojęciu (nie mylmy z dietetyką).

Metodami laboratoryjnymi można oznaczyć ilość (nadmiar lub niedobór) witamin czy minerałów w naszym organizmie, jak też ich wchłanianie czy wydalanie. Sam detoks opisywany w tej książce trwa za krótko, by spowodować jakiekolwiek niedobory tych składników, może się jednak zdarzyć, że ktoś znacznie wcześniej, np. z powodu niewłaściwego odżywiania się albo problemów z wchłanianiem, cierpiał na niedobór któregoś ze wspomnianych składników. Warto o tym wiedzieć, gdyż można tak dobrać rodzaj pożywienia przed detoksem i po nim, aby uzupełnić ewentualne niedobory, a jeśli to nie wystarczy, dobrać odpowiednie dawki suplementów w postaci np. tabletek czy kropel. Statystycznie najczęstsze niedobory (nawet u 80–90 procent Polaków) dotyczą witaminy D_3, magnezu, witaminy C (z wyjątkiem osób jedzących dużo roślin, lecz statystyczny Polak je ich za mało), wapnia, żelaza, witamin z grupy B (w tym głównie B_{12} i B_6), jodu. U kilku do kilkunastu procent (ale nie więcej) mogą się pojawić niedobory mikropierwiastków czy tzw. ultrapierwiastków, takich jak selen, krzem i kilkanaście innych. Wiedza na ten temat jest dość łatwo dostępna, ale nieco lekceważona, także przez świat medyczny. Czasami jednak uzupełnienie niedoborów witamin i minerałów jest kluczem do wyzdrowienia. Szukajcie więc bromatologa lub porozmawiajcie ze swoim lekarzem.

9.

DODATKOWE PORADY i PODSUMOWANIE

Czas detoksu to czas szczególny, wymaga więc, byśmy ze szczególną troską potraktowali swoje ciało, zwrócili uwagę na jego potrzeby, zadbali o siebie bardziej niż zwykle.

Zacznę od kilku praktycznych porad.

- Podczas detoksu ubierajmy się cieplej niż zwykle. Organizm w trakcie oczyszczania wychładza się i łatwiej marzniemy.
- Po przebudzeniu dajmy sobie chwilę i wstawajmy powoli. Podczas detoksu zmienia się krążenie i szybkie wstawanie może powodować zawroty głowy.
- Starajmy się kłaść spać pomiędzy godz. 21.00 a 22.00. Nie przegapmy momentu, kiedy poczujemy senność. Organizm nocą się regeneruje. Jeśli dobrze się wyśpimy, będziemy mieli nie tylko więcej energii, ale i oczyszczanie przebiegnie bardziej efektywnie.
- Codziennie znajdźmy czas na 20–30 minut szybkiego marszu na świeżym powietrzu lub inną formę ruchu. Pobudzi to krążenie, usprawni wydalanie toksyn, dotleni i dobrze wpłynie na nasze samopoczucie. Nawet jeśli ćwiczymy w pomieszczeniu, nie zapominajmy o ruchu na świeżym powietrzu – niech to będzie chociaż spacer.

- Każdego wieczoru przeznaczmy kilka minut na ćwiczenie wdzięczności opisane w podrozdziale *Etap 2 – oczyszczanie organizmu.* Wpłynie to pozytywnie na nasz nastrój, relaks i dobry sen, wewnętrzny spokój, pozytywne nastawienie do rzeczywistości.
- Jeśli to my gotujemy dla innych, a mieszkamy z osobami nieprzeprowadzającymi detoksu (np. dzieci), zaplanujmy posiłki, które można przygotować na zapas (na kilka dni), jak np. dania jednogarnkowe z kaszy lub ryżu, zupy, gołąbki itp. Możemy także podawać wszystkim dania, które przygotowujemy dla siebie w trakcie detoksu, uzupełnione o tłuszcz, kaszę, rybę itp.
- Kiedy mamy taką możliwość, podczas detoksu jedzmy warzywa i owoce z upraw ekologicznych. Jeśli nie jest to możliwe, należy usuwać z owoców i warzyw bakterie i pestycydy, kąpiąc je w wodzie kwaśnej, a następnie alkalicznej, szczególnie warzywa liściaste, takie jak sałata, botwinka, szpinak, jarmuż, szczaw itp. W ten sposób można myć również pomidory, ogórki, paprykę, jabłka, marchew i inne.

  Robimy to w następujący sposób:

  - Aby usunąć szkodliwe bakterie: 2 łyżki kwasku cytrynowego rozpuszczamy w 1 litrze wody. Jeśli potrzebujemy większej ilości wody, proporcjonalnie zwiększamy ilość kwasku. Zamiast kwasku można użyć ½ szklanki octu jabłkowego lub winnego. Kąpiemy w roztworze warzywa przez 2 minuty, następnie przekładamy je do drugiego roztworu.
  - Aby usunąć pestycydy: 1 czubatą łyżkę sody oczyszczonej rozpuszczamy w 1 litrze wody. Kąpiemy warzywa w roztworze przez 2 minuty. Woda może zrobić się mętna, zmienić kolor, może się na jej powierzchni

pojawić piana lub tłuste plamy (w zależności od rodzaju oprysków).

Następnie płuczemy warzywa pod bieżącą wodą. Warzywa i owoce możemy umyć na zapas i kiedy wyschną, trzymać je w lodówce gotowe do użycia (maksymalnie przez kilka dni).

- W trakcie oczyszczania zrezygnujmy z przyjmowania suplementów chemicznych. Możemy wspomóc organizm suplementami naturalnymi, takimi jak te wymienione w rozdziale *Suplementy wspomagające eliminację toksyn, odbudowę układu pokarmowego i odbudowę organizmu*. Inne suplementy witaminowo-mineralne zostawmy na czas po detoksie.
- Jeśli przyjmujemy leki przepisane przez lekarza, nadal musimy je przyjmować, lecz pod kontrolą lekarską, bo być może zaistnieje potrzeba zmniejszania ich dawek.
- Dbajmy o codzienne wypróżnienia.

Jak sobie radzić w trudnych chwilach

Podczas detoksu może pojawić się kryzys. Najczęściej dzieje się to w pierwszych 4 dniach, a nasila się w 3. lub 4. dniu oczyszczania. Z kryzysem związane mogą być pewne charakterystyczne dolegliwości, jak np. duże osłabienie organizmu, brak siły i energii, poczucie niemocy, mdłości, wymioty, gruby nalot na języku, bóle mięśni, głowy, stawów, nasilenie dolegliwości, które miewamy, związanych z chorobą bądź stanami zapalnymi w organizmie, o których istnieniu nie wiedzieliśmy. Dlatego ważne jest, abyśmy to uwzględnili i zaplanowali 3. i 4. dzień detoksu na dni wolne (np. weekend). To czas, kiedy trzeba zaopiekować się sobą bardziej troskliwie i więcej wypoczywać.

Podczas detoksu mogą czasowo pojawić się też zmiany na skórze – różnego rodzaju wypryski, wysypki itp. Jest to przejściowy efekt uwalniania toksyn. Minie!

Wcześniej pisałam o znaczeniu przygotowania. Pamiętajmy, że im lepiej się przygotujemy do detoksu, tym mniejsze prawdopodobieństwo pojawienia się kryzysu bądź znacznie łagodniejszy i krótszy jego przebieg.

Kryzys nie musi się pojawić. Zależy to od ilości toksyn zgromadzonych w organizmie, od sprawności działania układów oczyszczających, od tego, co w nas siedzi. Kiedy jednak kryzys się pojawi, pamiętajmy, że to stan przejściowy. Czasem trwa zaledwie kilka godzin, czasem jeden, dwa dni. Jego największe nasilenie zwykle trwa kilka godzin lub jeden dzień.

Proste sposoby radzenia sobie w chwilach kryzysu

Osłabienie organizmu lub mdłości

- Włożyć pod język płaską łyżeczkę naturalnego miodu i stopniowo ją rozpuszczać, rozprowadzając językiem po śluzówce.
- Wypić małymi łyczkami szklankę ciepłej wody z dodatkiem płaskiej łyżeczki naturalnego miodu i ewentualnie sokiem z cytryny dla smaku.

UWAGA! Choć miód nie znajduje się na liście produktów dozwolonych, w szczególnych okolicznościach (nawet podczas głodówki) możemy wspomagać się niewielką jego ilością.

- Wypić herbatkę imbirową (w rozdziale *Pozostałe przydatne przepisy*). Bardzo pomaga w przypadku mdłości.
- Obmywać twarz i przedramiona zimną wodą.
  Ten bardzo prosty zabieg skutecznie niweluje uczucie osłabienia. Dodatkowo to szybki sposób, aby poczuć się

świeżo i orzeźwić organizm. Bardzo przydatny podczas pracy, zwłaszcza umysłowej. Dobrze robi też zakończenie porannego prysznica ochlapaniem twarzy i przedramion zimną wodą.

- Zjeść upieczone lub lekko podgotowane jabłko z cynamonem. **W trakcie głodówki**, przy zbyt dużym osłabieniu, również możemy poratować się podgotowanym jabłkiem lub ugotowaną marchewką czy burakiem – postępujemy tak jednak tylko w sytuacjach wyjątkowych, kiedy czujemy, że tracimy siły lub robi nam się słabo z głodu.
- Położyć się do łóżka z ciepłym termoforem ułożonym w okolicy brzucha lub wątroby.
- Pochodzić na bosaka po ziemi, trawie, piasku przez 20–30 minut. Nie wiem, jak to działa, więc nie potrafię tego wytłumaczyć, wiem jednak, że działa i że ciało czuje się bardziej zregenerowane i odzyskuje siły.

Zaparcia

Codzienne wypróżnienia są bardzo ważne i pozytywnie wpływają na samopoczucie. Niwelują też potencjalne nieprzyjemne dolegliwości pojawiające się podczas pierwszych dni detoksu. Istotne jest, by zapobiegać zaparciom, ponieważ blokują właściwe oczyszczanie przewodu pokarmowego, a niewydalone resztki są źródłem toksyn. W proponowanych rozwiązaniach są takie, które zawierają produkty niedozwolone w trakcie detoksu warzywno-owocowego i głodówki, jednak zaparcia uniemożliwiają sprawne pozbywanie się złogów i oczyszczanie jelit, dlatego możemy je zastosować (z wyjątkiem zupy warzywnej podczas głodówki) i odstawić, kiedy problem minie.

- Wypić rano na czczo (przed śniadaniem, ale po porannej porcji wody) kleik z siemienia lnianego.
- Wypić rano przed śniadaniem ½ szklanki soku z kiszonej kapusty.
- Rano, zamiast innego śniadania, zjeść zupę warzywną na zaparcia. Można to robić każdego ranka, aż zaparcia ustąpią.

UWAGA! Podczas głodówki wybieramy inne rozwiązania niż zupa.

- Zrobić lewatywę (to rozwiązanie polecane jest zwłaszcza podczas głodówki).
- Spróbować poćwiczyć brzuszki, skłony i skręty tułowia.
- Zastosować czopek glicerynowy (do kupienia w aptece).
- Popijać herbatkę imbirową, napary z ziół wymienionych w rozdziale *Herbatki ziołowe i inne*, takich jak arcydzięgiel, lawenda lekarska, łopian większy, mięta pieprzowa, rumianek, koper włoski.

Wzdęcia

Jeśli mamy wzdęcia, spróbujmy ograniczyć ilość warzyw surowych na rzecz gotowanych. Ponadto zwróćmy uwagę, czy dokładnie gryziemy pokarm.

Możemy popijać też herbatkę imbirową i napary z ziół wymienionych w rozdziale *Herbatki ziołowe i inne*, takie jak: arcydzięgiel, koper włoski, lawenda lekarska, macierzanka, melisa, mięta pieprzowa, rumianek, szałwia lub napar z natki pietruszki. Do naparów możemy dodać też kilka ziarenek anyżu.

Przy wzdęciach bardzo pomaga masaż brzucha.

Intensywny zapach czosnku

Czosnek zjadany w postaci surowej możemy zastąpić świeżym korzeniem chrzanu. Chrzan ma podobne właściwości jak czosnek. Działa przeciwbakteryjnie, przeciwwirusowo, przeciwgrzybiczo i przeciwzapalnie oraz wspomaga oczyszczanie organizmu ze złogów i toksyn.

Nieprzyjemny smak lub zapach z ust

Polecam ssanie jednego goździka w całości lub kilku nasion kopru włoskiego. Działają odświeżająco i znacznie zmniejszają nieprzyjemny posmak lub zapach. Możemy to robić nawet przez cały dzień. Koper włoski jest mniej wygodny, bo ziarenka są małe i łatwo je połknąć.

W trakcie oczyszczania zawsze warto mieć przy sobie kilka goździków i żuć jak gumę, ilekroć chcemy odświeżyć smak w ustach i oddech.

Pomaga też ssanie kilka razy w ciągu dnia plasterka cytryny.

Ból głowy

Polecam herbatkę imbirową, która potrafi pomóc nawet przy bólach migrenowych. Oczywiście ulgę przyniosą również sen i odpoczynek.

Czasami ból głowy może być związany z brakiem wypróżnienia. Bardzo skuteczne jest wtedy zrobienie lewatywy.

Marznięcie

- Zacznijmy dodawać do potraw więcej rozgrzewających przypraw (imbir, cynamon, kurkuma, pieprz, pieprz kajeński, anyż, gałka muszkatołowa, chili).
- Popijajmy czerwony barszcz (zawsze warto mieć go w termosie przy sobie).

- Ograniczmy ilość jedzenia surowego na rzecz duszonego, pieczonego, gotowanego.
- Popijajmy herbatki ziołowe z dodatkiem rozgrzewających przypraw, takich jak cynamon, anyż, imbir, koper włoski, kozieradka. Doskonale też sprawdza się herbatka imbirowa lub zalanie wywarem z imbiru dowolnej herbaty ziołowej.
- Więcej się ruszajmy.
- Pijmy więcej wody.

Picie i ruch poprawiają krążenie i dotlenienie. Kiedy krążenie jest sprawne, a krew dociera do najcieńszych naczyń włosowatych, wpływa to na procesy termoregulacyjne ciała.

- Ubierajmy się cieplej.
- Zadbajmy o ciepło stóp podczas snu (możemy zabrać do łóżka termofor lub włożyć miękkie, nieuciskające skarpetki).

10. DETOKS – POZOSTAŁE PYTANIA I ODPOWIEDZI

Czy można przeprowadzić detoks z marszu, bez przygotowania?

Teoretycznie można, lecz nie radzę. Podczas detoksu uwalnia się dużo toksyn i jeśli się odpowiednio nie przygotujemy, może to spowodować znacznie gorsze samopoczucie w pierwszych dniach i przykre dolegliwości. Przygotowanie jest tym bardziej istotne, im bardziej rygorystyczny detoks.

Opisywałam swój pierwszy detoks, podczas którego trzeciego dnia nie byłam w stanie robić niczego poza leżeniem. Kolejny był już zupełnie inny, głównie dlatego że byłam do niego dobrze przygotowana.

Jeśli ktoś nie pił odpowiedniej ilości wody przed detoksem i nie dbał o to, co je, wyrzut toksyn mógłby spowodować objawy zatrucia.

Pamiętajmy, że okres przygotowania ze względu na wyeliminowanie pewnych produktów i nawadnianie zapoczątkowuje proces oczyszczania i usuwanie toksyn odbędzie się stopniowo. Niektóre z cytatów zamieszczonych w książce dotyczą efektów przygotowania. Weźmy to sobie do serca, wiedząc, że może nam to przynieść wyłącznie same korzyści.

Zwróćmy więc uwagę na to, by odpowiednio przygotować organizm, i potraktujmy okres przygotowania jako dobry czas, by poobserwować siebie, swoje reakcje, by zmienić nawyki żywieniowe.

Czy można przedłużyć detoks?

Jeśli czujemy się dobrze, tryskamy energią, mamy poczucie, że naszemu organizmowi niczego nie brakuje, to możemy detoks przedłużyć. Trudno powiedzieć o ile – trzeba obserwować siebie, bo ciało daje wyraźne sygnały, kiedy ma dość. Po pierwszych kryzysowych dniach powinniśmy czuć się coraz lepiej. Standardowy program detoksu jest niemal dla każdego, natomiast decyzję o jego przedłużeniu podejmujemy indywidualnie, bo znamy swoje ciało i czujemy jego reakcje.

Jeżeli nasze samopoczucie po dobrym okresie nagle się pogorszy, stracimy energię i nie trwa to godzinę, dwie, nie jest popołudniowym czy wieczornym kryzysem związanym z pracowitym dniem, a spadek formy odczuwamy też następnego dnia rano, lepiej zakończmy detoks.

Dłuższe detoksy stosuje się też w celach leczniczych, ale – co nieraz już podkreślałam – potrzebna jest wtedy współpraca z lekarzem lub innym specjalistą (dietetykiem, zielarzem).

Współpraca z lekarzem potrzebna jest także, gdy przyjmujemy stale leki (niezależnie od długości detoksu).

Pamiętajmy też, że detoks to dieta eliminacyjna, co oznacza, że nie dostarczamy organizmowi wszystkiego, czego potrzebuje. Musimy zachować czujność, aby nie doprowadzić do powstania niedoborów.

Co zrobić, gdy z powodu nieprzewidzianych okoliczności musimy przerwać detoks?

Przede wszystkim należy właściwie go zakończyć, stopniowo wracając do pełnowartościowego, alkalicznego odżywiania się. Nie możemy zatem przerwać detoksu po to, by iść na przyjęcie i najeść się smakołyków.

Jeśli więc przerywamy detoks, zróbmy to zgodnie z zasadami. Przynajmniej przez 5–7 dni nie jedzmy potraw ciężkostrawnych (mięsnych, smażonych, mącznych), a to, co jedliśmy przed detoksem, wdrażajmy stopniowo, małymi porcjami (np. 1 kromka chleba, a nie od razu 3).

Warto przed powrotem do pełnowartościowego odżywiania zakończyć detoks dwudniową monodietą, podczas której je się tylko zupę. Taki czas łagodnie wprowadzi nasz układ trawienny w inny tryb pracy niż podczas detoksu i organizm stopniowo przygotowuje się na bardziej ciężkostrawny rodzaj pożywienia.

Monodietę na zakończenie można pominąć przy detoksie jaglano-warzywnym, który opiera się na produktach jedzonych podczas monodiety.

Dlaczego nie osiągam takich efektów jak inni, czy popełniam jakiś błąd?

Kiedy dokładnie stosujemy się do wytycznych i podczas detoksu jemy tylko to, co dozwolone, i odpowiednio się do niego przygotujemy – nie ma mowy o błędzie.

To, że nie ma takich efektów, jakich oczekujemy, musi mieć inną przyczynę.

- Nasze jelita są na przykład tak pełne gromadzonych przez miesiące i lata złogów, że aby odczuć efekty detoksu, należałoby się najpierw tych złogów pozbyć. Mogą być one przyczyną zarówno ciągłej produkcji toksyn, które przedostają się do krwi i nasz organizm nie nadąża z ich eliminacją, jak i upośledzonego przyswajania składników odżywczych (kosmki jelitowe, zalepione złogami, nie spełniają swojej funkcji). Oczyszczanie takie można przeprowadzić za pomocą suplementów, które rozmiękczają złogi, usprawniają przemieszczanie się treści jelitowej, absorbują toksyny i dzięki temu ułatwiają ich wydalenie, pozostawiając jelita czyste i drożne.
- Nasz organizm i układ pokarmowy zasiedlają robaki i inne pasożyty, które są źródłem ciągłego zatruwania i żywią się naszym kosztem. Detoks nie będzie wtedy dawał wystarczających efektów, a samopoczucie, nawet jeśli się poprawi, szybko wróci do kiepskiej formy, bo nosimy w sobie siedlisko toksyn, których codziennie przybywa, i organizm nie nadąża z ich usuwaniem.
- Mamy w organizmie tak dużo toksyn, że należałoby przedłużyć detoks, by dobrze oczyścić organizm i doświadczyć w pełni mocy oczyszczania.
- Mamy duże niedobory, o których nie wiedzieliśmy lub lekceważyliśmy sygnały. W takim przypadku warto zdecydować się na detoks (nawet krótszy, siedmiodniowy) lub trzydniową głodówkę, a następnie odżywić organizm, wspomagając się suplementami naturalnymi (po detoksie będą się lepiej przyswajać).
- Mamy duży przerost grzybów candida (tzw. kandydozę). Sam detoks ich nie wyeliminuje, ponieważ proces pozbywania się candidy jest długi i wymaga konsekwencji,

a detoks jest tylko jednym z etapów wspierających. By pozbyć się candidy, trzeba przez wiele miesięcy być na diecie antygrzybiczej, czyli wykluczyć produkty karmiące grzyby.

Co zrobić, by pozbyć się candidy?

By pozbyć się candidy, należy: pozbyć się pasożytów, oczyścić organizm z toksyn (detoks), dbać o śluzówkę przewodu pokarmowego i budowanie dobrej flory jelitowej (suplementy probiotyków oraz eliminacja poniżej wymienionej żywności plus np. picie regenerującego śluzówkę kleiku z siemienia lnianego). Jednocześnie trzeba odżywiać się mocno alkalicznie (zamiast proporcji żywności zasadotwórczej do kwasotwórczej 70/30, zastosować proporcję 80/20) oraz całkowicie wyeliminować z diety:

- mleko (zamiast tego można pić mleka roślinne, ale bez substancji dosładzających)
- sery żółte, pleśniowe
- cukier (w tym także oprócz słodyczy – miód, słodkie owoce). Z substancji słodzących można stosować stewię, która podobno wręcz przeciwdziała rozrostowi grzybów
- pszenicę (np. ciasta, bułki, chleby, przekąski) – można jeść chleb żytni na zakwasie lub chleb gryczany czy wyroby owsiane
- kukurydzę
- słodkie ziemniaki
- drożdże
- piwo, wino, likiery
- napoje gazowane
- gotowe soki (zwłaszcza te w kartonach)

- owoce (zwłaszcza słodkie lub zbyt dojrzałe)
- majonez, keczup
- fast foody (zawierają cukier, sery, mąkę)
- wysoko przetworzoną żywność
- wędliny, mięsa itp. (jako ciekawostka – często w ich składzie jest też cukier) – można jeść pieczonego w domu indyka, kaczkę czy inne przyrządzone w domu pieczenie bądź mięsa duszone.

Jak długo trzeba trzymać się tych dość restrykcyjnych zasad? Niektórym wystarczy 6 miesięcy, innym 10, a jeszcze inni potrzebują 2 lat. Znaczenie ma to, jak duży jest przerost grzybów i czy zdążyły się one rozpanoszyć w całym organizmie. Jednak tak naprawdę dieta antygrzybicza nie jest złem koniecznym i szybko możemy poczuć, jak bardzo nam służy.

Co zrobić, jeśli za bardzo chudnę?

O ile nasza waga mieści się w normie, najlepiej kontynuować detoks. Po jego zakończeniu i dobrym odżywieniu organizmu waga wróci do optymalnego poziomu.

To, czy nasza waga mieści się w ogólnej normie (nieuwzględniającej cech indywidualnych, takich jak budowa ciała, masa mięśniowa, ilość wody i tkanki tłuszczowej), możemy sprawdzić sami za pomocą wskaźnika BMI (*body mass index*), dzieląc wagę w kilogramach przez kwadrat wzrostu wyrażony w metrach.

Oto przykład. Załóżmy, że osoba ma 171 centymetrów wzrostu (1,71 m – wyrażony w metrach) i waży 60 kilogramów. Kwadrat wzrostu wynosi 1,71 × 1,71 = 2,92. Wskaźnik BMI wynosi 60 : 2,92 = 20,54. Jeśli wartość wyliczona mieści się pomiędzy 18,5 a 24,99, waga jest w normie. Wartości poniżej 18,5 wskazują na niedowagę, a powyżej 24,99 na nadwagę.

Warto też zwrócić uwagę nie tylko na wskazówkę na wadze, lecz też na wygląd. Czasem bowiem waga spada, ponieważ usunięte zostają złogi z układu pokarmowego oraz nadmiar wody (paradoksalnie dobre nawadnianie likwiduje zastój wody w organizmie).

Ważne jest również, jak się czujemy. Jeśli dni kryzysu początkowego etapu detoksu miną, a mimo to za dużo chudniemy, nie mamy energii i wyglądamy niezdrowo, musimy posłuchać swojego organizmu i zareagować.

Jeśli nasza waga jest zdecydowanie za niska, a tym bardziej jeśli po okresie dobrego samopoczucia pewnego dnia zaczniemy źle się czuć, proponuję kontynuować oczyszczanie w wersji *light*, czyli detoks jaglano-warzywny, który dostarcza więcej kalorii i zawiera tłuszcze.

Oczywiście pisząc o spadku formy i pogorszeniu samopoczucia, mam na myśli stan, który trwa dzień lub dłużej i:

- nie dotyczy to pierwszych 4–5 dni detoksu, kiedy spadek formy jest czymś naturalnym, związanym z przejściem organizmu na odżywianie wewnętrzne i usuwaniem toksyn
- nie jest spowodowany przeziębieniem, złapaniem jakiegoś wirusa czy miesiączką
- nie jest spowodowany np. silnym stresem czy zarwaną nocą.

Dlaczego mało chudnę?

Jeszcze raz podkreślam, że nie przeprowadzamy detoksu po to, by schudnąć. Owszem, podczas oczyszczania waga spada, ale traktujmy to, proszę, jako pozytywny (dla większości z nas) efekt dodatkowy, a nie cel sam w sobie. Głównym celem detoksu jest poprawa samopoczucia, zdrowie, ładna, gładka i jędrna skóra oraz odmłodzenie organizmu.

Detoks sprzyja oczywiście utrzymaniu szczupłej sylwetki. Na przykład po zimie, kiedy najczęściej przybywa nam kilka kilogramów, wiosenny detoks pozwala je zgubić.

To, ile chudniemy podczas oczyszczania, jest kwestią indywidualną. Jeśli jednak mamy nadwagę, a zmniejsza się ona bardzo powoli, dzieje się tak nie bez przyczyny. Pomijając choroby, zbyt powolne chudnięcie może mieć źródło w rozregulowaniu organizmu, a przede wszystkim hormonów. Jeśli do tego dopuściliśmy, proces powrotu do równowagi jest długi i wymaga konsekwencji, która obejmie nie tylko odżywianie, lecz także różne aspekty alkalicznego stylu życia, opisane w mojej poprzedniej książce.

Oto czynniki związane ze stylem życia, mające znaczenie dla regulacji pracy hormonów, a co za tym idzie, utrzymania prawidłowej wagi.

- **Alkaliczne odżywianie** pomiędzy kolejnymi detoksami w oparciu o naturalne produkty w proporcji 70/30, co oznacza wykluczenie żywności przetworzonej zawierającej cukier (w tym węglowodany rafinowane, jak wyroby z białej mąki, biały ryż, większość produktów takich jak płatki śniadaniowe i wszelkie napoje słodzone) oraz tłuszcz (przeważająca ilość tłuszczów w żywności przetworzonej to tłuszcze trans). Takie odżywianie zapewni nam odpowiednią ilość błonnika i ograniczy ilość spożywanego cukru. Wpłynie to pozytywnie na regulację poziomu insuliny.
- **Ograniczenie lub wyeliminowanie soków owocowych** (nawet tych świeżo wyciskanych). Są one pozbawione błonnika, dzięki któremu cukier wolniej trafia do krwi. W związku

z tym fruktoza zawarta w owocach, które spożywamy w postaci soku, wywołuje taki sam efekt skoku insuliny jak cukier. Owoce najlepiej jeść w całości. Fruktoza bez balastu błonnika przeciwdziałającego gwałtownemu skokowi poziomu cukru bardzo obciąża wątrobę. Dodatkowo zamienia się w tłuszcz, co sprzyja wzrostowi wagi.

- **Ruch** – niezbędny do spalania tłuszczu i poprawy wrażliwości mięśni na działanie insuliny. Dzięki ruchowi spalany jest nie tylko tłuszcz odłożony w mięśniach, ale też tłuszcz wątrobowy.
- **Stałe pory posiłków**. Pomijanie śniadań powoduje, że w ogólnym bilansie dnia i tak jemy więcej. Zostało to potwierdzone badaniami, a związane jest m.in. z pracą hormonu odpowiedzialnego za uczucie głodu. Jeśli nie jemy śniadania, poziom tego hormonu rośnie, co powoduje, że potem jemy więcej. Abyśmy mieli ochotę na zjedzenie śniadania, powinniśmy zjeść kolację 3–4 godziny przed snem. Wtedy rano będziemy odczuwali głód. Jedzenie najpóźniej kilka godzin przed snem dobrze wpłynie na pracę wątroby i zapobiegnie odkładaniu się tkanki tłuszczowej. Borykając się ze zbędnymi kilogramami, warto też wiedzieć, że aby obniżyć poziom hormonu odpowiedzialnego za uczucie głodu oraz aby pobudzić przemianę materii, śniadanie powinno dać uczucie sytości. Doskonałe będzie połączenie białka z błonnikiem, np. pasta z jajka i awokado z warzywami, jajka w dowolnej postaci z warzywami. Aby wyregulować hormony i pozbyć się problemów z insulinoopornością, należy jeść 3 posiłki dziennie o stałych porach.
- **Nieprzejadanie się**. Znana zasada jedzenia „aż poczujemy się syci w w 80 procentach" ma racjonalne uzasadnienie. Ośrodek sytości w mózgu działa z opóźnieniem:

zanim poczujemy, że jesteśmy w pełni najedzeni, musi upłynąć 20 minut. W związku z tym najadanie się „do pełna" powoduje, że jesteśmy przejedzeni i ociężali. Nim sięgniemy po następną porcję, zróbmy 20-minutową przerwę, by się przekonać, czy wciąż czujemy głód. Oczywiście jeśli ktoś od razu napełnia talerz po brzegi, ta zasada nie zadziała. Najlepiej zjadać tyle, ile mieści się w dwóch złączonych garściach. Przy wartościowym pożywieniu i przeciętnej aktywności ta ilość powinna nam wystarczyć. Piszę o przeciętnej aktywności, ponieważ oczywiste jest, że jeśli ciężko pracujemy fizycznie, potrzebujemy więcej energii z pokarmu, a więc i porcje mogą być większe.

Szybszemu uczuciu sytości sprzyja też jedzenie wraz z posiłkami błonnika. Kto jednak odżywia się alkalicznie, bez problemu dostarcza sobie wystarczającą jego ilość. Błonnik jest również pomocny przy redukcji tłuszczu na brzuchu (otyłość brzuszna często związana jest z otłuszczeniem narządów wewnętrznych).

- **Odpowiednie łączenie różnych składników**: unikamy jednoczesnego jedzenia białek i cukrów szybko przyswajalnych oraz w nieco mniejszym stopniu tłuszczów i tychże cukrów. Można natomiast połączyć w jednym posiłku białka i tłuszcze. Wynika z tego, że cukry należy jadać oddzielnie, więc jedzenie słodkich owoców, galaretek czy ciastek po wielkim kotlecie to błąd. Jeśli mamy ochotę na coś słodkiego, powinniśmy odczekać 2–3 godziny. Więcej informacji na temat innych korzystnych, lekkostrawnych połączeń znajdziecie w mojej pierwszej książce *Alkaliczny styl życia*.
- **Sen**. Osoby, które nie dosypiają, mają większą skłonność do nadwagi i problem ze schudnięciem.

- **Równowaga psychiczna.** Wypracowanie sposobów, by ją utrzymywać, by z dystansem podchodzić do tego, co nas spotyka, jest bardzo ważne, by zapobiec stresom. Kortyzol zwany jest hormonem stresu, ponieważ jego wydzielanie zwiększa się, gdy jesteśmy zdenerwowani, a jego nadmiar sprzyja odkładaniu się tłuszczu wokół wątroby, serca i innych narządów (tzw. tłuszczu trzewnego), co zaburza działanie insuliny, a to z kolei powoduje insulinooporność (zmniejszenie wrażliwości wątroby, mięśni, tkanki tłuszczowej na insulinę). Zwykle im więcej tkanki tłuszczowej na brzuchu, tym większe prawdopodobieństwo niebezpiecznego otłuszczenia narządów wewnętrznych.
  Przeciwdziałać temu możemy poprzez znalezienie bardziej konstruktywnych sposobów na radzenie sobie ze stresem niż objadanie się. Polecam ruch, który nie dość, że jest doskonałym antidotum na stres i skutecznie redukuje poziom kortyzolu, to powoduje spalanie wszystkich rodzajów tłuszczu, w tym także tłuszczu trzewnego, jednocześnie poprawiając wrażliwość tkanek i narządów na insulinę.

Wszystkim, którzy chcieliby się dowiedzieć czegoś więcej o hormonach, ich działaniu i wpływie na wagę, polecam lekturę doskonałej książki *Słodka pułapka* Roberta H. Lustiga.

Czy po detoksie waga wraca do tej sprzed detoksu?

Nie zależy to od samego detoksu, lecz od naszych zwyczajów żywieniowych przed nim i sposobu odżywiania się po nim.

Jeśli przed detoksem jedliśmy niezdrowo, zakwaszająco, dużo, ciężkostrawnie, słowem byle jak, a po detoksie do tego wrócimy, nasza waga szybko wróci do tej sprzed detoksu.

Lecz gdy zaczniemy odżywiać się, dbając o równowagę kwasowo-zasadową, po detoksie przytyjemy niewiele, możemy też dalej chudnąć.

Osoby dobrze odżywiające się przed detoksem i ważące tyle, ile powinny, wrócą do optymalnej wagi, lecz po jakim czasie, to sprawa indywidualna (3 tygodnie, miesiąc, półtora). Ja zwykle muszę się trochę postarać, aby odbić stratę wagi, i trwa to 5–6 tygodni, w trakcie których nie żałuję sobie jedzenia, bo inaczej pewnie trwałoby to dłużej (akurat spadek wagi przy detoksie mi nie służy, czuję się za szczupła).

Czy można przeprowadzić detoks, pracując zawodowo?

Detoks warzywno-owocowy, a tym bardziej jego wersję *light*, czyli jaglano-warzywny, możemy przeprowadzić, pracując zawodowo. Zadbajmy jednak o to, by w trakcie jego trwania znaleźć więcej czasu na sen i relaks.

Kiedy zdecydujemy się na głodówkę, poddajmy się jej w czasie wolnym od obowiązków zawodowych.

Nie polecam żadnej formy detoksu podczas intensywnej pracy zawodowej, sesji egzaminacyjnej czy jeśli mamy problemy w życiu osobistym itd. Detoks to wysiłek dla organizmu nawet wtedy, kiedy odczuwamy przypływ energii. Wyjątkiem jest detoks jaglano-warzywny, na który możemy zdecydować się praktycznie zawsze.

Nie polecam detoksu osobom, które wykonują pracę wymagającą dużej koncentracji, a dodatkowo zależy od nich bezpieczeństwo ich własne oraz innych ludzi. Ekstremalnym przykładem mógłby być koordynator lotów lub chirurg. Oczyszczanie, zwłaszcza w pierwszych dniach, powoduje obniżenie poziomu koncentracji i osłabienie. Nie muszę chyba tłumaczyć, jak mogłoby się to skończyć, gdybyście popełnili błąd przy tak odpowiedzialnej i wymagającej pracy.

Przeprowadzając detoks po raz pierwszy, kiedy nie znamy jeszcze reakcji swojego organizmu, unikajmy prowadzenia samochodu, a przynajmniej postarajmy się jeździć wolniej i ostrożniej.

Ostatnią grupą, której polecałabym robienie detoksu raczej podczas urlopu, są osoby wykonujące pracę zmianową, która sama w sobie jest bardzo wymagająca i wyrywa z naturalnego, biologicznego rytmu snu i czuwania. To duże obciążenie dla organizmu i zafundowanie sobie dodatkowo detoksu byłoby zbyt obciążające i stresujące.

Czy są sytuacje, w których szczególnie potrzebujemy detoksu?

Sytuacje, w których jeszcze bardziej potrzebujemy detoksu, są następujące:

- przed planowaną ciążą (w trosce o zdrowie dziecka)
- po rekonwalescencji po chorobie (by oczyścić organizm m.in. z pozostałości medykamentów)
- kiedy mamy przerost grzybów
- kiedy podejrzewamy, że możemy mieć pasożyty (detoks antypasożytniczy)
- gdy mamy problemy z układem pokarmowym
- jeśli cierpimy na alergie, szczególnie pokarmowe
- gdy nasz system immunologiczny nie działa sprawnie
- gdy mamy problemy ze skórą
- jeśli mimo dobrych wyników badań źle się czujemy

- po okresie intensywnego stresu związanego z różnymi wydarzeniami w naszym życiu, ale kiedy nasze życie już się ustabilizowało
- kiedy detoks ma pomagać w powrocie do zdrowia
- kiedy nasze nawyki żywieniowe pozostawiają dużo do życzenia po zimie (zimą zwykle jadamy dania bardziej ciężkostrawne, nasz system trawienny musi intensywniej pracować, mamy mniejszy dostęp do świeżych warzyw itp.).

Jak słuchać siebie?

Musimy ufać sygnałom, jakie wysyła nasze ciało, a nie tylko temu, co przeczytamy.

Ciało zawsze wysyła nam sygnały, a jedynym problemem jest to, że albo je ignorujemy, albo ich nie dostrzegamy, nie kojarzymy ich z naszymi nawykami albo kojarzymy je źle.

Gdy czujemy się gorzej, nie oznacza to, że detoks nam szkodzi, tylko że postępuje proces oczyszczania z toksyn, który może powodować lub wzmagać różne dolegliwości. Zdarza się, iż ujawniają się w tym czasie dolegliwości, o których nie wiedzieliśmy.

Słuchać siebie – to obserwować i reagować. I podczas detoksu, i po nim. Niektóre sygnały są tak subtelne, że nie zwracamy na nie uwagi, np. zmiany na języku, sucha skóra na ciele, pojawianie się wyprysków na jakiejś części ciała, bruzdy na paznokciach, marznięcie (które zimą uznajemy za stan normalny), częste odbijanie, cuchnący mocz lub stolec, coraz większe zmęczenie itd. Innych sygnałów nie da się już nie dostrzec, ponieważ powodują dyskomfort, jak np. wzdęcia, zaparcia, bóle itd. To wszystko mówi nam, że równowaga naszego organizmu została zaburzona i musimy zareagować.

Słuchać siebie to również kłaść się spać, kiedy poczujemy senność, odpocząć, kiedy czujemy zmęczenie i jesteśmy przepracowani, nie jeść dużej ilości sałatek, tylko dlatego że są zdrowe, gdy ciągle jest nam zimno (surowe pożywienie wychładza) itp.

Ten ostatni przykład pokazuje, że to, co zdrowe, nie zawsze musi nam służyć. To samo dotyczy detoksu, który jest bardzo zdrowy i wskazany dla prawie wszystkich, ale nie w każdym momencie. Jeśli jesteście w trakcie męczącego i przedłużającego się rozwodu, zmieniliście właśnie miejsce zamieszkania, a dodatkowo stresujecie się z powodu sytuacji w pracy, na pewno nie jest to najlepszy moment na oczyszczanie. Słuchając siebie, zauważycie, że dobrze wam zrobi więcej ruchu (na stres), więcej snu (na przepracowanie), wzmacniające potrawy itp.

Dotyczy to także picia wody. Wiemy, że przeciętnie potrzebujemy 30 mililitrów na kilogram wagi ciała. Jeśli jednak czujecie się jak kaczka lub zaczynacie zbyt często odwiedzać toaletę, trzeba tę ilość zmniejszyć. Może być też odwrotnie – taka ilość nie zaspokaja Waszych potrzeb.

Słuchać siebie to także dostrzegać dobre zmiany. Czujemy ból, lecz kiedy mija – zwykle tego nie zauważamy. Spotkałam osoby, które dopiero miesiąc po zakończeniu detoksu pisały, że właśnie uświadomiły sobie, iż w trakcie detoksu przestały odczuwać ból, który wcześniej stale im towarzyszył. Docenianie każdej zmiany wzmacnia motywację, by utrzymać taki stan. Czasem, gdy poczujemy się lepiej, wracamy do starych przyzwyczajeń. Nie róbmy tego. Doceńmy to, co udało nam się osiągnąć. Pamiętajmy, że tylko jeśli zlikwidujemy przyczynę złego samopoczucia, nadwagi, dolegliwości, zmiana będzie trwała. Detoks nie trwa długo, powinien być jednak początkiem trwałych zmian w naszym życiu.

Powodzenia!
Beata Sokołowska

11. PRZYDATNE KONTAKTY

W sprawie gruntownego oczyszczania jelit i eliminacji z organizmu pasożytów proszę kontaktować się ze mną drogą e-mailową: alkalicznystylzycia@gmail.com. Na moim blogu www.alkalicznystylzycia.blogspot.com można znaleźć informacje o organizowanych wykładach, warsztatach i wyjazdach.

Polecam także następujące osoby propagujące zdrowy tryb życia:

Edyta Skorupska, doradca żywieniowy, specjalista psychodietetyki, pasjonatka pysznej, zdrowej kuchni i autorka bloga
www.przyzielonymstole.blogspot.com
e-mail: skorupska.edyta@wp.pl

Mariusz Dobrowolski, zajmuje się wspieraniem zmian w stylu życia, prowadzi detoks.
e-mail: detokskompleksowy@gmail.com

Barbara Dalaszyńska, dyplomowany coach zdrowia, dietetyk TMC. Pomaga w zmianie nawyków żywieniowych. Więcej informacji:
www.basiadalaszynska.com
e-mail: info@basiadalaszynska.com

12. POLECANA LITERATURA

Abehsera Michel, *Uzdrawiająca glinka*, przekł. Aleksandra Świetlik. LIMBUS, Bydgoszcz 2014.

Cabot Sandra, *Zdrowa wątroba zdrowe jelita*, przekł. Ewa K. Suskiewicz, MADA, Warszawa 2007.

Collier Renate, *Zdrowe jelita – zdrowy człowiek*, przekł. Anna Kremnicka, Cedrus Publishing House, Warszawa 2004.

Górnicka Jadwiga, *Apteka natury*, Agencja Wydawnicza „Morex", Warszawa 2011.

Emoto Masaru, *Tajemnice wody i jej wpływ na człowieka i naszą planetę*, przekł. Anna Łobocka-Oleksowicz, Wydawnictwo MEDIUM, Łódź 2005.

Enders Giulia, *Historia wewnętrzna*, przekł. Urszula Szymanderska, Feeria, Łódź 2015.

Laucevicius Telesforas, Wiąckowski Stanisław, *Woda zjonizowana życie bez chorób*, OBUOLYS & 3.49, Poznań 2010.

Lustig Robert H., *Słodka pułapka*, przekł. Katarzyna Babicz, GALAKTYKA, Łódź 2015.

Lützner Hellmut, *Głodówka zdrowotna*, przekł. Krystyna Mazur, Cedrus Publishing House, Warszawa 2002.

Małachow G.P., *Oczyszczanie organizmu*, przekł. Marina Mockałło, Oficyna Wydawnicza „ABA", Warszawa 1996.

Mosley Michael, Spencer Mimi, *Dieta 5:2 dr. Mosleya*, przekł. Jan Wąsiński, MUZA SA, Warszawa 2013.

Moritz Andreas, *Ponadczasowe tajemnice zdrowia i odmładzania*, tom 1, przekł. Katarzyna Grzesik, Biblioteka Nowej Ziemi, Kraków 2013.

Moritz Andreas, *Ponadczasowe tajemnice zdrowia i odmładzania*, tom 2, przekł. Katarzyna Grzesik, Biblioteka Nowej Ziemi, Kraków 2013.

Pitchford Paul, *Odżywianie dla zdrowia*, przekł. Iwana Zagroba, GALAKTYKA, Łódź 2008, 2009.

Roeder Giselle, *Leczymy wodą. Hydroterapia Kneippa w domu*, przekł. Mariola Waliczek-Ostrowska, Fundacja Źródła Życia, Mszczonów 2013.

Schirner Markus, *Techniki oddychania*, przekł. Monika Dziedzic, Wydawnictwo KOS, Katowice 2003.

Schwenk Donna, *Zdrowy ferment*, przekł. Krzysztof Światły, PURANA, Wrocław 2014.

Siemionowa Nadieżda, *Szkoła zdrowia – uwolnij się od pasożytów i żyj bez nich!*, przekł. Marcin Pracki, Hartigrama, Warszawa 2014.

Sokołowska Beata, *Alkaliczny styl życia*, MUZA SA, Warszawa 2015.

Szymański Andrzej, *Woda twój lek*, Wydawnictwo Dom Na Wsi, Ossa 2002.

Książkę wydrukowano na papierze
Amber Volume 80 g/m²

Amber
BY ARCTIC PAPER

www.arcticpaper.com

MUZA SA
00-833 Warszawa
ul. Sienna 73
tel. +4822 6211775
e-mail: info@muza.com.pl

Dział zamówień: +4822 6286360
Księgarnia internetowa: www.muza.com.pl

Skład i łamanie: MAGRAF s.c., Bydgoszcz
Druk i oprawa: Opolgraf SA, Opole